ATITUDE PRÓ-INOVAÇÃO

LIGIA FASCIONI

ATITUDE PRÓ-INOVAÇÃO

Prepare seu cérebro para a Revolução 4.0

ALTA BOOKS
EDITORA

Rio de Janeiro, 2021

Atitude Pró-Inovação

Copyright © 2021 da Starlin Alta Editora e Consultoria Eireli.
ISBN: 978-65-5520-058-4

Todos os direitos estão reservados e protegidos por Lei. Nenhuma parte deste livro, sem autorização prévia por escrito da editora, poderá ser reproduzida ou transmitida. A violação dos Direitos Autorais é crime estabelecido na Lei nº 9.610/98 e com punição de acordo com o artigo 184 do Código Penal.

A editora não se responsabiliza pelo conteúdo da obra, formulada exclusivamente pelo(s) autor(es).

Marcas Registradas: Todos os termos mencionados e reconhecidos como Marca Registrada e/ou Comercial são de responsabilidade de seus proprietários. A editora informa não estar associada a nenhum produto e/ou fornecedor apresentado no livro.

Impresso no Brasil — 1a Edição, 2021 — Edição revisada conforme o Acordo Ortográfico da Língua Portuguesa de 2009.

Erratas e arquivos de apoio: No site da editora relatamos, com a devida correção, qualquer erro encontrado em nossos livros, bem como disponibilizamos arquivos de apoio se aplicáveis à obra em questão.

Acesse o site **www.altabooks.com.br** e procure pelo título do livro desejado para ter acesso às erratas, aos arquivos de apoio e/ou a outros conteúdos aplicáveis à obra.

Suporte Técnico: A obra é comercializada na forma em que está, sem direito a suporte técnico ou orientação pessoal/exclusiva ao leitor.

A editora não se responsabiliza pela manutenção, atualização e idioma dos sites referidos pelos autores nesta obra.

Produção Editorial
Editora Alta Books

Gerência Comercial
Daniele Fonseca

Editor de Aquisição
José Rugeri
acquisition@altabooks.com.br

Produtores Editoriais
Ian Verçosa
Illysabelle Trajano
Larissa Lima
Maria de Lourdes Borges
Paulo Gomes
Thiê Alves
Thales Silva

Equipe Ass. Editorial
Brenda Rodrigues
Caroline David
Luana Goulart
Marcelli Ferreira
Mariana Portugal
Raquel Porto

Diretor Editorial
Anderson Vieira

Coordenação Financeira
Solange Souza

Equipe Comercial
Adriana Baricelli
Daiana Costa
Kaique Luiz
Tairone Oliveira
Victor Hugo Morais

Marketing Editorial
Livia Carvalho
Gabriela Carvalho
Thiago Brito
marketing@altabooks.com.br

Atuaram na edição desta obra:

Revisão Gramatical
Flavia Carrara
Elaine Batista

Capa
Rita Motta

Diagramação
Joyce Matos

Ouvidoria: ouvidoria@altabooks.com.br

Editora afiliada à:

Dados Internacionais de Catalogação na Publicação (CIP) de acordo com ISBD

F248a	Fascioni, Ligia
	Atitude Pró-Inovação: prepare seu cérebro para a Revolução 4.0 / Ligia Fascioni. - Rio de Janeiro : Alta Books, 2021.
	256 p. ; 16cm x 23cm.
	Inclui índice.
	ISBN: 978-65-5520-058-4
	1. Inovação. 2. Revolução 4.0. I. Título.
2021-2319	CDD 658.4063
	CDU 658.011.4

Elaborado por Vagner Rodolfo da Silva - CRB-8/9410

Rua Viúva Cláudio, 291 — Bairro Industrial do Jacaré
CEP: 20.970-031 — Rio de Janeiro (RJ)
Tels.: (21) 3278-8069 / 3278-8419
www.altabooks.com.br — altabooks@altabooks.com.br

SOBRE A AUTORA

Ligia Fascioni é engenheira eletricista, mestre em engenharia elétrica na área de automação e controle industrial, especialista em marketing e doutora em engenharia de produção e sistemas com foco em gestão integrada do design.

Atuou por 10 anos como engenheira de aplicações e desenvolvimento em empresas de base tecnológica, principalmente nas áreas de robótica, automação e aviônica, passando, depois, a trabalhar com marketing corporativo.

Publicou oito livros e atua como palestrante e consultora, além de ministrar cursos corporativos. Suas principais áreas de trabalho são **gestão** (marketing, identidade corporativa, planejamento estratégico, gestão de riscos), **inovação** (design, *design thinking*, ferramentas e melhores práticas) e **liderança**. Atitude profissional é um tema transversal, inserido implícita e explicitamente em todas as suas atividades.

Seu blog (www.ligiafascioni.com) foi indicado como um dos 10 melhores em língua portuguesa em 2013 para o prêmio The Bobs, da Deutsche Welle.

Reside em Berlim, Alemanha, desde 2011, onde é sócia de uma startup de tecnologia e atua como desenvolvedora. Além de colaborar como colunista em vários portais e oferecer workshops em português na Alemanha, viaja duas vezes por ano ao Brasil para palestrar e ministrar cursos. Ligia também tem um estúdio de ilustração, o Studio Ligia Fascioni. Em janeiro de 2019 lançou, com amigos, o canal Berlim Tech Talks, com programas semanais que falam sobre tecnologia e inovação.

Dedico esta obra ao competentíssimo, generoso e especial amigo Diego Marcello Trávez.

Sem você, meu querido, este livro não existiria.

AGRADECIMENTOS

Agradeço ao meu amor, por todo o apoio e carinho que nunca falham.

À minha família, que está sempre torcendo e me enchendo de coragem.

Aos amigos queridos de Berlim, que fazem meu coração ficar quentinho mesmo longe dos meus.

Aos sensacionais Claudio Villar e Eduardo Otubo, companheiros do canal Berlim Tech Talks, pelo aprendizado em cada gravação, e à doce Cecília Lopes, pela parceria.

Ao tio Flávio, irmão de coração, por tudo que aprendi com ele.

A toda equipe da DMT Palestras, pelo suporte e contribuições.

SUMÁRIO

Prefácio xi

Introdução 1

1 O mundo 4.0 e nosso papel nele 7

2 Alguns conceitos 27

3 Nosso cérebro e a inovação 55

4 A mente inovadora 119

5 Criatividade no dia a dia 161

6 Casos berlinenses 209

7 Experiências Pessoais 223

Conclusão 237

Índice 241

PREFÁCIO

"Inovar porque deve, não apenas porque pode".

É essa máxima de Simon Sinek que me veio à tona assim que comecei a mergulhar no incrível manuscrito da Ligia.

Logo de cara, a experiência pioneira que ela teve nos anos 1990 com o projeto Helix me fez pensar como esse ser precursor dos tempos, às vezes, não está alinhado com o que o mundo demanda: os aprendizados que ela compartilha são os fundamentos centrais da inovação, ou seja, que a inovação é uma consequência de uma demanda e não um fim a si mesma. Muitas empresas ainda pensam em inovação à moda antiga: olham o próprio produto e o aprimoram. "Eureca! Olha como sou inovador", os executivos elogiam-se nessas empresas.

Só que, na maioria das vezes, isso não é o que o consumidor quer. Olha só: segundo dados da Endeavor, o motivo número 1 de fracasso de startups no mundo é a falta de suficiente demanda para um produto ou serviço!

Acredita?

Em um curso de *design thinking* no qual participei, há uns anos, aprendi que, no fim, inovação nada mais é do que a combinação de três fatores:

1. Entender a demanda;

2. Ter a capacidade de materializar a solução;

3. Gerar valor para os usuários.

Quero focar um momento no primeiro ponto. É por isso que é tão importante o Capítulo 3 deste livro sobre neurociência, que a Ligia sintetiza de forma magistral: você, leitor, vai perceber a cada página que, paradoxalmente, no meio da transformação digital, o estudo do comportamento humano é cada vez mais importante. Isso serve para indicar o caminho da inovação, assim como para picotar o foco da sua empresa do produto para o cliente.

Acreditem que, para mim, essas reflexões sobre um mundo que se tornaria, logo menos, digital começaram há um tempo, em uma sala de aula de Savona, cidade com cerca de 60 mil habitantes, no norte da Itália. Em uma aula de grego antigo, no *Liceo classico*, deparei-me, pela primeira vez, com o conceito de metanoia.

Substantivo feminino. Do grego antigo μετανοεῖν. Significa mudar radicalmente o próprio pensamento. Mudar a própria ideia. Pensar diferentemente.

Uma palavra que existe há séculos, criada quando o tempo ainda sabia correr lento, e que parece estar em seu lugar perfeito: exatamente no agora.

Antes que você pense que está lendo um texto escrito pelo feiticeiro maligno morto-vivo, Mumm-Ra, saiba que isso aconteceu no comecinho dos anos 2000. O mundo tinha "sobrevivido" ao bug do milênio, e estava no meio da primeira onda de crescimento de negócios da internet. Empresas puramente digitais como Amazon e Google tinham poucos anos de vida, e uma plataforma disruptiva como o Facebook estava sendo finalizada em um dormitório de Harvard. O único pensamento de empresas e pessoas estudiosas era: digitalizar. Como seria transformar o analógico? Quando tudo se tornaria digital? O mundo descobriu na prática. Eu também.

Podemos dizer que o futuro não é mais como era antigamente. A Ligia nos guia magistralmente por um mundo novo que está em construção; uma revolução está acontecendo. A tecnologia transformou tudo: hábitos, relações, culturas, habilidades, competências, nosso corpo e até o nosso cérebro.

Como sobreviver a tudo isso? Como participar da festa? A Ligia parece ter um bom palpite. Acho que vai dar match.

Andrea Iorio

Foi diretor do Tinder na América Latina e CDO da L'Oreal.

INTRODUÇÃO

Você já deve ter reparado: estamos vivendo num mundo habitado por drones, seja para dar superpoderes a fotógrafos e cinegrafistas, seja para o desenvolvimento de novos serviços como a Amazon, que tem planos de usar esses robôs voadores para entregar nossos livros e encomendas num futuro próximo. Para a maioria das pessoas, isso é quase um passeio pelo futuro. Para mim, tem um "quê" de volta ao passado.

É que no início dos anos 1990, comecei a trabalhar no projeto Helix, um robô aéreo que usava como plataforma um helicóptero em tamanho reduzido (cerca de 2.5m de comprimento). Ao contrário do drone da Amazon, que pode carregar até 2.3kg, o Helix tinha capacidade de levar até 10kg.

Ele podia transportar qualquer sensor que se desejasse, de um contador Geiger para examinar áreas contaminadas radioativamente até uma câmera de infravermelho para inspeção de isoladores em linhas de transmissão, passando por câmeras de vídeo e boias de resgate. E, claro, podia entregar encomendas também.

O formato de helicóptero foi escolhido por ser essa uma aeronave que consegue combinar a capacidade de pairar e a agilidade no deslocamento; só que essas vantagens tornam a pilotagem extremamente complexa, pois tanto é possível deslocar-se longitudinalmente como girar em torno dos três eixos espaciais (o formato de quadricóptero ainda não estava tão difundido, então usávamos o modelo convencional). A eletrônica que possibilitava a pilotagem do robô contava com uma unidade de referência inercial utilizada somente em mísseis teleguiados (foi bem complicado fazer a aquisição). Além disso, tínhamos embarcados uma bússola eletrônica, acelerômetros, giroinclinômetros digitais e, ainda, um sistema de receptores de GPS diferencial.

Aos olhos de um leigo, o Helix parecia um aeromodelo. Mas o que diferenciava um brinquedo de um robô era justamente a inteligência embarcada (sensores, atuadores e softwares), que permitia à máquina tomar decisões. Um brinquedo apenas obedecia a comandos, sem criticá-los — pelo menos naquela época —, hoje os brinquedos estão muito mais inteligentes e quase não há mais essa diferença.

O trabalho era o sonho de consumo de qualquer engenheiro; não se passava um dia em que eu não precisasse estudar e aprender sobre aviônica, GPS, sensores, atuadores, programação, sistemas georreferenciados e muita coisa mais. A equipe era enxutíssima (apenas três engenheiros, contando comigo, que era a menos experiente em todas as áreas; e mais dois técnicos de nível médio). Houve pesquisadores convidados e, ao longo do tempo, a equipe ganhou mais dois colaboradores. De qualquer maneira, o desafio era gigante. O projeto gerou várias teses, trabalhos de conclusão de curso e dissertações (meu mestrado em automação e controle avaliava protocolos de redes de comunicação intraveículos simulando-os no helicóptero para reduzir a quantidade de fios embarcados).

O Helix foi um sucesso do ponto de vista tecnológico e, apesar das inúmeras dificuldades em desenvolver um projeto desse porte no Brasil (e ainda por cima em Florianópolis, totalmente fora do eixo Rio–São Paulo), o reconhecimento internacional aconteceu: publicamos artigos em congressos de aeronaves não tripuladas ao lado de equipes da Nasa e Agência Europeia; a empresa foi convidada pelo governo da Suécia para compartilhar a experiência com pesquisadores do mundo todo, dentre muitos outros eventos.

O projeto contava com uma estação de terra (um furgão equipado com uma base computacional para a telemetria) e a aeronave propriamente dita. Foram mais de 400 horas de voo bem-sucedidas e documentadas.

Por que estou compartilhando isso tudo? Porque foi com o Helix que aprendi que competência técnica é condição necessária, mas não suficiente, para uma inovação acontecer.

O Helix foi um sonho de um empreendedor visionário, o José Fernando Xavier Faraco, que em vez de investir os lucros de outra empresa de tecnologia bem-sucedida em um apartamento em Miami, resolveu angariar gente competente e assumir o desafio de fazer inovação no Brasil. Foram 10 anos onde bancou praticamente sozinho todos os investimentos necessários com economias pessoais; ele assumiu todo o risco. E perdeu.

Mas é a vida, isso faz parte do processo de inovação.

Essa experiência me marcou muito; foi ela quem me levou a tentar descobrir o que deu errado; foi por causa do Helix que depois fui estudar marketing e cheguei a um doutorado que focava no tema gestão do design. É por culpa dele que o assunto inovação me fascina tanto.

O Helix foi um protótipo muito bem-sucedido que não conseguiu se transformar em produto de escala. As razões foram inúmeras, mas, analisando a uma

INTRODUÇÃO

distância que só o tempo permite, dá para ver que faltava uma abordagem de mercado mais comercial. De qualquer maneira, o fator mais preponderante pode ser resumido numa frase: o mundo não estava pronto para ele.

Lembrando do ótimo *De onde vêm as boas ideias*[1], do Steven Johnson, onde são descritos os padrões ambientais necessários para uma inovação acontecer, dá para reconhecer rapidamente o que ele chama de adjacente possível, ou seja, o que é viável de se fazer com as condições que se dispõem no momento em que o projeto está sendo desenvolvido.

O Helix não tinha um ambiente adequado para se desenvolver, seja pela questão **tecnológica** (o sistema GPS inseria erros propositalmente naquela época para evitar o uso em aplicações militares, por exemplo, o que exigia alguns artifícios para compensar), **jurídica** (não havia legislação sobre que faixa de frequência de sinal poderíamos usar para emitir os dados da telemetria, por exemplo), de **infraestrutura** (imagino o inferno que seria produzir o equipamento em escala, sendo que a maioria dos sensores era importada e a burocracia no Brasil para esse tipo de empreendimento desanima qualquer mente inovadora) ou de **cultura** (quem iria comprar um robô de uma empresa desconhecida, instalada numa ilha no sul do Brasil?). A mesma equipe, enfim, com o mesmo projeto, no Vale do Silício, talvez tivesse tido mais sucesso. Jamais saberemos.

De qualquer maneira, como bem disse Sebastian Thrun, fundador do Google Car: "Não havia jeito, antes de 2000, de fazer algo interessante. Os sensores precisos não existiam, os computadores necessários não existiam, o mapeamento não existia. Radares eram equipamentos que ficavam no topo de uma montanha e custavam US$200 milhões"[2]. Ele tem razão. Lembro-me de que o IBGE não tinha um único mapa digital, e mesmo um mapa impresso, para digitalizar à mão, foi bem difícil de conseguir. O modelo de terreno com o relevo da ilha de Santa Catarina, onde a empresa estava instalada e os testes foram feitos, só tinha registros no Departamento de Defesa dos Estados Unidos (exatamente isso que você leu!). Conseguimos a versão menos precisa, pois a que continha erros de apenas 10 metros estava reservada para aplicações militares americanas. O governo brasileiro não tinha absolutamente nada.

---

1 JOHNSON, Steven. *Where Good Ideas Come From: The Seven of Innovation*. London: Penguin Books, 2010.

2 ROSS, Alec. *The Industries of the Future*. London: Simon & Schuester, 2016. pág. 28. Tradução livre: "There was no way, before 2000, to make something interesting. The sensors weren't there, the computers weren't there, and the mapping wasn't there. Radar was a device on a hilltop that cost $200 million dollars."

ATITUDE PRÓ-INOVAÇÃO

Existem vários "Helix" na história que podem ilustrar bem a ideia. Por exemplo, o YouTube não poderia ter sido criado 10 anos antes, pois a web não tinha largura de banda para vídeos nessa escala; o relógio mecânico foi inventado na China em 725 d.C., mas ninguém pensou em uma utilidade para ele até que, alguns séculos mais tarde, o mundo ocidental o "reinventasse". Se Mark Zuckerberg, o pai do Facebook, tivesse nascido na Nigéria, fosse um menino superinteligente, mas tivesse sido raptado pelo grupo terrorista Boko Haram, nunca teríamos ouvido falar do Facebook.

A conclusão que se tira é de que é preciso ter a ideia certa, mas também ter gente competente para desenvolvê-la, estar geograficamente no lugar adequado e, ainda, sincronizar o momento da história mais propício.

E as coisas vão ficando ainda mais complicadas com a mudança de ambiente pela qual estamos passando atualmente. Nunca os algoritmos e as máquinas tiveram um papel tão importante no nosso dia a dia. Dormimos e acordamos praticamente abraçados com nossos smartphones, como se fossem parte de nosso corpo (em breve, o serão). As notícias que lemos, as sugestões de filmes e séries para assistir, as músicas que ouvimos; quase tudo é definido por algoritmos que decidem o que é "melhor para nós" (mesmo que desconheçamos os critérios e o conceito de "melhor" que eles usam). Softwares têm substituído, com sucesso, não apenas os trabalhos que antigamente eram considerados braçais, mas também advogados especializados e até médicos em algumas tarefas. A tendência é que boa parte da população não apenas perderá seu emprego nos próximos anos, como também não será mais empregável.

Como lidar com isso?

A questão é que não temos escolha. Não é o caso de gostar ou não, ser contra ou a favor. Não é futuro, não é ficção científica. Já é. Presente. Dia a dia. Gostemos ou não.

Darwin continua valendo hoje e sempre: os que melhor se adaptarem sobreviverão.

A solução, pelo menos do meu ponto de vista, é aproveitar da máquina o máximo de habilidades que ela tem (as tecnologias são extremamente úteis e podem ser usadas para nosso amplo benefício) e pensar em formas diferentes e novas de entregar valor.

E eis um valor que apenas um ser humano tem condições de entregar e que as máquinas não são capazes de substituir (pelo menos por enquanto): a inovação. A inovação que surge da conexão entre ideias díspares, do pensamento criativo (há máquinas treinando para isso também, mas ainda temos algum tempo de vantagem, vamos discutir mais tarde), da combinação inusitada de conhecimento, das perguntas desconfortáveis, das dúvidas existenciais, da empatia, do fazer arte. Nada disso as máquinas mais sofisticadas estão aptas a fazer.

E, para tanto, é preciso mudar a atitude e preparar nosso cérebro para que ele seja mais humano do que jamais foi. Para que não se perca em tarefas que uma máquina facilmente consegue fazer. Para que possamos ampliar nosso repertório, aumentar nossa empatia e criar o futuro que queremos. É a tal atitude pró-inovação, que dá o nome ao livro, onde o pró tanto pode ter o sentido de "a favor" como uma forma reduzida de profissional, uma vez que essa atitude influenciará muito a maneira como trabalhamos.

Por isso, o livro que você tem em mãos está organizado da seguinte maneira:

- No Capítulo 1 — **O mundo 4.0 e o nosso papel nele** —, vamos compreender o momento atual e como chegamos até aqui. O que é a Quarta Revolução Industrial, os conceitos de inteligência artificial, o que vêm a ser algoritmos e o que eles têm a ver com a nossa vida prática. Também vamos analisar alguns cenários futuros possíveis, imaginados por alguns futuristas, profissionais que se dedicam a estudar e a analisar os desdobramentos da tecnologia. Alguns exemplos práticos do que já está acontecendo e as possibilidades de um futuro próximo também serão exploradas. Aqui também a gente vê por que a arte é tão necessária (sempre foi, mas agora nossa sobrevivência também depende dela).

- O Capítulo 2 — **Alguns conceitos** —, vai esclarecer os conceitos mais comuns relacionados ao tema, como inovação (afinal, o que é isso?), a diferença entre inovação e invenção, o que é criatividade, o que design e *design thinking* têm a ver com isso tudo, o que é *coolhunting* e qual o significado de singularidade. Visto isso, podemos partir para a próxima etapa.

- No Capítulo 3 — **Nosso cérebro e a inovação** —, vamos ver um pouco de neurociência para entender como nosso cérebro gera ideias e como ele funciona em linhas gerais. Também se discutirá o que Darwin tem a ver com a inovação, de que maneira as ideias nascem dentro da nossa cabeça, a necessidade da empatia e por que ler livros e ver filmes provocam efeitos diferentes em nossa mente.

- No Capítulo 4 — **A mente inovadora** —, você vai descobrir se é ou não um iconoclasta, se é um original, de onde vem aquela história de que é preciso "pensar fora da caixa", se é melhor criar sozinho ou em grupo e algumas histórias de pessoas inovadoras que se destacaram em suas atividades.

ATITUDE PRÓ-INOVAÇÃO

- No Capítulo 5 — **Criatividade no dia a dia** —, vamos finalmente colocar a cabeça para fazer ginástica. Vamos aprender técnicas, práticas, hábitos e exercícios para deixar a mente turbinada e pronta para produzir muitas e inovadoras ideias.

- O Capítulo 6 — **Casos berlinenses** —, foi inteiramente reservado para apresentar alguns cases atuais da cidade de Berlim; são todos muito simples, mas que podem servir de inspiração para o dia a dia dos leitores.

- Por último, no Capítulo 7 — **Experiências Pessoais** —, apresento minhas experiências pessoais de inovação empreendedorismo, algumas mais bem-sucedidas, outras nem tanto, mas todas muito válidas como aprendizado. E falo também do Museu do Fracasso, uma ideia genial que traz reflexão para quem se interessa por inovação.

Espero que o livro traga algumas informações novas, claro, mas que, principalmente, sirva de inspiração para que a sua atitude seja mais pró-inovação daqui para a frente.

Vamos começar o passeio?

CAPÍTULO 1

O MUNDO 4.0 E NOSSO PAPEL NELE

"O futuro já está aqui. Ele só não foi distribuído ainda."

William Gibson[*]

* Essa frase é atribuída ao autor de ficção científica William Gibson, apesar de não haver evidências de que ele a tenha escrito. Aqui uma pesquisa disponível em: <https://quoteinvestigator.com/2012/01/24/future-has-arrived/>. Acesso em: 22 jan. 2020.

As livrarias de aeroporto estão cheias de best-sellers propagando um novo mundo que vem chegando de uma maneira tão assustadora quanto desafiadora: o da indústria 4.0.

Mas de onde veio esse termo? E o que são, afinal, as indústrias 1.0, 2.0 e 3.0? Em que a 4.0 é diferente e por que assusta tanto?

Vamos por partes.

A **Primeira Revolução Industrial (1.0)** aconteceu no final do século XVIII, quando surgiram, na Inglaterra, as primeiras máquinas a vapor e as locomotivas. O impacto foi enorme, já que, naquela época, a esmagadora maioria da população vivia nas áreas rurais e se mudou para as cidades. Tanto a produção industrial transformou a vida das pessoas (principalmente na área têxtil, onde, antes, tudo era produzido artesanalmente) como o transporte e distribuição de matérias-primas e produtos.

A maneira como a sociedade se organiza até hoje tem muito a ver com essa mudança radical na economia, no conceito de trabalho e na maneira como se utiliza o tempo. No início, as jornadas chegavam a 16 horas diárias e não havia limite mínimo de idade. Aos poucos, com as lutas e reinvindicações, as jornadas e os vencimentos mínimos foram se ajustando até serem o que são hoje.

A **Segunda Revolução Industrial (2.0)** remonta à utilização da eletricidade nas linhas de produção, com o uso de esteiras transportadoras para a montagem em série no começo do século XX. Foi nessa época que se começou a desenvolver métodos para aumentar a produtividade, com a fundamental participação de Henry Ford. Nesse período também se começou a utilizar largamente os derivados do petróleo (motor a combustão). Os impactos aconteceram não apenas na forma em que as pessoas trabalhavam, mas também em como consumiam, já que os bens, de uma maneira geral, começaram a ficar acessíveis a todos.

ATITUDE PRÓ-INOVAÇÃO

A **Terceira Revolução Industrial (3.0)** aprimora ainda mais os avanços tecnológicos anteriores quando, por volta de 1970, começa a usar massivamente a eletrônica, a informática, a robótica, os satélites de telecomunicações, a biotecnologia e a química fina.

Foi a revolução da qual participei diretamente, pois, nos anos 1990, trabalhei instalando robôs em indústrias pelo Brasil, além de automatizar máquinas já existentes (esse processo se chama *retrofitting*). Por causa dessa revolução, muitas posições profissionais (criadas nas revoluções anteriores) foram substituídas por máquinas (ex.: caixas bancários, cobradores de ônibus, frentistas de postos de gasolina em alguns países etc.) e outros simplesmente desapareceram (telefonistas, ascensoristas, datilógrafos, telegrafistas etc.). Meu pai foi, durante muitos anos, mecânico de voo; ele voava em uma poltrona ao lado do piloto e ia fazendo os ajustes de manutenção da aeronave durante a viagem; dá para imaginar? São profissões que a própria tecnologia inventou e depois eliminou. E o processo continua.

Mas e a quarta revolução? O que ela tem de tão especial assim?

A **Quarta Revolução Industrial (4.0)**, também chamada **indústria 4.0**, é a mais recente de todas. O termo foi criado pelo governo alemão (e usado pela primeira vez na Feira de Hannover em 2011) para definir o conjunto de estratégias sobre tecnologia a serem utilizadas nos próximos anos.

Ela é importante e também revolucionária por causa do impacto que vai causar (e já está causando) no mercado de trabalho e na economia. Trata-se de tornar as fábricas organismos inteligentes e autônomos usando todo tipo de recurso tecnológico disponível: robôs, *big data*, nanotecnologias, neurotecnologias, inteligência artificial, biotecnologia, sistemas de armazenamento de energia, drones, impressoras 3D e o que mais houver, ou seja, as fábricas deverão funcionar com o mínimo de seres humanos possível.

E não estamos falando apenas de fábricas no sentido convencional (aquelas que fabricam carros, geladeiras, equipamentos etc.), mas de serviços também. A Internet das Coisas (*IoT: Internet of Things*) vai fazer com que todos os equipamentos sejam interconectados e consigam "conversar" entre si de maneira independente. Além disso, poderão ser controlados por smartphones.

O MUNDO 4.0 E NOSSO PAPEL NELE

ADMIRÁVEL MUNDO NOVO

No ótimo *How to See the World*[1] (*tradução livre: Como Ver o Mundo*), o professor de mídia, cultura e comunicação da Universidade de Nova York, Nicholas Mirzoeff, apresenta números impressionantes (o livro é do final de 2015), como o fato de 52% da população da Nigéria ter menos de 15 anos (assim como 40% de toda a população da África subsaariana). Tanto na Índia como na China, mais da metade da população tem menos de 25 anos de idade.

Pense: enquanto o Japão e alguns países europeus envelhecem rapidamente por causa do aumento da expectativa de vida e o baixo índice de natalidade, países africanos têm a maioria de sua população menor de idade (alto índice de natalidade e baixa expectativa de vida) e com pouquíssimas oportunidades, mas, ainda assim, com acesso à internet.

Mirzoeff diz que 6 bilhões de horas de vídeo são assistidas todos os meses no YouTube, uma hora para cada pessoa na Terra. Somente no ano de 2014, 1 trilhão de fotos foram tiradas; um belo número, se a gente considerar que até 2011 todas as fotos existentes somavam 3 a 5 trilhões. Até o final da década, segundo o Google, serão 5 bilhões de pessoas conectadas à internet (em 2012, mais de 33% da população já tinha acesso). Pense nessa coisa incrível, não prevista nem mesmo nos clássicos de ficção científica: nunca na história da humanidade mais da metade da população esteve conectada, com acesso direto a qualquer pessoa. E esse número tende a aumentar rapidamente.

A coisa é realmente assustadora: pesquisas mostram que há mais smartphones do que escovas de dentes no planeta[2]. Não é impressionante?

E as transformações não param por aí.

Alec Ross (*The Industries of the Future*)[3] nos conta que no Japão, por exemplo, onde quase 30% da população terá mais de 65 anos em 2020, os robôs estão sendo desenvolvidos para serem cuidadores de idosos e pessoas com mobilidade reduzida, controlando os horários dos remédios, fazendo compras, cozinhando, limpando a casa, entretendo etc. Até conversas e expressões podem ser programadas com inteligência artificial. É claro que fica muito difícil de se

---

1 MIRZOEFF, Nicholas. *How to See the World: An Introduction to Images, from Self-Portraits to Selfies, Maps to Movies, and More.* St. Ives, UK: Pelican, 2015.

2 TURNER, Jamie. Are there really is more mobile phone owners than toothbrush owners? Disponível em: <https://www.linkedin.com/pulse/really-more-mobile-phone-owners-than-toothbrush-jamie-turner/> Acesso em: 20 jan. 2020.

3 ROSS, Alec. The Industries of the Future. London: Simon & Schuster, 2016.

imaginar que uma máquina possa cumprir todas essas funções com a combinação de eficiência e delicadeza que elas exigem, mas os japoneses, ao contrário dos ocidentais, estão empolgados e investindo muito numa versão real da Rosinha dos Jetsons[4].

A explicação é que os orientais têm uma predisposição cultural favorável porque creem no animismo (ou seja, objetos, animais e plantas também têm alma), o que reduz a resistência a se ter um equipamento desses em casa. Principalmente se a gente pensar que não vai ser um armário de metal, mas um robô bem parecido com um humano feito de silicone e outros materiais de aparência menos agressiva[5].

Alguns poucos países estão na liderança da fabricação e consumo de robôs; só para se ter uma ideia, 70% do total de vendas de robôs no mundo são do Japão, China, EUA, Coreia do Sul e Alemanha, sendo que Japão, EUA e Alemanha dominam os robôs industriais e na área médica; Coreia do Sul e China são mais orientados para o consumidor final; mas esse cenário está mudando rapidamente, uma vez que as vendas da China estão crescendo 25% ao ano. A Rússia está bem atrasada, ainda focada no mercado extrativista (a América Latina nem sequer é citada), mas a África tem alguns projetos interessantes na área.

Além dos robôs para fins militares, automação, carros autônomos e professores virtuais, os nanorrobôs também estão sendo desenvolvidos para aplicações importantes na medicina, sem falar nos robôs virtuais (muito provavelmente você foi atendido por um robô e não percebeu, se tentou entrar em contato com uma empresa pelas redes sociais, por exemplo).

O autor e futurista Arthur C. Clarke, no seu antológico livro *Profiles of the Future: An Inquiry into the Limits of the Possible*[6], apresenta as três leis do futurismo e desenvolvimento tecnológico. Apesar de o volume ter tido sua primeira edição em 1964 e ter sido revisado e relançado algumas vezes, as leis continuam atuais:

---

4 Os Jetsons é o nome de um desenho animado americano da década de 1960 a que assisti na minha infância, nos anos 1970-1980. O desenho projetava um futuro com carros voadores e a Rosinha (na versão brasileira) era uma robô que cuidava da casa (limpava, cozinhava, dava recados etc.).

5 Sobre robôs domésticos com aparência humana para servir de companhia, sugiro a leitura do instigante Máquinas Como Eu, do Ian McEwan. MCEWAN, Ian. *Machines Like Me: A Novel*. London: Jonathan Cape Vintage, 2019.

6 CLARKE, Arthur C. *Profiles of the Future: An Inquiry into the Limits of the Possible*. London: Victor Gollancz,1999.

O MUNDO 4.0 E NOSSO PAPEL NELE

- **Primeira lei:** "Se um cientista renomado, porém idoso, declarar que algo é possível, provavelmente ele estará certo. Quando ele declarar que algo é impossível, provavelmente ele estará errado."[7]
- **Segunda lei:** "A única maneira de descobrir os limites do possível é se aventurar mais além, adentrando o impossível."[8]
- **Terceira lei:** "Qualquer tecnologia suficientemente avançada é equivalente à mágica."[9]

Muita gente se apavora com a ideia, mas basta lembrar que, há algumas décadas, ser caixa de banco ainda era uma carreira a se considerar e a movimentação bancária era registrada à mão, em fichas de cartolina. Hoje ninguém discute a eficiência de um caixa automático ou mesmo a preferência por movimentar sua conta pelo smartphone. Boa parte dos bancos, inclusive, está migrando para o modelo digital, sem agências físicas.

Sobre a bioengenharia e a engenharia genética, as pesquisas também vão impactar muito o futuro das organizações. Essas empresas já possuem um mercado importante que só faz crescer, tanto no desenvolvimento de novas drogas como no mapeamento do DNA para descobrir predisposição a doenças e evitar outras. Não apenas a expectativa de vida será ampliada por conta dessas ferramentas como uma elite de super-humanos com capacidades aumentadas aparecem no horizonte como realidades próximas bem possíveis.

As criptomoedas (como o *bitcoin*) estão ocupando um papel importantíssimo; por causa da *blockchain*, uma tecnologia que descentraliza a informação de maneira segura, muitas aplicações além do dinheiro podem surgir. A própria forma como as negociações são feitas no mundo todo está em franco processo de transformação.

A inteligência artificial está se espalhando por várias áreas do conhecimento. Em combinação com o *big data*, não existe limite para a variedade de aplicações. Mas o que são exatamente esses dois termos, inteligência artificial e *big data*?

---

7 Ibid. Tradução livre do original: "When a distinguished but elderly scientist states that something is possible he is almost certainly right. When he states that something is impossible, he is very probably wrong."

8 Ibid. Tradução livre do original: "The only way of discovering the limits of the possible is to venture a little way past them into the impossible."

9 Ibid. Tradução livre do original: "Any sufficiently advanced technology is indistinguishable from magic."

ATITUDE PRÓ-INOVAÇÃO

A inteligência artificial já é um conceito relativamente antigo, lá da década de 1960. Trata-se de fazer uma máquina simular a capacidade humana de raciocinar e tomar decisões. Ela vinha sendo pesquisada intensamente, inclusive com estudos sobre redes neurais, mas a área só se tornou realmente poderosa há alguns anos por dois motivos:

1. O absurdo volume de dados disponível (também conhecido como *big data*), capaz de fornecer bases para que as máquinas possam "aprender" a tomar as decisões. Por exemplo, se uma máquina tem acesso a 60 mil diagnósticos médicos de catarata e é treinada de maneira adequada, basta que ela compare as imagens atuais com sua base de dados para fazer um diagnóstico com baixa margem de erro; inclusive, diagnósticos médicos automatizados por aplicativos já são realidade em algumas especialidades da medicina.

2. A disponibilidade de processadores gráficos ultrarrápidos e baratos. Com uma capacidade de processamento aumentada, processos que levariam, talvez, anos para serem realizados, podem levar apenas segundos (lembre-se: o volume de dados a considerar é absurdo e cresce cada vez mais).

Sobre a rapidez dos processadores, há que se ressaltar que no final de 2019 o Google declarou sua supremacia quântica quando apresentou os resultados de um experimento na revista *Nature*[10], uma das mais prestigiadas do mundo. Seus pesquisadores construíram um computador quântico[11] e conseguiram rodar um software para resolver um problema matemático específico. Com isso, puderam demonstrar que o computador quântico conseguiu resolver a questão em apenas 3 minutos e 20 segundos, quando um computador convencional levaria milhares de anos, segundo os pesquisadores.

Há mais um termo, aliás, que está em todo lugar e convém esclarecer: o algoritmo.

---

10 ARUTE, Frank e outros. Quantum supremacy using a programmable superconducting processor. Publicado em 23. Out. 2019. Disponível em: <https://www.nature.com/articles/s41586-019-1666-5>. Acesso em: 20 jan. 2020.

11 Um computador quântico segue princípios totalmente diferentes dos computadores convencionais. Em vez de reduzir todas as informações em sinais 0 ou 1, ele trabalha com as probabilidades de uma partícula estar em um estado. É extremamente complexo, tanto do ponto de vista da construção física como dos softwares que rodam nele.

O MUNDO 4.0 E NOSSO PAPEL NELE

Algoritmo é uma espécie de receita de bolo; é a estrutura de decisões que a máquina deve tomar usando as informações de entrada como fonte. Os algoritmos, depois, são transformados no código de alguma linguagem de programação (software) e executados pelo computador. A gente fala algoritmo em vez de programa porque o algoritmo independe da linguagem em que será implementado.

Mas a maior preocupação da maioria das pessoas não é tanto com a tecnologia em si (ninguém reclama de usar o Waze para saber o melhor caminho para chegar ao destino ou acessar os exames de laboratório pelo aplicativo), mas com o futuro dos empregos.

Um exemplo: o banco de investimentos americano JPMorgan está utilizando um software chamado COIN (Contract Intelligence) para interpretar acordos de empréstimos comerciais. É uma tarefa tediosa e exaustiva que implica em comparar milhares de documentos e selecioná-los. Os advogados da empresa gastavam cerca de **360 mil horas por ano** para fazer o trabalho. O COIN está fazendo o mesmo serviço em **poucos segundos**, com muito menos erros[12]. E há outros softwares fazendo o equivalente em variadas áreas de direito e finanças, em que o trabalho basicamente é analisar e selecionar documentos, comparando-os com uma base de dados.

Outro exemplo: a Suprema Corte dos Estados Unidos fez um teste em 2017 em que o algoritmo analisou todos os casos registrados desde 1816 e acertou 70.2% das decisões, contra apenas 66% de acertos de juízes especialistas consultados[13]. Talvez, para algumas questões, o algoritmo seja a maneira mais justa, rápida e eficiente de julgar uma causa.

Enfim, não apenas as profissões que exigiam menos tempo de formação, como motoristas de ônibus, táxis e caminhões (segundo a revista *Forbes*[14], a partir de 2025 os veículos já começarão a rodar em escala de maneira autô-

---

12 SON, Hugh. JPMorgan *Software Does in Seconds What Took Lawyers 360,000 Hours*. Publicado em 28 fev. 2017. Disponível em: <https://www.bloomberg.com/news/articles/2017-02-28/jpmorgan-marshals-an-army-of-developers-to-automate-high-finance>. Acesso em: 07 jan. 2020.

13 KATZ, Daniel Martin. *A general approach for predicting the behavior of the Supreme Court of the United States*. Publicado em 12 abr. 2017. Disponível em: <http://journals.plos.org/plosone/article?id=10.1371/journal.pone.0174698>. Acesso em: 20 dez. 2019.

14 GUERRINI, Federico. *Will Technology Make Truck Drivers Obsolete In 10 Years?* Publicado em 31 jan. 2015. Disponível em: <https://www.forbes.com/sites/federicoguerrini/2015/01/31/technology-is-going-to-make-truck-drivers-obsolete-in-a-decade-report-says/#5064827868d1>. Acesso em: 02 jan. 2020.

noma a ponto de dispensar motoristas) ou trabalhadores da construção civil (impressoras 3D já estão fazendo boa parte do trabalho), estão ameaçadas, mas também profissionais mais qualificados das áreas de medicina, direito, finanças, educação, enfim. Muita gente. Mesmo.

Mas e como ficam os empregos? Como é que as pessoas vão viver?

Calma, vamos por partes. Primeiro, é preciso pensar em quais habilidades as máquinas possuem que podem substituir os humanos.

Os autores Paul R. Daugherty e H. James Wilson[15], apresentam uma tabela muito interessante, que eles chamam de "O meio perdido". Fiz uma versão própria mais simplificada, que mostra a intersecção entre as tarefas exclusivas de máquinas e de humanos, inspirada na descrição dos autores.

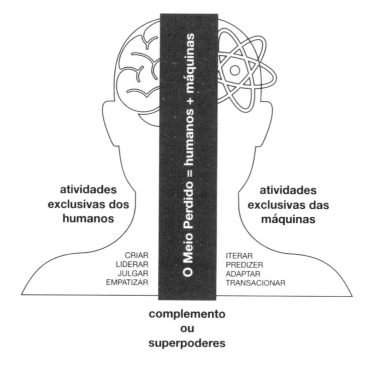

FIGURA 1. Resumo visual inspirado no conceito "O meio perdido" de Daugherty Paul R. e Wilson H. James[16].

---

15 DAUGHERTY, Paul e WILSON, James. *Human + Machine: Reimagining Work in the Age of AI*. Boston: Harvard Business Review Press, 2018. pág. 18.

16 Ibid.

O MUNDO 4.0 E NOSSO PAPEL NELE

O meio a que eles referem-se é a intersecção entre as atividades de cada parte, híbridas e compartilhadas entre humanos e máquinas.

ATIVIDADES EXCLUSIVAS DOS HUMANOS

As máquinas não conseguem realizar (pelo menos ainda) as atividades consideradas exclusivamente humanas, como liderar, empatizar, criar e julgar outros humanos (se bem que acabamos de ver exemplos de previsões de julgamentos realizados por máquinas; mas no caso da tabela, os autores referem-se a julgamentos que levam em consideração emoções e empatia, não apenas o lado racional). Essa questão de decisões legais realizadas por máquinas ainda é bastante polêmica, mas, em alguns casos, os algoritmos podem ser excelentes referências.

Com relação à criatividade, esse tem sido um tema constante entre os estudiosos. Há algoritmos para escrever canções, imitar estilos de grandes pintores e ajudar nas decisões criativas em um set de filmagem, por exemplo. Os programas tentam entender os critérios que os humanos usam para gostar de determinadas obras e usam como apoio para a tomada de decisão.

O Watson (o famoso robô da IBM) conseguiu, em 2016, criar o trailer para um filme de terror da Century Fox Studios (*Morgan*)[17] analisando o visual, o som e a composição de centenas de trailers de filmes de terror a fim de identificar padrões. Com base nisso, Watson selecionou as cenas que iriam para o trailer, reduzindo semanas de trabalho exaustivo.

John Smith, que gerenciou todo o projeto, faz, porém, uma ressalva: "É fácil para a inteligência artificial criar alguma coisa nova aleatoriamente. Mas é muito difícil criar alguma coisa nova, inesperada e útil"[18].

Os algoritmos, então, seriam ferramentas úteis para substituir profissionais medianos, que se baseiam em gostos mais populares e comuns para criar peças — sejam pinturas, músicas, esculturas, ilustrações ou vídeos — ou para auxiliar nos trabalhos mais demorados e acelerar protótipos.

---

17 *IBM: The quest for AI creativity*. Disponível em: <https://www.ibm.com/watson/advantage-reports/future-of-artificial-intelligence/ai-creativity.html>. Acesso em: 20 jan. 2020.

18 Tradução livre: "It's easy for AI to come up with something novel just randomly. But it's very hard to come up with something that is novel and unexpected and useful." Fonte: *IBM: The quest for AI creativity*. Disponível em: <https://www.ibm.com/watson/advantage-reports/future-of-artificial-intelligence/ai-creativity.html>. Acesso em: 20 jan. 2020.

ATITUDE PRÓ-INOVAÇÃO

Mas para se criar algo realmente original, brilhante e inesperado, que se transforme em uma experiência memorável, ainda são necessários talentos exclusivamente humanos.

Uma das tendências apontadas para futuros trabalhos dominados por humanos, inclusive, é o setor de entretenimento. Se as pessoas terão mais tempo livre, mais tempo também terão de pensar sobre a vida, de ouvir música, visitar exposições, assistir a filmes, ver peças de teatro.

A arte fala sobre o ser humano, seus dilemas, dúvidas, crises existenciais, emoções e sentimentos. O que nos faz humanos, em suma, é a capacidade que temos de fazer (e apreciar) a arte. Essa parte não tem como ser assumida por uma máquina.

> *"Arte é a mais alta forma de esperança." Gerhard Richter*[19]

ATIVIDADES EXCLUSIVAS DAS MÁQUINAS

Tarefas rotineiras, insalubres e que exigem uma formidável memória (base de dados comparativa) ou capacidade de processamento (muitos cálculos ou pesquisas/comparações por segundo) podem ser realizadas com facilidade somente por máquinas com grandes vantagens para os humanos: transacionar (no sentido de realizar transações entre diferentes equipamentos), inteirar (repetir operações sucessiva e repetidamente em grande volume), predizer (com base em dados históricos) e adaptar (ajustar automaticamente os procedimentos com base nas informações de entrada).

O MEIO PERDIDO: HUMANOS E MÁQUINAS COLABORANDO

As atividades híbridas, nas quais ocorre a colaboração entre o homem e a máquina, sintetizam a ideia principal. Os autores comentam que, basicamente, a literatura e a filmografia de ficção científica sempre colocam as máquinas inteligentes contra os humanos, ameaçando não apenas seu trabalho como

---

19 PHAIDON. *Gerhard Richter says art is the highest form of hope.* Disponível em: <https://de.phaidon.com/agenda/art/articles/2016/november/15/gerhard-richter-says-art-is-the-highest-form-of-hope/>. Acesso em: 22 jan. 2020.

também sua existência. Na vida real, segundo eles, o que as máquinas mais fazem é ajudar nas tarefas repetitivas e amplificar as habilidades humanas, colaborando com ganhos de produtividade antes impossíveis. Se a gente for pensar, é bem verdade. Todos os meios de produção e a maior parte dos serviços ganham com a colaboração das máquinas.

Quando eles falam em "O meio perdido" (*The missing middle*, no original), referem-se justamente a esse espaço de colaboração. O "perdido" é porque poucos falam a respeito, preferindo concentrar-se nos extremos, em que as atividades são exclusivas de um ou de outro.

Nesse "meio perdido", os humanos trabalharão com máquinas inteligentes para explorar o melhor de cada parte. São os humanos, por exemplo, que desenvolvem, treinam e gerenciam as aplicações de inteligência artificial.

Além disso, há outro tipo de colaboração, em que a inteligência artificial pode amplificar os sentidos humanos, transformando-os quase que em superpoderes. Há inúmeros exemplos já em funcionamento, como exoesqueletos para pessoas com mobilidade reduzida; visão aumentada em instrumentos que conseguem enxergar veias através da pele; realidade aumentada, que mostra o resultado holográfico de uma cirurgia durante o procedimento; enfim, há muitas possibilidades.

A tecnologia também é útil para facilitar a interação entre humanos: pessoas com algum tipo de deficiência podem utilizar dispositivos físicos controlados pelo cérebro para se comunicar, bem como a incorporação de sensores e atuadores dentro do próprio organismo.

O CÉREBRO E A INTERNET

O neurocientista Jeffrey Stibel[20] tem uma premissa muito interessante: a de que a internet, da maneira como foi construída e está evoluindo, tem uma semelhança muito próxima ao cérebro humano. Ambos têm o processamento distribuído, conectam suas partes por meio de sinais elétricos e são orientados a padrões. É como se os vários computadores conectados na rede fossem neurônios unidos em um grande cabeção.

Como estudioso do cérebro humano, o autor não para de encontrar similaridades entre os dois sistemas. Ele explica, de uma maneira bem didática, a evo-

---

20 STIBEL, Jeffrey M. *Conectado pelas ideias: como o cérebro está moldando o futuro da internet*. São Paulo: DVS, 2012.

ATITUDE PRÓ-INOVAÇÃO

lução e o funcionamento da nossa massa cinzenta. Jeffrey fala da importância do surgimento do nosso senso de antecipação, que nos permitiu inferir os próximos acontecimentos, bem como o raciocínio, a introspecção e elementos refinados de emoção. Essas são capacidades do córtex cerebral, uma espécie de touca de natação que cobre a massa cinzenta e conecta os neurônios.

É bem interessante observar as semelhanças entre imagens que registram as conexões neuronais e as conexões entre os computadores conectados à internet ao redor do mundo. Para Stibel, os computadores e seus microchips representam os neurônios; os sites e links que constroem mapas semânticos são o equivalente da nossa memória; as conexões, com ou sem fio, entre os diferentes equipamentos seriam os axônios e dendritos.

Ele considera que a internet representa um cérebro em estágio ainda primitivo, mas, se considerarmos a velocidade de crescimento e evolução do sistema, não demorará mais de 20 anos para o número de equipamentos conectados chegar a 100 bilhões, número aproximado de neurônios no cérebro humano[21].

Sobre os limites de crescimento, há algo interessante: depois da explosão de crescimento e multiplicação de neurônios nos três primeiros meses de vida, nosso cérebro chega no seu limite físico e começa a crescer cada vez mais devagar (pois, claro, se continuasse no mesmo ritmo, a caixa craniana não daria conta — basta dizer que o cérebro corresponde a 10% do nosso peso quando nascemos e apenas 2% quando ficamos adultos). A partir dos 20 anos, a gente perde cerca de 1g por ano de peso de massa cinzenta.

Será, então, que emburrecemos com o tempo? De forma alguma. É que as conexões que sobram são as mais fortes e resistentes. Para Jeffrey, acontecerá o mesmo com a internet, que mal nasceu e ainda está no processo de crescer enlouquecidamente.

Resumindo, tanto o cérebro como a internet têm períodos de rápida expansão, o que o autor chama de *big bang*. O próximo estágio é o colapso, onde é necessário podar o crescimento; nesse caso, tanto a rede pode implodir, perdendo neurônios/computadores, como pode continuar crescendo, mas bem mais lentamente. Naturalmente, os links mais fracos se perderão. Por fim, vem o equilíbrio.

---

21 Na verdade, a neurocientista brasileira Suzana Herculano-Houzel fez estudos demonstrando que o número mais aproximado em um humano adulto é de 85 bilhões. Mais informações: ZORZETTO, Ricardo. "Números em revisão: Recontagem de neurônios põe em xeque ideias da neurociência". Disponível em: <https://revistapesquisa.fapesp.br/2012/02/23/números-em-revisão/>. Acesso em: 22 jan. 2020.

O MUNDO 4.0 E NOSSO PAPEL NELE

Apesar de me irritar um pouco com a linguagem do autor, cheia de clichês de empreendedorismo (pode ser a tradução), gosto muito de quem desafia os conceitos estabelecidos e questiona o uso das palavras. Aqui, Jeffrey discorda do termo inteligência artificial, ele diz que a máquina é artificial, mas a inteligência não. Ele cita como exemplo a avó dele, que teve o quadril reconstruído. O quadril pode ser artificial, mas a capacidade de andar, não.

Jeffrey fala também sobre as limitações já conhecidas do cérebro e que a internet possui os mesmos pontos fracos (exemplo: precisamos estar constantemente destruindo memórias e ideias para que o cérebro possa ter agilidade para trabalhar, o que ele chama de destruição criativa).

Stibel ainda fala sobre como construir uma máquina pensante, sobre a questão da inteligência (no cérebro e na internet), sobre os mecanismos buscadores que nos permitem resgatar informações armazenadas. Fala também sobre implantes cerebrais, mas com a cabeça de um empresário serial; ele simplesmente minimiza os riscos e afirma, com certeza absoluta, que as vantagens superam as desvantagens em muito.

Será? E para quem?

Sobre as semelhanças entre a internet e o cérebro, Jeffrey faz uma observação muito perspicaz: uma internet inteligente como um cérebro humano continuará sendo apenas um cérebro, não um ser humano. É muito pouco provável que a internet um dia adquira consciência, que é o que torna um ser humano, apesar de haver pesquisas buscando justamente isso, como veremos adiante.

WTF?

Eu me lembro muito do nome Tim O'Reilly, porque a editora dele foi responsável pela publicação da maioria dos livros de programação e tecnologia da informação que li e consultei na vida. Nos anos 1980, 1990 e 2000, quase toda a literatura da área vinha dessa que foi a primeira grande editora especializada no assunto que se tem notícia.

Daí que esse senhor, que carrega praticamente toda a história da computação e da informática (ainda se chama assim?) nos ombros, resolveu publicar um livro não técnico, falando sobre como ele imagina que será o futuro.

Uma das grandes sacadas é o próprio nome: *WTF: What's the Future and Why It's Up to Us* (Tradução livre: *WTF: Qual é o Futuro e Por Que Ele Depende de*

ATITUDE PRÓ-INOVAÇÃO

Nós)[22]. É que WTF é a sigla de uma expressão em inglês que significa *What The Fuck?*; em português, penso que a tradução que mais se aproxima é "Que porra é essa?", pois ele usa WTF como acrônimo de *What the Future?* (que, no final das contas, significa, usando um pouquinho de humor e licença poética, quase a mesma coisa...).

O'Reilly diz que a maioria das pessoas se refere a ele como sendo um futurista, mas ele próprio prefere se considerar um "fazedor de mapas". Ele desenha um mapa do presente que faz com que seja possível ver as possibilidades do futuro, mostrando onde estamos e para onde podemos/queremos ir. Ele cita uma frase de Edwin Schlossberg que também gostei muito: "a habilidade de escrever é criar um contexto em que as outras pessoas possam pensar". Dessa maneira, Tim considera seu livro como sendo um mapa.

O autor lembra que mapas podem estar errados e é perigoso seguir cegamente o GPS (todo mundo conhece casos em que essa prática não deu muito certo e até foi fatal). Também não ajuda navegar com mapas desatualizados ou ruins/incompletos, sem os detalhes essenciais ou com informações trocadas. Em tecnologia, desenhar mapas (ou representações abstratas da realidade) é uma tarefa difícil, porque a maior parte das variáveis é desconhecida. Cada desenvolvedor, empreendedor, inventor ou explorador tenta desenhar mentalmente seu mapa da melhor maneira possível para seguir adiante.

O'Reilly lembra a frase de Mark Twain, que dizia que "a história não se repete, mas frequentemente rima". Assim, estudar história é um pouco como tentar identificar e registrar padrões como forma de tentar desenhar o futuro. Tim ensina que o que a gente precisa fazer é entender que o futuro já está aqui, sim, encontrar as suas sementes, estudá-las e se perguntar como as coisas seriam se esse futuro fosse normal. O que aconteceria se essa tendência identificada como futuro fosse seguida?

Ele fala da miopia das pessoas quando, num dos primeiros eventos que organizou sobre *open source*, perguntou para a plateia quantas pessoas usavam Linux (um sistema operacional aberto) e somente poucas levantaram a mão. Então ele perguntou quantas usavam o Google. Todas levantaram a mão, sem saber que o Google foi construído sobre o Linux; portanto, todas o usavam. A conclusão dele: "A maneira como você vê o mundo limita o que você pode ver".

---

22 O'REILLY, Tim. *WTF: What's the Future and Why It's Up to Us.* London: Random House Nusiness Books, 2017.

O sujeito é cheio das grandes sacadas e de uma visão realmente ampla. Ele conta que, num dos eventos, Clay Shirky mostrou a evolução dos sistemas de computadores ao rebater aquela clássica frase do presidente da IBM, Thomas Watson, que, em 1943, disse que o mercado mundial de computadores podia ser de, no máximo, cinco máquinas. Clay disse: "Mas é claro que Thomas Watson estava errado. Ele contabilizou quatro computadores a mais". Diante da surpresa da plateia, ele completa: "Caso vocês não tenham se dado conta, tecnicamente, todos os computadores estão interligados. Hoje só existe UM computador. A rede é o computador."

O'Reilly passa a primeira parte do livro descrevendo os *highlights* da história da qual ele mesmo foi um dos protagonistas; ele conta inúmeras curiosidades e como as coisas foram evoluindo até chegarem no que são hoje, ou seja, ele vai construindo o prometido mapa, apresentando e comparando modelos de negócios, tecnologias e plataformas, sempre lembrando que não existe apenas um futuro possível, mas vários e diferentes recortes, leituras e possibilidades.

Ele também fala sobre o futuro e do quanto ele depende de nós — aqui, O'Reilly se concentra na economia e suas regras — e da importância de se fazer as perguntas certas. Fala também do futuro do trabalho, da remuneração e sobre como as regras precisam ser reescritas para esse novo mundo que está vindo e que não consegue ser mais regulado pelas atuais. Discorre sobre as plataformas digitais e seu impacto na economia, sobre novas formas de empreender, sobre medir o valor da criação, da necessidade de reinventar a educação, sobre se ocupar com as coisas que realmente importam e sobre criar valor, dentre outros temas.

Tudo a ver com o momento *tesarac*.

O MOMENTO *TESARAC*

Uma coisa que não se pode perder de vista é que o conceito de emprego (trabalhar o dia todo em uma empresa ou projeto) para ganhar a vida é bastante recente; antes da Revolução Industrial, as pessoas participavam de grupos produtivos, plantavam sua comida para sobreviver ou exerciam sua atividade de maneira independente, como os artesãos, por exemplo.

Se na época anterior à invenção da máquina a vapor alguém dissesse para um artesão que os sapatos seriam produzidos aos milhares de maneira muito mais rápida e barata (o que é verdade), ele acharia que o mundo se acabaria. De fato, produzir sapatos manualmente passou a ser um luxo (que ainda existe e é caríssimo) e a maioria dos profissionais daquela época teve de se adaptar; seja exercendo outras funções, mas sempre aproveitando seu conhecimento (quem mais iria desenhar sapatos e ajustar as máquinas senão alguém que já entendia do assunto?), seja mudando totalmente de área. A questão é que centenas de milhares de empregos foram destruídos, mas outro tanto também foi criado.

Quando o mundo passa por um momento como esse, chamamos de *tesarac*. Essa palavra foi cunhada pelo poeta, autor de livros infantis, músico, compositor e cartunista americano Shel Silverstein para descrever períodos da história onde ocorrem mudanças sociais e culturais tão significativas que os velhos conceitos já estão desaparecendo, mas os novos ainda não estão prontos para substituí-los. O resultado disso é o próprio caos, exatamente como estamos vivendo hoje, em pleno *tesarac*. Depois da tempestade, as coisas começam a se reorganizar e experimentamos mais um tempo de estabilidade até o próximo *tesarac*. O mundo já passou por vários, com diferentes intensidades: a Revolução Agrícola, a transição entre a Idade Média e a Renascença, a Primeira Revolução Industrial, para citar só alguns.

> **Tesarac** é quando o modelo atual já não funciona mais, mas ainda não se sabe como vai ser. Está tudo em aberto. A única certeza é de que as coisas vão mudar radicalmente. E rapidamente.

Estamos bem no meio do caos. É apavorante, pois naturalmente tememos o desconhecido. Mas também é fascinante, um verdadeiro privilégio poder fazer parte desse momento da história, porque o como vai ser, depende do que nós vamos construir, das decisões que vamos tomar.

Ainda não temos ideia de como será esse mundo novo, não tem como, pois ainda está praticamente tudo em aberto. É como você pedir para um ascensorista dos anos 1920 se imaginar trabalhando como social media ou fazendo aplicativos para smartphones. Ou um acendedor de lampiões de rua (sim, isso existiu) pensar em como seria operar câmeras instaladas em drones para filmagens comerciais. Ou um operador de telégrafo conseguir se ver ganhando a vida como digital influencer. Impossível, né?

As profissões mais importantes da próxima década ainda não existem hoje. E não há, neste exato momento, como imaginá-las. Não é que o trabalho vai

O MUNDO 4.0 E NOSSO PAPEL NELE

acabar, mas ele vai se transformar de uma maneira que a gente ainda não consegue fazer nem ideia. Provavelmente, vai acabar o modelo que a gente conhece e se desenvolver uma outra forma completamente diferente de trabalho com a ajuda da inteligência artificial.

A questão é que as escolas atuais foram desenhadas há mais de um século e estão completamente despreparadas para essa nova realidade. Ainda não se sabe quais habilidades serão mais valorizadas. O mercado de trabalho também está mudando muito rapidamente, nem todas as empresas estão conseguindo acompanhar.

Como sobreviver a esse turbilhão de novas informações, tecnologias e desafios éticos? Como não se perder profissionalmente e acabar como um ascensorista do século XXI? Como participar das mudanças e influenciar o cenário que está sendo construído?

É claro que não tenho as respostas. É quase certo que ninguém as tem (ainda). E não dá para ficar parado, esperando para ver o que acontece.

Para ser sincera, não tenho certeza se vai funcionar, mas se eu tivesse de apostar numa atitude, seria a atitude pró-inovação, tema deste livro que você tem em mãos.

Se a gente tentar competir com a máquina nas atividades em que ela é melhor, vai perder. Ou melhor, já perdeu.

> *O que a gente tem é que ser cada vez mais HUMANOS. Desenvolver cada vez mais as habilidades que a máquina não é capaz: liderar, empatizar, criar, julgar. Fazer arte.*

Sobre liderança, além de muitos volumes ótimos e interessantíssimos, fiz minha contribuição publicando o *Atitude Pro Liderança*.

O julgamento como habilidade exclusivamente humana refere-se à tomada de decisão, à seleção de alternativas, à avaliação e definição do que é ou não valor e sob quais critérios; não é sobre achar bonita ou feia a saia da apresentadora ou decidir sobre a vida sexual do vizinho de porta. Que fique bem claro.

Aqui vamos tratar de criar (e, para isso, empatizar). Imaginar soluções, ter ideias novas, contribuir de alguma maneira para mudar o mundo e ajudar a construir a realidade que queremos é o que vai nos tornar sobreviventes do *tesarac*.

Acredito nisso: arte, que é a forma de combinar criatividade com empatia, é a única maneira de sobreviver.

Mas, primeiro, vamos nivelar alguns conceitos e entender como o nosso cérebro funciona antes de começar para valer a preparação para esse futuro que já é presente.

Vamos?

CAPÍTULO 2

ALGUNS CONCEITOS

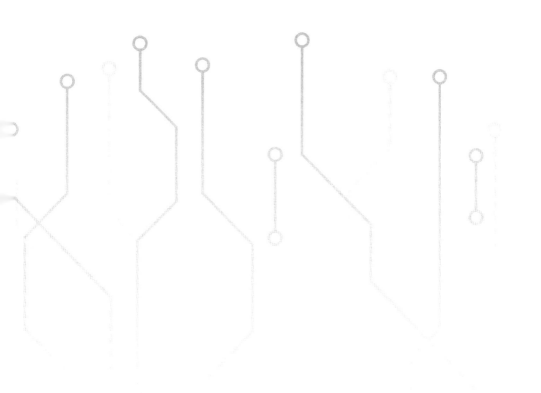

"Uma vez que você para de aprender, você começa a morrer."

Albert Einstein

Antes de entender como é que nosso cérebro desenvolve ideias, vamos recapitular alguns conceitos relacionados à inovação que a gente ouve falar por aí, mas nem sempre tem uma ideia exata do que se trata.

INOVAÇÃO

Inovação é uma daquelas palavras que está na moda, por isso o povo a usa indiscriminadamente, sem nenhum critério, para qualquer coisa. Isso cria um certo tumulto nas comunicações sobre o tema.

Vamos começar, então, pela definição do dicionário Aulete, um dos principais dicionários brasileiros.

(i.no.va.*ção*) sf.

1. Ação ou resultado de inovar.

2. P.ext. Aquilo que representa uma novidade; algo que é novo: *Resolveu fazer umas inovações na maneira de filmar.*

Inovação é a ação de inovar. Muito esclarecedor, né? Agora tudo ficou bem entendido (só que não). O segundo sentido é um pouco mais didático, relaciona inovação com algo novo ou novidade. Não me admira que usem essa palavra para qualquer coisa ou situação.

Vamos, então, procurar uma definição mais específica de uma instituição que se dedica a estudar o assunto por anos. Há centenas de boas referências, mas

ATITUDE PRÓ-INOVAÇÃO

uma das minhas preferidas pela concisão e pela clareza é a da *Harvard Business Review*[1]:

> *"Inovação é o agrupamento, combinação ou síntese do conhecimento em um produto, processo ou serviço **original, relevante** e **valioso**"*[2]

A chave de tudo está nas três palavras grifadas: original, relevante e valioso.

Segundo o dicionário Aurélio, a inovação só precisa cumprir um dos critérios, ou seja, ser original (nova). Mas tem muita novidade que não é relevante (importante, faz diferença na vida de alguém) nem valiosa (ninguém está disposto a pagar por isso).

Como exemplo, podemos pensar num palestrante apresentando o seu conteúdo de cabeça para baixo, plantando bananeira. É original? Penso que sim, pois nunca vi ninguém fazer isso. Então, de acordo com o Aurélio, isso é uma inovação.

Mas vamos além: é relevante, isto é, faz alguma diferença para melhorar a apresentação? Ajuda a comunicar o tema com mais clareza? As pessoas conseguem entender com mais facilidade o que está sendo dito? Acredito que não.

E mais: essa prática tem valor, ou seja, alguém estaria disposto a contratar esse palestrante só por ele estar de cabeça para baixo? Também acredito que não.

Então, pela nossa segunda definição, essa prática não é uma inovação. Neste livro, vamos optar por usar a palavra inovação quando o serviço, processo ou produto contemplar todos esses três critérios.

---

1 Disponível em: *Managing Creativity and Innovation: Practical strategies to encourage creativity. Harvard Business Essencials.* Boston: Harvard Business School Press, 2003. pág. 2.

2 Ibid. Tradução livre do texto original: "Innovation is the embodiment, combination, or synthesis of knowledge in original, relevant, valued new products, processes, or services".

ALGUNS CONCEITOS

POR QUE O BRASIL É RUIM DE INOVAÇÃO?

Um excelente ensaio do prestigiado Clemente da Nóbrega na revista *Época Negócios* de outubro de 2007[3] (e lá se vai mais de uma década) tenta explicar por que um país com tanta gente criativa não se destaca mundialmente na área da inovação. Mesmo antigo, o texto continua atual e muito elucidativo com relação a essa questão, já que as condições analisadas não mudaram (inclusive, sob alguns pontos de vista, ficaram mais exacerbadas ainda).

O artigo tenta responder por que o Brasil ocupava um longínquo 40° lugar em um ranking mundial organizado pelo prestigiado Insead na época da publicação. Nóbrega nos conta que depois de mergulhar em muitos estudos e estatísticas, chegou a conclusões bem tristes sobre a predominância do conservadorismo nas empresas brasileiras.

Simplesmente não há ambiente para inovação no Brasil; o risco é desproporcional aos ganhos.

Mas vamos por partes, a fim de que a linha de raciocínio fique mais clara.

Nóbrega comparou atributos de países líderes em inovação e descobriu que os inovadores são ricos de uma maneira muito semelhante. Já os não inovadores são pobres de maneiras diferentes.

Vejamos algumas características que fazem toda a diferença. Primeiro, nos inovadores (e ricos) há um **alto nível de confiança nas relações interpessoais**. Isso quer dizer que a cooperação com base na reciprocidade está fortemente arraigada na cultura do lugar. Em outras palavras, as pessoas recebem proporcionalmente ao que dão. Não se tolera alguém receber por algo para o qual não contribuiu; da mesma forma, não se admite que alguém que contribuiu não receba a sua justa parte.

O outro nome para essa regra básica de civilidade é meritocracia, onde é imoral pegar carona no esforço de outrem (aqui abro espaço para relativizar um pouco essa questão, já que o mérito é justo quando todos têm as mesmas condições de conquistá-lo; num país tão desigual, há que se alinhar um pouco essa questão antes, especialmente no que se refere ao acesso à educação de

---

3 Disponível em: <http://epocanegocios.globo.com/Revista/Epocanegocios/0,,EDR79418-8374,00.html>. Acesso em: 05 jan. 2020.

qualidade; até porque há estudos mostrando que meritocracia é um conceito que não se aplica na prática[4]).

Em todo caso, não há como negar que inovação é esforço, risco. Quanto mais radical a inovação, mais alta é a probabilidade do empreendedor de acabar com uma empresa falida e cheia de dívidas. Se você não tem garantias de que receberá uma retribuição à altura dos resultados que conseguir, para que se arriscar tanto?

Esse traço acaba dando origem a outro. Como o sucesso nos países não inovadores está desvinculado do esforço pessoal, essas sociedades, em vez de preferirem gestões mais pragmáticas e racionais, tendem a abraçar o oculto e o mágico, os grandes líderes carismáticos e populistas.

Isso faz com que o Brasil lidere um ranking que de nenhuma forma pode ajudar a melhorar o quadro: o grau de desconfiança. Em uma pesquisa realizada naquela época em vários países do mundo, foi perguntado se a pessoa achava que em seu país a maioria das pessoas era confiável. Cerca de **65% dos noruegueses** responderam que sim. Os suecos, um pouco mais desconfiados, tiveram **60%** das respostas favoráveis.

Quanto você acha que foi o índice dos brasileiros? Sente-se primeiro, pois vai doer: apenas **3%** (isso mesmo, três em cada cem) dos brasileiros acham seus compatriotas confiáveis. Realmente não sei quais seriam os resultados se a pesquisa fosse aplicada hoje em dia, mas não acredito que se obteria algo muito diferente.

No excelente artigo há, ainda, um esclarecimento sobre o termo tecnologia no âmbito dos estudos da inovação. Há, segundo o autor, dois tipos de tecnologia: as **físicas** e as **sociais**. As físicas são aquelas que a gente pensou logo que leu a palavra tecnologia — ferramentas e conhecimentos que tornam possível a construção de uma estação espacial ou um iPhone, por exemplo.

As tecnologias sociais são maneiras de organizar as pessoas para colaborarem em empreendimentos comuns: linhas de montagem, sistemas de gestão, franquias, leis etc. Para Nóbrega, as tecnologias sociais são mais importantes que as físicas para a inovação, já que as primeiras podem ser compradas, mas as segundas, não, pois são dependentes da cultura. Se o país não possui tecnologias sociais, ele fica dependente de gênios para gerar invenções que,

---

4 Aqui, um artigo interessante na revista de negócios *Exame*, que fala sobre o tema: "Entenda como a meritocracia pode prejudicar sua carreira". Disponível em: <https://exame.abril.com.br/carreira/entenda-como-a-meritocracia-pode-prejudicar-sua-carreira/>. Acesso em: 07 jan. 2020.

quem sabe, um dia, poderão ser utilizadas para gerar riqueza. O autor enfatiza: só um louco pode apostar na proliferação de gênios acima da média para conseguir qualquer coisa.

Uma das tecnologias mais importantes para a inovação é o **sistema de leis** (não só sua elaboração, mas o seu cumprimento, principalmente). Em um ambiente trambiqueiro, onde as normas sociais não dão suporte à cooperação, as pessoas estão sempre desconfiadas e todo mundo tende a proteger seu próprio traseiro (palavras do Clemente). Todo mundo se acha "esperto" e a corrupção, a desonestidade e a roubalheira acabam sendo normas culturais, com atitudes morais distorcidas do tipo "se eu não fizer, outro faz".

Pois é, por mais que a Finep, o CNPq, a Capes e outros tantos organismos trabalhem e promovam programas para incentivar a inovação, a conclusão é inequívoca: reformar o sistema jurídico e político no Brasil é tão ou mais importante para inovação do que investir em bolsas, cursos, programas e estudos.

Eu acrescentaria, também, o investimento em educação básica. Na minha opinião, é a única forma de mudar os aspectos negativos da cultura.

INVENÇÃO

Voltando à questão do valor, ou seja, alguém vai pagar pela inovação, é importante ressaltar que isso é o que diferencia uma invenção de uma inovação. Uma invenção pode ser uma coisa original e relevante, mas se ela ficar guardada dentro de uma gaveta, não vai beneficiar ninguém. É apenas uma boa ideia guardada.

Para que algo seja considerado inovação, é preciso que sua relevância apareça, ou seja, que alguém utilize o produto, processo ou serviço e isso faça alguma diferença. Para tanto, é necessário investimento — a inovação precisa também ser um negócio.

Mesmo que a inovação tenha fins sociais e não almeje lucro, é impossível fazê-la chegar ao usuário final sem que haja investimento; sem que alguém pague por isso. Pense, por exemplo, numa máquina maravilhosa que transforme lama em água potável. Vai salvar milhares de vidas só e somente se alguém estiver disposto a investir na produção e na sua distribuição. Sem isso, a máquina é uma invenção, apenas uma bela ideia.

ATITUDE PRÓ-INOVAÇÃO

VALE A PENA INOVAR A QUALQUER CUSTO?

Depois que ser inovador entrou na moda, tem empresa surtando de tal maneira que chega a colocar em risco sua própria marca.

Boa parte das organizações se esqueceu de um ponto essencial: inovação é um meio, não um fim. O fim é seduzir o cliente e fidelizá-lo; para isso há que se entregar valor. E, não custa lembrar, inovação, principalmente a desmedida, nem sempre é percebida como valor.

Digo isso porque até alguns anos atrás, quando ainda morava no Brasil, era cliente fiel de O Boticário (tinha até carteirinha). Deixei de sê-lo porque a empresa não me queria mais e me deu um pé.

Acompanhe.

Entrei numa loja do grupo para comprar uma loção de limpeza para o rosto que usava há anos; sempre considerei os produtos para a pele da marca excelentes. Até reparei que eles colocaram um moço para atender, que se apresentou como maquiador (adorei!).

Pois é, o drama começou quando pedi a tal loção. Todo feliz, ele explicou que a empresa estava inovando em tudo e que meu produto tinha sido substituído por um tônico (mais caro 50%). Retruquei explicando que tônico e loção têm funções diferentes, portanto não poderiam ser a mesma coisa.

Ele insistiu, dizendo que era exatamente igual, só tinham trocado a embalagem ("Ó moço, não faça isso não; então você está me dizendo que a empresa finge que inova para cobrar mais caro?"). Eu insisti que não poderia ser a mesma coisa. Eis que entra na conversa outra vendedora, explicando que a linha era muito inovadora e que a minha loção tinha virado uma espuma (mas era igualzinha, repetia, só tinha trocado a embalagem).

Bem, como vi que aquilo não ia nos levar a lugar algum, tentei um batom que usava há pelo menos 20 anos (sim, meninas, o lápis avelã, *top seller* da marca). Pois o rapaz, novamente empolgado (agora estávamos falando de maquiagem, seu *métier*), explicou que o batom estava para sair de catálogo e seria substituído por uma linha completamente nova, aliás, ele me informou todo feliz que eles estavam inovando também a maquiagem, que seria completamente renovada a cada estação, de maneira que nada daquilo estaria à venda dali a 3 ou 4 meses.

Trocando em miúdos, o que o moço disse foi: "Experimente, mas não se empolgue muito, pois, se gostar, logo não vai ter mais para vender".

Estranha maneira de fidelizar o cliente, não acham? Endeusando a malfada-da inovação, eles tiram de linha os produtos mais básicos. Trata-se da arte de puxar o tapete dos próprios pés; sinceramente, não consigo entender. É como se uma pizzaria tradicional tirasse a *margherita*, a portuguesa e a *muzzarela* definitivamente e o cardápio fosse trocando os sabores toda semana. Gostou da pizza? Azar o seu, semana que vem não vai ter mais. É o preço da compul-são pela inovação.

Sim, é bacana inovar, mas é preciso ter uma base. Não se pode perder de vista que o tradicional pode ser um valor muito caro ao cliente (se não fosse assim, o que seria dos clássicos?).

Na mão contrária de O Boticário, deparei, encantada, com toda a linha Grana-do redesenhada, valorizando justamente seus clássicos: não apenas o famoso polvilho antisséptico, mas também toda uma linha de coisas novas, mas com os cheiros antigos que fundamentaram o desenvolvimento da marca. Donos também de outra marca tradicional, a Phebo, a organização está apostando forte na revalorização do *vintage*.

O redesenho das embalagens é lindo; destacou a tradição sem parecer ve-lho. A Granado sabe que vai ser difícil copiá-la, simplesmente porque não dá para qualquer um abrir uma empresa hoje e contar uma história que começou em 1870. As peças todas conversam entre si, incluindo o site. Taí uma empresa que soube dar valor aos clientes fiéis.

Já O Boticário, não contente em jogar fora seu maior ícone, a embalagem do perfume original, que era linda e icônica como uma garrafa da Coca-Cola, agora surtou a ponto de dispensar seus clientes mais fiéis.

Uma pena. Depois que a febre passar, não sei se vai sobrar muita coisa.

E o pior de tudo é que fiquei sem meu batom preferido...

CRIATIVIDADE

Segundo o dicionário Aulete:

(cri:a.ti.vi.da.de) sf.

1. Capacidade de inventar, criar, conceber na imaginação
2. Qualidade de quem ou do que é inovador, criativo, original; ORIGINALIDADE

ATITUDE PRÓ-INOVAÇÃO

Naturalmente, a bibliografia sobre o tema é extensa e abrange as mais variadas abordagens. A inovação e a criatividade estão sempre relacionadas porque é preciso gerar ideias para que seja possível inovar. Sugiro aqui uma alternativa à definição do dicionário:

> *Criatividade é a capacidade de recombinar informações de maneira original.*

Há variações em que a definição indica que a criatividade resolve problemas. Do meu ponto de vista, a ideia pode ser nova e não resolver problema algum, como uma obra de arte, por exemplo. Pode ser apenas uma expressão, uma brincadeira, um exercício; ainda assim é fruto do pensamento criativo.

Há divergências também com a palavra originalidade, pois, teoricamente, não é possível ser original em termos absolutos, uma vez que a gente sempre cria a partir de elementos que outros já criaram e todas as ideias sofrem influências do contexto. Mas a recombinação de ideias não originais de uma maneira nova pode, de certa forma, ter algum nível de originalidade, sim.

Aliás, no excelente livro *Originals: How Non-Conformists Move the World*[5], de Adam Grant, o autor nos apresenta uma definição muito interessante da palavra.

> *"Original: uma coisa singular ou de caráter único; uma pessoa que é diferente das outras pessoas de uma maneira interessante ou atraente; uma pessoa com iniciativa ou capacidade inventiva."*[6]

O fato é que a capacidade de recombinar informações (fatos, ideias, obras, conceitos etc.) de uma maneira que ninguém ainda pensou é o fundamento

---

5 GRANT, Adam. *Originals: How Non-Conformists Move the World*. Nova York: Penguin Books. 2017. pág. 3.

6 Tradução livre: "Original: a thing of singular or unique character; a person who is different from other people in an appealing or interesting way; a person of a fresh initiative or inventive capacity."

ALGUNS CONCEITOS

primordial para que uma inovação aconteça, por isso é tão necessário que as pessoas cada vez mais desenvolvam sua capacidade criativa. Ao longo deste livro, veremos que é mais uma questão de técnicas — e, principalmente, hábitos e rotina — do que de qualquer outra coisa.

CRIATIVIDADE SEM DONO

- Não repara não, é que trabalho com criatividade, então não entendo muito esses números (nem gosto, isso é coisa para *nerds*).
- Pois é, a área técnica é muito limitada. Por isso escolhi trabalhar com criatividade.
- Sabe o que é? Não fico bitolado nesses detalhes técnicos porque sou muito criativo, viajo mesmo.

Vivo escutando essas frases de designers, publicitários, ilustradores, artistas plásticos e todos esses profissionais a que se convencionou chamar de "criativos". É praticamente um consenso: eles são a parte criativa da sociedade. O resto das pessoas é bitolada, um pouco limitada, tem dificuldade para entender arroubos de inovação. Eu aceitava isso sem questionar muito, mas, esses dias, ao ouvir pela enésima vez essa fórmula tão pouco criativa, comecei a questioná-la.

De um lado se colocam os *nerds* (engenheiros, técnicos, programadores, contadores, administradores, físicos, matemáticos). Do outro estão os "criativos" (designers, publicitários, escritores, artistas). Será que a criatividade é mesmo distribuída de maneira assim tão binária no mercado de trabalho?

Vejamos. A primeira coisa que me vem à mente é que os chips eletrônicos são feitos de silício. E silício, em última instância, é um tipo de areia. Físicos, químicos e engenheiros precisaram encontrar maneiras mirabolantes para adestrar essa areia e transformá-la em computadores, telefones celulares e televisores de alta resolução. Como convencer grãos de areia a fazerem o que você quer? Como sequer imaginar que grãos de areia sejam tão talentosos? Mais que ser criativo, esse povo precisa literalmente tirar leite de pedra...

Olha só o caso dos programadores. É esse povo bizarro que traduz linhas de código escritas em línguas esquisitíssimas no sistema operacional e nos softwares que os criativos usam para desenhar, alterar, distorcer, tratar e animar imagens que antes só viviam numa folha de papel. Existem infinitas maneiras

ATITUDE PRÓ-INOVAÇÃO

de se escrever um programa — o programador tem de usar toda a sua capacidade criativa para encontrar a melhor solução usando o mínimo de recursos computacionais. É quase como o trabalho de um escritor; o programador precisa dizer para o computador o que ele tem de fazer (sem deixar dúvidas) em um mínimo de palavras muito bem escolhidas.

Projetar ou achar um erro num programa ou numa placa de circuito impresso é um trabalho de detetive que exige tanta criatividade quanto um investigador policial. É preciso colher pistas, testar possibilidades, pensar o que ninguém pensou, ser absurdamente original.

Física é outro lugar onde a criatividade é essencial para se evoluir. Para mim, a teoria da relatividade é a demonstração mais cabal do pensamento lateral aplicado no seu limite. Vale o mesmo para a matemática, a química, a biologia ou qualquer das ciências básicas.

No caso das telecomunicações, entender como funciona a comunicação entre os satélites e as antenas de um mero telefone celular é de dar dor de cabeça. É necessária muita, mas muita capacidade de abstração. Reunir um volume gigantesco de informações, tentar combinações improváveis, bolar meios de fazer as conexões, tentar caminhos novos, suplantar os infinitos problemas que aparecem no caminho e, mesmo assim, fazer funcionar sob pressão. Isso não é usar a criatividade? Então o que é?

Não quero, de maneira alguma, defender aqui que uma função seja mais ou menos importante que outra, já que todas se complementam. Também não tem nada a ver com níveis de inteligência, já que o profissional tem de ser muito bom para fazer uma coisa realmente original, seja que coisa for, em qualquer área. O que gostaria de chamar a atenção é que, às vezes, a gente acaba considerando um trabalho como pouco criativo só porque não conhece muitos detalhes dele. A criatividade se manifesta sob muitas formas diferentes. Em comum, todas recombinam informações de maneira original para resolver um problema ou criar algo que ainda não existe.

Na minha opinião, a criatividade depende muito mais do profissional do que da profissão. A gente encontra campanhas publicitárias geniais e outras que poderiam ser tudo, menos criativas. Também vê técnicos encontrando soluções praticamente milagrosas e outros que parecem ser desprovidos de cérebro.

Criatividade não tem dono, nem currículo, nem diploma, nem profissão. Ainda bem.

ALGUNS CONCEITOS

Ainda sobre criatividade, um dos maiores autores, editores e críticos de ficção científica da história, Damon Knight[7], escreveu com seu jeito único:

> *Criatividade é uma palavra que não gosto de usar porque não sei o que ela significa, e por causa disso aparece fácil nas línguas de educadores e psicólogos que também não sabem (os psicólogos têm tentado medi-la por anos, sem qualquer sorte, porque eles não têm ideia do que estão medindo).*[8]

Neste livro vamos usar criatividade como a recombinação de informações que já estão no nosso repertório.

DESIGN

Por que vou definir aqui a palavra design? O que isso tem a ver com a inovação? Porque um dos métodos utilizados para se gerar ideias em equipe e desenvolver produtos inovadores chama-se *design thinking*. E não há como definir *design thinking* sem antes conceituar design.

Já participei de muitos congressos, seminários e simpósios de design e preciso dizer uma coisa: sempre há um artigo sendo apresentado que disserta sobre o significado da palavra design. O que isso quer dizer? Que mesmo entre os estudiosos do tema, a definição do termo ainda é tão polêmica que rende artigos.

Na época em que fazia as disciplinas do doutorado, uma das matérias versava sobre o tema. Recebemos, minha equipe e eu, como tarefa definir a palavra design (que fique bem claro, no sentido de design industrial, pois uma das causas da confusão é que a palavra tem outros significados em outros contextos). Pesquisamos dezenas de referências nos veículos mais conceituados,

---

7 KNIGHT, Damon. *Creating Short Fiction*. Nova York: St. Martin's Press. 3a. ed. 1997. pág. 3.

8 Ibid. Tradução livre do original: "Creativity is a word I don't like use, because I don't know whats it means, and because it drops so easily from de tongues of educators and psycologists who don't know what it means either. (The psycologists have been trying to measure it for years, wtihtout any luck, because they have no idea what the're measuring).

ATITUDE PRÓ-INOVAÇÃO

estudamos artigos, consultamos livros e publicações científicas e populares. Depois de muito debate, não conseguimos escolher uma que considerásse-mos a mais clara, abrangente e concisa (como a que existe para inovação). Re-solvemos, então, cunhar uma definição que nos satisfizesse. Ei-la:

> *O design é uma disciplina que se apoia no tripé projeto-conceito-estética. O projeto permite a produção em escala industrial; o conceito explica a intenção do objeto, o significado, a escolha dos materiais, formas e cores, o ciclo de vida; a estética é o que o torna atraente ao usuário.*

Observe que essa não é "A" definição de design; é apenas a que eu uso por achar a mais adequada. Há muitas outras, para todos os gostos.

Voltemos ao tripé. Quando se fala em **projeto**, significa que há uma espécie de receita de bolo para que o objeto (seja virtual, bi ou tridimensional) seja reproduzido em escala quantas vezes se queira. Isso acontece porque antes da Primeira Revolução Industrial, como se viu no capítulo anterior, todas as coisas eram produzidas artesanalmente.

Com o advento da industrialização, foi preciso repensar os objetos de maneira que eles pudessem ser fabricados por uma máquina, não mais por um ser hu-mano. Foi um período de reavaliação estética e conceitual muito interessante; na época, surgiram muitos movimentos capitaneados por artistas, arquitetos e intelectuais (ainda não existiam os designers). A função dos objetos foi redis-cutida, assim como a dos ornamentos e sua função simbólica.

A questão é que, independentemente de como fosse o objeto, ele precisava ter um projeto para ser reproduzido. Se a gente for olhar, quase tudo o que consideramos design hoje conta com esse elemento: no design de interiores, o projeto é o que me permite que eu reproduza um hotel inteiro com sua de-coração e objetos em outro lugar que se queira. No web design, o projeto de um site, por exemplo, e sua posterior codificação é o que torna possível que a página seja vista exatamente da mesma maneira em qualquer computador do mundo, independentemente do número de vezes.

No design gráfico, o projeto (seja na forma de um arquivo ou um manual de aplicação) permite que uma revista seja impressa milhares de vezes e uma marca gráfica seja reproduzida sem erros em vários meios diferentes. A ideia é a reprodução em escala, por isso design de sobrancelha, por exemplo, não se encaixa nessa definição (apesar de ser possível que se encaixe em outras).

Com relação ao **conceito**, é a explicação do porquê de aquele objeto ser concebido exatamente dessa maneira e não das infinitas outras possíveis. Por que a escolha dessa cor, dessa textura, desses materiais, dessas proporções, qual é seu ciclo de vida, como ele será descartado etc. Nisso estão inseridas as explicações sobre a função primária (como vai funcionar e por que essa forma foi escolhida para resolver o problema) e a função simbólica (o que esse objeto vai significar e que impacto pretende causar; pense que uma joia também é design e ela tem, praticamente, apenas a função simbólica). Resumindo: o conceito é basicamente o porquê de o objeto ser como é.

Agora chegamos à incompreendida palavra **estética** (que as pessoas relacionam apenas com beleza, mas aqui veremos que é muito mais que isso). Estética tem sua origem na palavra grega *aisthetiké:* aquilo que é sensível, que afeta os sentidos — como as pessoas sentem, veem, cheiram, tocam e ouvem. Tornar a interação entre a pessoa e o objeto uma experiência útil, produtiva e prazerosa é função primordial de qualquer projeto executado por um designer. Em última instância, a função da estética é impactar os nossos sentidos conforme o conceito da peça.

A estética é muito importante porque é ela que diferencia o **design** da **engenharia**. Enquanto a engenharia contempla o **projeto** e o **conceito**, o design acrescenta a **estética**. A engenharia está focada no desempenho da máquina (que é essencial para que a coisa funcione); o design está focado na interação entre o objeto e o usuário, ou seja, na percepção de quem vai usar (que é essencial para que o objeto seja percebido conforme as intenções descritas no conceito).

Ok, mas como chegamos no *design thinking*? E o que isso tem a ver com a inovação?

DESIGN THINKING

Quem inventou essa expressão foi Tim Brown, CEO de uma das maiores e mais criativas empresas de design do mundo, a Ideo.

ATITUDE PRÓ-INOVAÇÃO

Tim conta como tudo começou no livro *Change by Design: How Design Thinking Transforms Organizations and Inspires Innovation*[9]. *Ele explica que inventou o termo para conseguir expressar a diferença entre* **ser** um designer e **pensar como** um designer.

Tim Brown fala da migração do design do nível tático e operacional para uma abordagem mais estratégica, por isso os CEOs, gestores, administradores, executivos, gerentes, vendedores e até estagiários deveriam pensar como designers; ele acredita que só assim as empresas conseguirão ser inovadoras no sentido mais radical da palavra.

É que os designers têm passado as últimas décadas buscando o compromisso entre as necessidades humanas e a tecnologia disponível, sem nunca perder de vista as restrições práticas do negócio. E conseguem fazer tudo isso levando em consideração a intuição e a capacidade de desenvolver conceitos que tenham um significado emocional, além do funcional.

> **Design thinking** é aplicar a maneira como os designers pensam (combinando o racional e o emocional) em qualquer situação; seja uma questão social, seja um desafio de mercado.

Ou seja, *design thinking* é aplicar a maneira de pensar dos designers para resolver problemas que não são os tradicionalmente de design. Quando se projeta um objeto, está se fazendo design. Quando se projeta uma experiência completa, está se fazendo *design thinking*.

Gosto especialmente do capítulo que fala de restrições; Brown lembra que, sem elas, o design não pode ser criado. A disposição e até a aceitação empolgada das restrições são partes fundamentais do *design thinking* (dica valiosa para quem vive choramingando a falta de tempo, orçamento ou recursos). As restrições são visualizadas sob três pontos de vista diferentes, para gerar novas ideias: a **praticabilidade** (o funcionalmente possível); a **viabilidade** (o que pode se tornar um modelo de negócios sustentável) e a **desejabilidade** (o que faz sentido para as pessoas).

---

9 BROWN, Tim. *Change by Design: How Design Thinking Transforms Organizations and Inspires Innovation.* Nova York: Harper Collins. 2009.

ALGUNS CONCEITOS

Brown explica que, enquanto os designers aprendem a solucionar as restrições, os *design thinkers* navegam nelas com criatividade. Isso acontece porque o foco é desviado do problema para o projeto. É que os problemas que confrontaram os designers no século XX (projetar uma identidade visual, criar um novo objeto ou ambiente) não são os que definem o século XXI. Ele diz que a próxima geração de designers deverá se sentir tão à vontade na sala de um conselho de administração como num estúdio — e deverá analisar todas as questões, do analfabetismo de adultos ao aquecimento global, passando por hábitos alimentares, como um projeto de design.

Ah, e tem mais. Acabou-se aquela história de "eu sou profissional, sei o que é melhor para você". Tim fala do estudo da sua colega Jane Suri sobre a evolução do *design thinking*, na medida em que ele migra de designers criando **para as pessoas** para designers criando **com as pessoas** e, no final, as **pessoas criando por si próprias**. Um baita tapa no ego, mas concordo com eles que esse é o caminho.

A proposta é que as ideias sejam geradas em conjunto com as pessoas que serão impactadas por elas; que os protótipos sejam construídos e testados ainda durante o processo. Ninguém está à procura da solução correta, definitiva e insubstituível, mas do caminho que conduz à melhor maneira de fazer com que a experiência seja significativa e importante. É claro que há conflitos a se resolver, mas, mais do que a criatividade, o grande talento do *design thinker* é o pensamento integrativo (falaremos um pouco mais adiante a esse respeito).

Vamos a um exemplo prático para que se entenda melhor. A Amtrack é uma empresa americana que planejava melhorar o transporte na costa oeste usando trens de alta velocidade entre as principais cidades americanas; eles contrataram a IDEO para projetar o design dos assentos, pois a equipe de Tim Brown passou vários dias viajando de trem como clientes e documentou a experiência no que eles chamaram de jornada do cliente. A equipe descobriu que uma jornada normal de trem era composta por dez passos, desde ir até a estação, estacionar, comprar o bilhete, até chegar ao destino. A sacada foi que eles descobriram, também, que o passageiro só se sentava no trem no estágio oito — então tinha muita coisa para melhorar a experiência antes e depois de ele se sentar. A decisão foi trabalhar em todos esses pontos, tornando cada um uma experiência memorável. É claro que o projeto foi um sucesso.

Outra maneira de ver o *design thinking* é como o consultor canadense e colunista de inovação da *Business Week,* Roger Martin[10].

10 Palestra disponível em: <https://exame.abril.com.br/carreira/entenda-como-a-meritocracia-pode-prejudicar-sua-carreira/>. Acesso em: 04 jun. 2018.

ATITUDE PRÓ-INOVAÇÃO

Martin começa explicando que o ser humano está rodeado de mistério por todos os lados e tenta, a todo custo, organizar o conhecimento usando a heurística (estabelecimento de padrões, regras e métodos para resolver um problema). Vem daí a nossa mania de rotular as coisas para conseguir compreendê-las. Se essa parte for bem feita, então são desenvolvidos algoritmos para se solucionar questões. Funciona muito bem para a área tecnológica (as leis da física, os remédios e as vacinas nasceram assim). No marketing, às vezes, dá certo (o McDonald's, a Coca-Cola e todas as franquias de sucesso corroboram essa teoria). Isso produz profissionais compulsivos em encontrar as tais fórmulas, mas ultimamente a coisa não tem sido assim tão simples (o mundo ficou muito complicado desde o final do século passado).

Esse jeito analítico de pensar (*analytic thinking*) é importante, porque reduz custos e torna os processos mais eficientes. As universidades, aliás, vivem basicamente de pensar assim. O objetivo do pensamento analítico é descobrir regras gerais usando a lógica indutiva ou dedutiva, sem fazer julgamento de valor. Isso implica em olhar para o passado de maneira imparcial, recolher dados e concluir algo que possa ser utilizado no futuro com segurança e de maneira consistente. O foco não é descobrir algo adequado, mas, principalmente, uma regra que faça sentido e possa ser explicada, usada, desmontada e entendida.

Martin explica que o jeito oposto de pensar é o intuitivo (*intuitive thinking*). Nesse caso, o objetivo é entender, mas não necessariamente usando a razão. Ao contrário do analítico, o intuitivo não considera os dados do passado, seu foco é o que poderia ser, a pergunta é "por que não?". Nesse caso, abre-se mão do processo analítico e se faz julgamento de valor sem critérios objetivos; aqui não se está preocupado em provar nada. O intuitivo quer chegar num resultado que resolva o problema, mas não se ocupa em reproduzir essa solução ou investigar se ela se aplica também a questões semelhantes. Isso, às vezes, funciona, mas custa caro e é muito arriscado. De qualquer maneira, é como a maior parte das inovações nascem.

Pois é, então em que time apostar as fichas? A gente deve voar ou fincar os pés no chão?

De acordo com o filósofo Charles Peirce (mais conhecido por seu trabalho em semiótica), nenhuma ideia realmente nova parte da lógica indutiva ou dedutiva, pois se ela é nova de verdade, ainda não existe passado para ser analisado. Ideia nova significa tudo novo, ou seja, aquele mistério com o qual começamos a conversa.

ALGUNS CONCEITOS

Na vida real das empresas que precisam de ideias novas, a maneira de prover mais segurança para o sistema é **produzir o tal passado**, amadurecendo a ideia por tempo suficiente para que ela possa ser pensada de maneira analítica. Resumindo: tenha ideias de maneira livre e intuitiva, mas depois construa protótipos e os submeta à segurança e à eficiência do pensamento analítico para que eles possam se transformar em produtos factíveis (e, se tudo der certo, de muito sucesso também).

Então, o grande desafio do *design thinking* é basicamente esse: pensar analítica e intuitivamente de maneira simultânea — meia calabresa, meia muçarela. Voar, mas tendo pelo menos uma cordinha de ligação com a Terra (como um papagaio).

UMA RESSALVA

Em geral, a maneira mais comum de se aplicar *design thinking* é por meio de workshops com participantes de áreas diferentes: é lançado um desafio, os participantes pesquisam a questão, empatizam com os usuários, geram ideias, fazem protótipos, testam, refinam as ideias, refazem os protótipos e por aí vai. Post-its, brinquedos, fantasias e materiais diversos são largamente utilizados para colocar tudo em prática e a experiência é muito interessante e produtiva quando conduzida por profissionais preparados e experientes.

Mas há que se chamar atenção para um ponto, a fim de não causar confusão: *design thinking* não é design. O *design thinking* não substitui o trabalho que os designers normalmente fazem: é preciso continuar projetando embalagens, marcas, produtos, sites, peças gráficas e por aí vai, da mesma maneira como os designers sempre fizeram.

O *design thinking* é uma ferramenta de inovação; é uma abordagem predominantemente de gestão, que se vale de técnicas que os designers usam para resolver problemas. A confusão é tão grande, mesmo lá na terra do Tim Brown, que Don Norman já chegou a dizer que *design thinking* era um termo que deveria morrer para não causar mais estragos[11].

Por outro lado, o *design thinking*, seja lá com qual nome estiver, embute um potencial excepcional para ajudar organizações, desde que elas não pensem que isso é algum tipo de mágica. O *design thinking* é um processo como qualquer outro, precisa ser compatível com a cultura da empresa e necessita de

11 Disponível em: <https://www.fastcompany.com/90186356/design-thinking-isnt-a-miracle-cure-but-heres-how-it-helps>. Acesso em: 07 jul. 2018.

trabalho árduo para florescer e fazer parte do conjunto de ferramentas usadas na rotina de resolução de problemas do dia a dia dos profissionais.

Minha opinião é que o *design thinking* é uma das ferramentas para se fazer a gestão do design na empresa, mas não é a única e nem resolve automaticamente todos os problemas.

Dito isso, há que se considerar que o *design thinking* é ótimo para fertilizar e nutrir ideias, basta lembrar que elas não nascem dentro de uma caixa preta. É útil, principalmente, quando a empresa não tem designers entre seus líderes e não está mergulhada numa cultura de design consolidada. Um bom exemplo é a Apple, que não usa formalmente o *design thinking*, mas respira design por todos os poros; e olha que ela é a empresa mais orientada ao design de que se tem notícia.

Sim, *design thinking* é realmente um instrumento poderoso, que pode ajudar de verdade sua empresa a inovar, mas, ainda assim, é apenas uma ferramenta, incluindo todos os poderes e limitações que qualquer ferramenta tem.

Então, pessoas, é isso. *Design thinking* não é super-herói, não é investimento com retorno garantido, não é santo milagreiro, não é artista da moda, não é Viagra, não é design de produto e também não é o santo padroeiro dos empresários desesperados.

Mesmo assim, se eu fosse você, apostaria.

UMA EXPERIÊNCIA PRÁTICA

Já participei de muitos cursos e workshops de *design thinking* no Brasil e na Alemanha. O nível de aprofundamento depende muito da carga horária do curso, mas os workshops geralmente duram um ou dois dias. Vou compartilhar aqui uma de minhas primeiras experiências num evento que aconteceu no Brasil há alguns anos, promovido pela dupla Maria Augusta Orofino e Maurício Manhães. Foram dois dias inteiros para descolar os neurônios, como disse uma participante.

Uma coisa é estudar inovação e *design thinking* em livros, outra, bem diferente, é desenvolver um produto inovador na prática.

Eles começam os trabalhos falando do conceito da VaCa RoSa, acrônimo para a técnica de Variação Cega e Retenção Seletiva. A variação cega parte da metáfora baseada no darwinismo, onde a natureza faz variações aleatórias sobre um tema (ou, no caso, ser vivo) e a retenção é feita seletivamente, pelo desempenho de cada uma. No começo, então, houve girafas pescoçudas, orelhudas, linguarudas e até estrábicas. As características que tiveram desempenho melhor e contribuíram para a sobrevivência da espécie foram reproduzidas, fazendo esses animais, hoje em dia, terem pescoços e orelhas bem desenvolvidos. Mas no começo da variação cega não havia como saber qual ia ser a forma final da girafa.

Com a inovação, acontece algo semelhante: não se sabe se a ideia será bem-sucedida até ela se tornar febre. Antes disso, nem mesmo o Steve Jobs consegue garantir o que exatamente vai dar certo. As variáveis são muitas e complexas, o que torna a gestão da inovação algo muito improvável. O que se consegue gerir é o design (sem design, não há inovação). A chave, então, é ter uma profusão de ideias (variação cega) para só depois fazer uma seleção e desenvolver designs para as melhores. Aí é testá-las, mesmo que ainda não estejam prontas, ver o desempenho, selecionar de novo e por aí vai. É como sua avó já dizia: não coloque todos os ovos na mesma cesta — aposte em várias ideias diferentes e vá incrementando o investimento conforme o desempenho de cada uma.

Passamos, então, o primeiro dia exercitando a tal da variação cega e, para minha surpresa, não havia um problema para ser resolvido, apenas um tema a ser explorado. Aí ficou clara a principal diferença entre a engenharia e o design; enquanto a engenharia parte de um problema e se vale de um conjunto de ferramentas para resolvê-lo, o design para inovação parte de uma figura chamada muito apropriadamente de **espaço-problema-solução**, onde tanto o problema como a solução ainda estão indefinidos e misturados no mesmo espaço conceitual.

Daí o valor da variação cega: relacionar ideias e conceitos de maneira exaustiva (depois de duas horas, minha equipe achou que já havia esgotado o assunto; com um empurrãozinho, criou mais um conjunto equivalente, ou seja, a gente já tinha se dado por satisfeito só com a metade e ia perder boa parte das possibilidades; bom ter isso em mente).

A variação cega é uma bagunça organizada; os facilitadores sempre nos lembravam de que ela era cega, não burra. O cego aí é no sentido que todas as ideias têm o mesmo valor, como a justiça, mas não podem fugir demais do tema principal. Post-its, peças de Lego, canetinhas, fantasias e objetos diversos foram muito úteis na brincadeira.

O próximo passo era tentar montar narrativas com aquelas ideias todas usando a técnica do *storytelling* (ou, em bom português, contação de histórias). Esse exercício nos deu alguns insights de produtos/serviços que poderiam ser

ATITUDE PRÓ-INOVAÇÃO

desenvolvidos; fomos incentivados novamente a não nos contentarmos com pouco e pensamos em uma dúzia de opções. Selecionamos uma para explorar melhor e aí a gente descobriu o verdadeiro valor da prototipagem. Montamos a história para apresentar o produto para o grande grupo e, como feedback, descobrimos que não tínhamos conseguido comunicar o valor e o conceito do produto.

Outra descoberta: **é muito fácil mudar de ideia quando se tem muitas**. A pessoa só se agarra a uma opinião e teima quando isso é tudo o que ela tem. Como nós estávamos ricos de potenciais produtos e tínhamos uma lista enorme para escolher, resolvemos mudar radicalmente e testar outra alternativa. A apresentação final (prototipada e testada internamente várias vezes, com contribuições de todos os lados) foi um sucesso! Se o produto realmente existisse, venderíamos horrores.

COOL HUNTING

Outro termo frequentemente relacionado à inovação é o *coolhunting*. Mas o que vem a ser isso? A consultora e *cool hunter* Fah Maioli pode nos ajudar a entender. Ela teve a delicadeza de escrever um livro explicando todos os pormenores, o *Manual do Coolhunting: Métodos e Práticas*[12].

Essa gaúcha, que trabalha como trend analyst há quase duas décadas em Milão, conta que o primeiro a usar a palavra foi Malcolm Gladwell, num artigo escrito em 1997 para o periódico *New Yorker*. Revela ainda que antes do *cool hunter*, a palavra que mais se aproximava dessa prática era o *flaneur*, aquela pessoa que adora passar o tempo caminhando pelas ruas para contemplar cada detalhe da cidade: as coisas, as pessoas, os cenários, os personagens, a música, os cheiros (ah, como me identifico!).

Mas, a partir daí, quando o *cool hunter* foi integrado ao sistema da moda, a coisa ficou muito mais complicada e sofisticada, pois há toda uma estrutura complexa por trás das coisas que consumimos, desde a forma como são identificadas e/ou definidas tendências, a observação do estilo de vida das pessoas até a valorização dos formadores de opinião; enfim, a Fah tem toda a paciência de destrinchar cada termo e cada papel, de explicar a influência de cada comportamento, além de contar um pouco da história da moda do ponto de vista antropológico e de cultura do consumo.

---

12 MAIOLI, Fabiana, PESSOTO, Julia e PALMA, Claudia. *Coolhunting: Métodos e Práticas.* Milão: Fah Maioli. 2013.

ALGUNS CONCEITOS

Então, para resumir bem, o *cool hunter* é a pessoa que caça hábitos, estilos de vida e tendências de consumo *cool* (bacanas, legais, com potencial para serem desejados e copiados, que possam impactar o mercado), incluindo aí moda, gastronomia, arte, música, design, arquitetura, literatura, cinema etc. Ele é um intermediário de cultura que faz a ponte entre os centros de produção cultural e as empresas de produção de bens de consumo. Para quem está procurando inovar, essas informações podem ser extremamente úteis, principalmente no que diz respeito a selecionar ideias.

E a Fah lembra ainda que *cool hunter* não é uma profissão, mas um conjunto de atividades profissionais.

TÃO ONTEM

Já faz alguns anos, assisti a uma palestra do queridíssimo Antonio Jorge Pietruza, um designer de quem sou fã, onde ele dava a dica do livro *Tão Ontem*, de Scott Westerfeld.

Fiquei com aquilo na cabeça, mas minha lista era tão enorme que acabei deixando passar o tempo. Depois de anos, estava xeretando uma livraria em Berlim quando achei *Cool Hunter*[13].

Olhando a ficha técnica, vi que o original em inglês era So Yesterday, ou seja... os alemães também costumam mudar os títulos quando eles acham melhor (e até que, nesse caso, nem ficou ruim).

A história fala de um adolescente nova-iorquino que trabalha como *cool hunter* para uma empresa de consultoria. Em suas pesquisas, ele encontra na rua uma moça da mesma idade que inova na maneira de amarrar os tênis e então começa uma série de aventuras da dupla; olha, daria um belíssimo filme de Sessão da Tarde. Mas o interessante da história (que é justamente o ponto em que o Jorge chamou a atenção) é a maneira como é descrito o processo de lançamento de um novo produto, principalmente no mercado da moda.

É basicamente uma pirâmide, onde no topo estão os **inovadores**, ou seja, as pessoas que têm ideias originais (tipo um jeito diferente de amarrar um tênis). Aí aparecem, logo abaixo, os ***trendsetters***, que acham isso bacana e adotam imediatamente; os *trendsetters* são formadores de opinião, pessoas em evidência (pelo menos no mundinho da moda).

---

13 WESTERFELD, Scott. *Cool Hunter*. München: cbt/cbj verlag. 2010.

ATITUDE PRÓ-INOVAÇÃO

Em seguida, entram os **early adopters** (*Frühen Übernehmen*, em alemão), que são as primeiras pessoas comuns a usarem o tal negócio. Daí pra frente tem o resto; os **conservadores**, que usam depois que todo mundo já usou ou então aqueles que nem chegam a usar (os **estagnados**, ou *Stehengebliebenen*).

Os *cool hunters* cortam o caminho, descobrindo as inovações e levando-as direto ao mercado de massa por meio dessas consultorias para empresas. Por causa disso, há conflitos de interesses e grupos discordantes, o que traz aventuras e mistério à história (que, talvez por causa do idioma, achei um pouco confusa).

Acredito que um romance seja um jeito bem didático e divertido de aprender conceitos diretamente relacionados ao mundo da inovação.

SINGULARIDADE

Com a Quarta Revolução Industrial e a popularização dos usos da inteligência artificial, o termo singularidade está se tornando cada vez mais presente nos artigos e nos debates relacionados ao futuro. Tanto que desde 2009 existe a *Singularity University*, que combina cursos, workshops, competições, parcerias, conferências e serve também como incubadora de startups, sempre com foco em inovações tecnológicas.

A ideia da singularidade vem lá da ficção científica; é um conceito subjetivo e se refere ao ponto em que a tecnologia atinge um "estado da arte" que permite transformações tão radicais que alteram o destino da humanidade. Exemplos: a viagem no tempo, o teletransporte, os deslocamentos a velocidades maiores que a da luz, a cura para todas as doenças conhecidas, a leitura da mente, os computadores mais inteligentes que o ser humano, robôs com sentimentos, enfim, tudo aquilo que a ficção científica já explorou bastante, de maneira competente e fascinante.

Um dos fundamentos para acreditar que a singularidade chegará, especialmente ao que se refere à tecnologia e inteligência artificial, é a Lei de Moore. Ela surgiu em 1965, quando o presidente da Intel, Gordon E. Moore, profetizou que a capacidade de processamento dos computadores dobraria a cada 18 meses. Em 1975 ele revisou a Lei, ajustando para dois anos o tempo de dobra; até aproximadamente 2016 até que o crescimento aconteceu mais ou menos dentro do previsto, mas estamos muito perto do limite físico para incluir mais transístores dentro de espaços tão diminutos. Mesmo assim, as empresas têm trabalhado no desenvolvimento de computadores quânticos e estocásticos,

ALGUNS CONCEITOS

o que indica que a capacidade de processamento, de fato, tende a continuar crescendo exponencialmente.

A ideia é que, nesse ritmo de crescimento tecnológico e aumento da capacidade intelectual e de aprendizado da inteligência artificial, em alguns anos (ou décadas) a inteligência da máquina ultrapassará a humana.

Há uma corrente de pensadores preocupada, porque acredita que uma superinteligência possa ser criada e destrua a humanidade; outra corrente acredita que isso é muito improvável, pois ainda se sabe muito pouco sobre as capacidades reais do nosso cérebro de se adaptar e de criar novas realidades.

Fato é que, em julho de 2018, as maiores autoridades em robótica e inteligência artificial do planeta se reuniram em Estocolmo[14] para assinar um documento onde se comprometem a não desenvolver robôs ou algoritmos autônomos que possam atacar pessoas, sem a supervisão de um ser humano.

Já é um começo.

Apenas uma sugestão.

Um dos exemplos que se pode usar para exemplificar o conceito de singularidade é o da busca da imortalidade e da juventude, senão eterna, pelo menos ampliada em muitos anos.

Essa busca foi bastante explorada em livros e filmes (uns ótimos, outros nem tanto) de três maneiras clássicas:

1. Armazenar as informações da mente de uma pessoa e fazer um "upload" para outro corpo quando essa pessoa morre ou fica gravemente doente. Li uma vez um ótimo livro com esse tema, mas não me lembro do seu nome. Era sobre um piloto de corrida que tinha morte cerebral em um acidente e um milionário à beira da morte "carregava" as informações do seu cérebro no corpo do jovem. Parece prático, mas os conhecidos do rapaz ficavam desorientados quando o encontravam na rua, sabendo que ele tinha morrido. A ideia também foi explorada no seriado *Altered Carbon*, da Netflix. Outra boa história com essa base acontece no livro *Hologrammatica*, de Tom Hillenbrand, enfim, uma solução meia-boca com potencial para muito babado, confusão e gritaria.

---

14 SAMPLE, Ian. *Thousands of leading AI researchers sign pledge against killer robots.* Publicado em 18 jul. 2018. Disponível em: <https://www.theguardian.com/science/2018/jul/18/thousands-of-scientists-pledge-not-to-help-build-killer-ai-robots>. Acesso em: 22 jan. 2020.

ATITUDE PRÓ-INOVAÇÃO

2. Utilizar a criogenia, ou seja, congelar o corpo moribundo em tanques de temperaturas baixíssimas por anos até que a ciência evolua o suficiente para encontrar a cura da doença. Esse método foi largamente explorado na literatura e no cinema; nem duvido que exista, de fato (o povo já congela rotineiramente embriões, por que não congelaria o corpo todo?). Também parece prático, mas acordar depois de décadas ou séculos pode trazer alguns problemas de adaptação social bem desagradáveis. Não recomendo.

3. Lançar mão de algum método milagroso que combata os efeitos do tempo nesse nosso corpinho tão perecível, tipo tomar banho de formol e livrar-se de todas as rugas e das doenças de velho tão chatas que acometem a todos. Nas histórias, todas as bruxas más adoram. O bom é que tem bastante gente trabalhando nisso, praticamente toda a área de medicina e farmacologia juntas. Tomara que achem esse negócio logo e que ele não dependa de sangue de virgens criadas em masmorras.

Foi aí que fiquei pensando: "Ok, as pessoas todas querem viver mais. Mas se a gente for olhar, todo mundo desperdiça um monte de tempo fazendo absolutamente nada de útil ou agradável."

E temos de admitir: fazemos muitas atividades apenas para "matar o tempo". É um tal de zapear a Netflix por horas sem assistir a nada, fazer palavras cruzadas ou sudoku, brincar com joguinhos (físicos ou virtuais), montar quebra-cabeças, fazer comentários tolos em portais de notícias, roer as unhas; enfim, as possibilidades são infinitas. E o curioso é que quanto mais velha a pessoa é, isto é, teoricamente, com menor estoque ainda disponível, mais quer assassinar frações enormes dessa pobre e infeliz variável chamada tempo.

A mente humana é pródiga em criar maneiras de fazer o tempo correr sem que a gente se dê conta; aliás, adoramos isso. A gente até diz que a coisa estava tão boa que nem sentiu o tempo passar.

Pense: mas isso não é um paradoxo? Ou seja, detestamos perceber o tempo, queremos sempre que ele flua rápido e imperceptível. Mesmo assim, queremos sempre mais e mais dessa coisa desconfortável da qual a gente vive tentando se livrar.

Muito bem. Mas então a humanidade quer mais tempo para fazer o que com ele, exatamente?

ALGUNS CONCEITOS

Daí que pensei numa invenção que, essa sim, poderia representar a singularidade em toda sua glória: e se fosse possível armazenar esse tempo de tédio que a gente mata em algum tipo de reservatório para usá-lo depois, quando quisesse ou precisasse?

Sei lá, em vez de ficar numa fila de banco sem pensar em nada, e se fosse possível abrir um aplicativo e armazenar esse tempo lá? Você entra e sai segundos depois; mas no mundo já se passaram horas. Só que essas horas ficam guardadas para você viver depois, mais tarde, quando quiser. Tipo: guardo o tempo em que fiquei no consultório médico ou no trânsito e uso depois para fazer uma prova difícil ou numa viagem de férias. Sei lá.

Que tal?

Bem, eu já tive a ideia, agora é só alguém construir o tal aplicativo. Fácil, fácil. Tá na mão...

CAPÍTULO 3

NOSSO CÉREBRO E A INOVAÇÃO

"A maneira como você vê o mundo limita o que você pode ver." O'Reilly*

* O'REILLY, Tim. WTF: What's the Future and Why It's Up to Us. London: Random House Nusiness Books, 2017. pág. 23.

O que nos faz diferentes de todos os outros animais na Terra é o nosso cérebro. É ele quem nos torna capaz de inovar e ter as ideias necessárias para transformar o mundo.

Entender o funcionamento dessa massa cinzenta que todos carregamos é o objetivo e principal tema da neurociência. A inovação está muito ligada a essa área do conhecimento.

UM POUCO DE NEUROCIÊNCIA

Há centenas de excelentes livros sobre o assunto que tornam o entendimento das funções principais acessíveis a leigos. Selecionei alguns trechos do extraordinário volume[1] que David Eagleman escreveu a esse respeito porque já tinha lido muita coisa sobre o tema, mas não tudo compilado de maneira tão didática num lugar só.

Vou resumir, então, as principais ideias desse que pode ser um bom candidato a seu livro de cabeceira.

O autor usa experiências realizadas no campo da neurociência para tentar responder a perguntas que sempre nos intrigaram. Quem sou eu? O que é a realidade? Quem está no controle? Como eu decido? Eu preciso das outras pessoas? Quem seremos no futuro?

---

1 EAGLEMAN, David. *The brain: The Story of You*. Edinburg: Canongate Books. 2016.

QUEM SOU EU?

Eagleman nos conta que o cérebro de um humano, ao contrário do cérebro dos outros animais, nasce impressionantemente inacabado. É como se, ao nascer, tivéssemos todo o equipamento, mas faltassem todas as conexões. O número de células num cérebro é praticamente igual em crianças e adultos; o que diferencia é o número de conexões entre elas. Até os três anos, a velocidade com que elas se multiplicam é impressionante (cerca de 2 milhões de conexões por segundo!), mas quando a gente se torna adulto, perde cerca de metade dessas conexões. Isso acontece porque perdemos as sinapses que não usamos.

E mais: um ser humano não consegue desenvolver essas conexões se não tiver estímulo e cuidado emocional; a construção dessa rede neuronal leva longos 25 anos. Antes disso, o cérebro ainda não está pronto. Não é impressionante?

Ele fala também que absolutamente todas as células do nosso corpo são trocadas a cada sete anos; a única coisa que fica é a nossa memória, que nos faz sermos quem somos. E mesmo essas memórias podem ser facilmente enganadas; ele mostra como é possível implantar recordações falsas sem nenhuma tecnologia especial.

Uma alteração no cérebro, como um tumor, pode fazer pessoas normalmente equilibradas se transformarem em assassinos seriais, como um caso relatado no livro. Um desequilíbrio químico pode levar uma pessoa aparentemente feliz ao suicídio. Uma falha elétrica nas conexões e perdemos nossa memória, que é quem faz ser quem somos.

Apavorante como nossa identidade é frágil, não?

O QUE É A REALIDADE?

Essa parte também é muito curiosa. Nós percebemos o mundo através dos nossos sentidos, que levam informações para dentro do nosso cérebro. Mas a nossa visão do mundo é uma coisa totalmente criada dentro de nossa caixa craniana e baseada em experiências anteriores. É que o cérebro não tem acesso direto ao mundo exterior, ele só consegue as informações por meio dos seus informantes, nossos sensores. Cores, por exemplo, só existem, literalmente, na nossa cabeça e são limitadas biologicamente pelos sensores dos nossos olhos a partir de nada mais do que sinais elétricos vindos de fora. Ele inventa tudo.

Nós temos um modelo mental que vai sendo construído ao longo dos anos com a ajuda de todos os sentidos e ele serve de referência para a construção de novos cenários.

Uma coisa interessante é que cada sentido é intimamente ligado aos outros para a construção desse cenário. Por exemplo: eu não consigo ver apenas com os olhos. Quando uma criança está aprendendo a ver, ela tenta pegar as coisas, cheirar, lamber. É porque o cérebro combina as informações dos outros sentidos para construir a "realidade".

O incrível é que esse modelo mental interno é tão forte, que se a pessoa ficar privada dos sentidos, como numa prisão solitária, ela não apenas tem sonhos, as alucinações são reais, porque os sinais que vêm dos olhos podem ser simulados pelo cérebro. É um negócio muito louco.

Aqui também fica claro que tudo isso custa muita energia e o cérebro economiza o mais que pode. Por isso ele usa o modelo mental interno para inferir quase tudo o que vê, processando apenas o mínimo de informação possível e por isso é tão importante aprender coisas novas: o cérebro se modifica fisicamente a cada nova informação e o modelo mental interno vai ficando mais rico e sofisticado.

QUEM ESTÁ NO CONTROLE? COMO EU DECIDO?

Aqui, Eagleman fala sobre a consciência, que é como se fosse o CEO do cérebro. Nosso centro nervoso não tem acesso a todos os microprocessos envolvidos na percepção do mundo exterior, mas é quem toma as decisões, sempre baseado no modelo interno de mundo. E como esse modelo interno é construído de uma maneira totalmente emocional, esse é o caráter da maioria das decisões que a gente toma.

EU PRECISO DE VOCÊ

Essa parte é muito interessante. O cérebro humano foi construído para interagir com outros cérebros; ele não existe no vácuo. Nós precisamos dos outros como precisamos de comida. Somos seres biologicamente sociais; o cérebro simplesmente não consegue se desenvolver e fazer suas sinapses se for isolado de seus pares.

Por isso nosso cérebro está constantemente monitorando as emoções, reações, intenções e tudo o que se relaciona ao outro. Por isso, também, temos a tendência de humanizar animais, objetos e qualquer coisa que faça parte do nosso cenário. É a base para o desenvolvimento da empatia.

Mesmo as pessoas com níveis diferentes de autismo, onde algumas regiões do cérebro responsáveis pela interação social não possuem sinapses muito fortes (por exemplo, em alguns casos, a pessoa não consegue reconhecer as emoções num rosto, o que faz com que ela passe por indiferente quando, na verdade, o cérebro dela não recebeu determinada informação), sofrem bastante com a rejeição social.

Um experimento muito interessante mostra que quando estamos interagindo com outra pessoa, a gente tende a repetir os movimentos faciais dela de maneira inconsciente; isso ajuda o cérebro a interpretar as emoções dela. Em pessoas que usam intensivamente Botox, os músculos do rosto não conseguem fazer esses movimentos (que são quase imperceptíveis) e o que acontece é que, para elas, é mais difícil interpretar essas emoções. É como se faltasse uma das ferramentas de análise.

Ele fala também sobre como desumanizamos o outro para desenvolver a capacidade de matar os semelhantes e como esse mecanismo é largamente usado em guerras. Tem, inclusive, um episódio de *Black Mirror*, série da Netflix, que mostra de maneira muito didática como isso funciona[2].

COMO NÓS SEREMOS NO FUTURO?

O capítulo final fala sobre como o nosso cérebro é adaptável e flexível e como ele não dá a mínima para os sensores que trazem as informações para dentro (por isso é tão bacana jogar games; o cérebro sabe que é mentira, mas se emociona igual). Isso tem a vantagem de possibilitar que tenhamos partes do corpo totalmente artificiais. O cérebro logo aprende a interpretar esses sentidos como se fossem inatos e se adapta perfeitamente.

---

2 NETFLIX. Série: *Black Mirror*, temporada 3, episódio "Men Against Fire".

NOSSO CÉREBRO E A INOVAÇÃO

Essa incrível plasticidade pode permitir não apenas que a gente substitua nossos sentidos faltantes, mas também que desenvolva superpoderes com sensores muito mais potentes que os originais.

Ele fala também das pesquisas que tentam fazer um upload do conteúdo do cérebro quando a pessoa morre; se é possível um cérebro viver fora do corpo, numa estrutura sintética, enfim, tudo o que a gente sempre leu na ficção científica e que agora vai ficando cada vez mais perto da realidade.

Assustador e fascinante. Não sei como chamam essa massa incrível de cinzenta.

NOSSA CABEÇA É UMA VIAGEM

Uma outra indicação de leitura que vale demais a pena é *Uma viagem pelo cérebro: A via rápida para entender neurociência*[3], *da neurocientista brasileira Carla Tieppo.*

Ao contrário dos tantos outros que li, essa é a primeira vez que vejo um livro explicar do ponto de vista anatômico e fisiológico como funciona o cérebro; aliás, aprendi: na verdade, o que a gente tem na caixa craniana é o **encéfalo** (o cérebro é apenas uma parte do encéfalo, também composto do tronco encefálico e do cerebelo).

A Carla vai explicando, com toda a paciência do mundo, como os estudos sobre a neurociência evoluíram. No começo, ninguém dava muita bola para essa gosma cinzenta que a gente tinha dentro da cabeça; todo o mistério da vida, das emoções, da consciência e da inteligência humana era reservado ao *pop star* coração. Só muito tempo mais tarde, já no século XX, é que o encéfalo começou sua jornada de protagonista.

No caminho, cumprindo a promessa da viagem fantástica, ela nos leva a conhecer como essa maravilhosa estrutura funciona: como o encéfalo se liga ao sistema nervoso, as malhas de comunicação entre a central de processamento localizada na nossa cabeça e os **sentidos** (que captam informações do mundo exterior) e **músculos** (responsáveis pelos comandos de movimento) distribuídos ao longo do corpo; o papel importantíssimo da medula óssea, instalada dentro da nossa coluna vertebral, que funciona como uma via expressa que liga os nervos nos pontos mais distantes do dedão do pé até o fundo da nossa

3 TIEPPO, Carla. *Uma viagem pelo cérebro: A via rápida para entender neurociência.* São Paulo: Conectomus, 2019.

ATITUDE PRÓ-INOVAÇÃO

cabeça; a função do complexo sistema nervoso, responsável por todos os nossos movimentos (interessantíssima a observação dela: que somente os seres que se movem possuem sistema nervoso; as árvores, por exemplo, por mais complexas que sejam, não possuem esse sistema, pois não saem do lugar).

Ela explica direitinho o que é e como funciona um neurônio, que é uma célula especializada em processamento de sinais e é como uma pequena bateria geradora de corrente elétrica. Por conta disso, os neurônios precisam de sangue e oxigênio o tempo todo. Se falta sangue, o neurônio simplesmente apaga. Também é interessante saber que, por conta do trabalho exaustivo, os neurônios precisam de um tempo para se recompor quimicamente.

A Carla explica os vários tipos de neurônios que a gente tem (a variedade deles é incrível e muda conforme a função; alguns, mais ágeis, transmitem informações com uma velocidade de 240 metros/segundo; outros, mais lentos, andam a 5 metros/segundo); ela fala também dos **neurotransmissores**, substâncias químicas secretadas pelos neurônios e usadas para eles "conversarem" entre si por meio das **sinapses**, que são tipo umas "perninhas" que não encostam uma na outra, mas se conectam pelos neurotransmissores.

Ela fala também dos níveis de processamento que ocorrem no encéfalo; desde os comportamentos mais automáticos até os mais elaborados, desmontando a teoria do "cérebro trino" tão erroneamente difundida por aí pelo pessoal do marketing.

Uma das explicações mais bacanas é quando ela conta como a gente percebe o mundo através dos nossos sensores, que podem ser **mecânicos** (tipo o tato e a audição, que dependem de fenômenos mecânicos para o neurônio gerar um sinal elétrico e enviar para processamento), **térmicos** (dependem de variação de temperatura), **químicos** (como o olfato), **nociceptivos** (identificam lesão e dor) ou **fotorreceptores** (percebem variações de luz).

Além disso, aprendemos que, além dos cinco sentidos especiais (tato, olfato, visão, audição e paladar), ainda temos um sistema complexo chamado **somestésico** ou **somatossensorial**, que envolve todo o corpo. Por exemplo, o tato não implica apenas no toque, mas na percepção de cócegas, pressão, vibração, movimento, temperatura, dor e até a posição do nosso corpo (propriocepção).

Ainda tem esclarecimentos interessantes sobre o papel das nossas emoções. Importante atentar para o fato de que as emoções são diferentes de sentimentos; **emoções** são respostas corporais (físicas) para estímulos do ambiente (ex.: aceleração dos batimentos cardíacos, aumento da sudorese, dilatação

NOSSO CÉREBRO E A INOVAÇÃO

das pupilas etc.). Por isso, às vezes, as emoções provocam dores físicas de verdade (o aperto no coração e o frio na barriga não são sensações imaginárias).

Já os **sentimentos** são a experiência mental, ou seja, o sentido que a gente dá a isso que se passa no nosso corpo. Ou seja, o sentimento é o sentido que a gente dá às nossas emoções.

No final, ela fala da parte do encéfalo que nos diferencia de todos os outros animais e que nos dá direito a um ticket VIP de primeira classe nessa viagem que estamos fazendo: é o **córtex pré-frontal**, ou seja, a parte da frente do nosso cérebro, que tem relação direta com nossa testa abaulada em relação aos animais menos inteligentes.

O córtex é tipo o maestro que coordena toda a orquestra de sensores e atuadores de uma maneira bem sofisticada e complexa. Como essa parte do cérebro é a mais nova, possui um alto grau de neuroplasticidade. Isso quer dizer que a gente consegue mudar os padrões e comportamentos, aprender coisas novas e descobrir soluções diferentes para problemas conhecidos. Essas mudanças nunca são fáceis (o cérebro, além de preguiçoso, é bastante conservador), mas são sempre possíveis.

As funções executivas do córtex são exclusivas do ser humano e são construídas ao longo da vida, de acordo com as experiências de cada um. São elas: a **atenção** seletiva e sustentada (fundamental para o aprendizado e a retenção de memória), o **controle inibitório** (que nos impede de agir como selvagens), a regulação, **controle emocional** e **memória operacional** (aquela de curto prazo), a **metacognição** (que nos permite compreender e analisar nossas próprias linhas de raciocínio), a **flexibilidade cognitiva** (capacidade de adequação ao ambiente, como rever rotas e planos) e o **planejamento** (envolve noção do tempo necessário para a execução de tarefas).

Segundo a autora, essas funções executivas não amadurecem simplesmente com o passar dos anos; o processo é totalmente proativo — é preciso estimular as mudanças e aprender com as experiências.

Olha, é bem como a Carla diz: não se volta dessa viagem da mesma maneira como se embarcou. A mudança é grande e profunda. Esse devia ser um livro-texto de qualquer curso superior. E posso dizer: até eu, uma pessoa de exatas, com cabeça de engenheira e que nunca teve grande simpatia pela biologia, consegui entender com clareza as explicações da moça e ficar interessada até o final. Se eu consegui, qualquer pessoa consegue.

ATITUDE PRÓ-INOVAÇÃO

A QUESTÃO DOS LADOS DO CÉREBRO

Desde que li "A Revolução do Lado Direito do Cérebro", de Daniel Pink[4], há muito, muito tempo, fiquei encantada com a metáfora dos lados do cérebro que ele usa.

Com certeza você já ouviu falar: o lado esquerdo é analítico e ocupa-se com a razão, com a estrutura, com a modularização das informações. É com esse lado que a gente aprende a ler e a escrever, a formar palavras, a atribuir significados aos números, a encadear sequências lógicas, a analisar criticamente um problema.

O lado direito ocupa-se da síntese e trata da emoção, do subjetivo, do contextual. Esse é o lado que reconhece um rosto (sem se preocupar com as partes), que interpreta e entende piadas e frases de duplo sentido, que sintetiza informações, que conecta, que cria e inova.

O lado esquerdo é sequencial; o direito, simultâneo.

Bonito, né? Mas estudando um pouco mais, a gente aprende que essa metáfora é só bonita mesmo, pois não corresponde à realidade.

A neurocientista brasileira (ah, como essas nossas cientistas brasileiras são maravilhosas e só nos enchem de orgulho!) Suzana Herculano-Houzel já tinha cantado a bola.

Em 2012, ela foi convidada para falar sobre as diferenças que existem entre o cérebro do homem e o da mulher num evento promovido por uma revista feminina[5]. Num lugar onde estava todo mundo louvando as características femininas, veio a intrépida Suzana e disse o que ninguém esperava ouvir: que as diferenças anatômicas são praticamente mínimas, quase inexistentes, assim como o funcionamento; não tem essa de cérebro pink, de lado direito e de características essencialmente femininas.

Basicamente, o cérebro do homem é maior do que o da mulher porque, na média, os homens são fisicamente maiores mesmo. O peso do órgão varia de 1,2kg a 1,4kg, dependendo do tamanho da pessoa (quem é maior tem mãos, pés e orelhas maiores; por que o cérebro também não seria proporcional?). Mas aqui se pode afirmar com certeza: tamanho não é documento. Só a título

---

4 PINK, Daniel. *A Revolução do Lado Direito do Cérebro*. Rio de Janeiro: Elsevier, 2005.

5 Palestra Casa TPM realizada em 4 de agosto de 2012. Disponível em: <https://youtu.be/sWBUFH0HEv0>. Acesso em: 9 jan. 2020.

NOSSO CÉREBRO E A INOVAÇÃO

de informação, o do Einstein tinha apenas 1,2kg; e imagine quanto deve pesar o cérebro de um búfalo ou o de um elefante-marinho.

Mas de onde tiraram a ideia de que homens são mais racionais e usam mais o lado esquerdo; ao contrário das mulheres, mais emocionais, que usam mais o lado direito?

Suzana explica como é que começou essa história que repetimos até hoje como papagaios. É que em 1863 conseguiram, pela primeira vez, documentar uma lesão no cérebro, com imagem e tudo. O paciente era um homem e tinha perdido a fala. A imagem mostrava um buraco no lado esquerdo; daí que se deduziu que essa parte era responsável pela fala. Até aí, perfeito, fazia todo sentido.

Mas eis que um grupo de biólogos resolveu aproveitar a deixa e desdobrar a ideia: se a fala está no lado esquerdo, então todas as coisas "úteis" também devem estar no mesmo lado: o pensamento lógico, as atividades motoras, a razão. Como o grupo era todo formado por homens, numa época em que eles dominavam tudo ainda mais que hoje, rapidamente associaram essas atividades como masculinas. Mas, então, o lado direito, para manter a simetria, teria de compensar: a irracionalidade, a emoção e a subjetividade ficaram representando o feminino. Só que o negócio nunca teve nenhum fundamento científico, era pura viagem desse bando de rapazes criativos; a coisa pegou de tal jeito que até hoje todo mundo repete como se fosse uma grande verdade.

A Dra. Carla Tieppo esclarece ainda mais a coisa, para não deixar nenhuma dúvida.

Ela desmonta o mito do hemisfério cerebral esquerdo ser mais racional e lógico e o hemisfério cerebral direito ser mais emocional e criativo de um jeito muito simples e elegante: usando a anatomia.

Primeira constatação: os dois hemisférios são anatomicamente iguais, ou seja, apresentam os mesmos sulcos, os mesmos lobos frontais, parietais, temporais e occipitais. Eles, inclusive, fazem quase o mesmo processamento nas áreas primárias, aquelas que recebem os estímulos sensoriais e dão origem aos estímulos motores. O que acontece é que, nas áreas sensoriais, as informações são tratadas pelo lado contrário. Exemplo: o hemisfério direito receberá e tratará as informações do campo visual e de sensibilidade corporal do lado esquerdo e vice-versa.

Nas áreas dependentes de informações auditivas é que as coisas começam a mudar. O córtex auditivo secundário esquerdo é especializado em reconhecer padrões de vozes humanas e construir circuitos para reconhecer palavras

ATITUDE PRÓ-INOVAÇÃO

em 90% das pessoas. Isso corrobora a descoberta de 1863, citada pela Suzana, de que o hemisfério esquerdo é, de fato, especializado na linguagem. Mas olha só que interessante: o hemisfério direito é o que se torna mais ativo para padrões de musicalidade, inclusive na fala. O lado esquerdo, então, reconhece as palavras, mas o direito reconhece a entonação delas.

Além da musicalidade, o hemisfério direito também é especialista nas relações espaciais, muito importantes para a engenharia, arquitetura e design, por exemplo. Além disso, o pensamento matemático propriamente dito depende muito da capacidade de abstrair relações espaciais.

Não dá para se dizer, assim, que um lado é criativo, emocional, intuitivo e o outro é analítico, racional, sequencial, inclusive porque nenhuma criação está isolada em apenas uma dessas capacidades. Até mesmo para interpretar o que uma pessoa está falando — incluindo não apenas o significado, mas também o humor, a ironia ou a irritação — a gente depende dos dois lados.

Justamente o que dá poder ao cérebro é a sua capacidade de integrar, associar, comparar e criar. Sem a integração dos dois hemisférios essas tarefas são fisicamente impossíveis.

E, para acabar de vez com a conversinha: todos os seres humanos têm como lado dominante o hemisfério da linguagem, que em 90% das pessoas é o lado esquerdo.

A criatividade, então, não tem a ver com o domínio de um dos lados do cérebro, combinado?

MEMÓRIA X IMAGINAÇÃO

Como David Eagleman[6] já nos mostrou, nossa memória é uma coisa muito fácil de manipular. A capacidade que define nossa identidade é de uma fragilidade assustadora e isso sempre intrigou os neurocientistas. Mas assistindo a um documentário na Netflix[7], uma resposta muito interessante é apresentada para a pergunta: se a memória é tão importante, como pode ser tão pouco confiável?

Bem, uma das constatações é que a memória não fica registrada num lugar só; para uma experiência vivida, a informação correspondente a cada sentido

---

6 EAGLEMAN, David. *The Brain: the Story of You.* Edinburg: Canongate Books. 2016.

7 Netflix. Série: *The Mind Explained.* Episódio Memory.

(tato, olfato, paladar, visão etc.) é tratada e registrada por uma parte diferente do cérebro. O que existe é um lugar (o lobo temporal médio, que inclui o hipocampo) que reúne todas as informações relacionadas a essa experiência quando a pessoa se lembra dela, como se estivesse montando um quebra-cabeças; se essa parte sofre algum tipo de perda, não é mais possível resgatar as memórias, pois não há como reorganizar as partes.

Além disso, não é possível resgatar a memória com todas as informações exatas; o processo é o que se poderia chamar de baixa fidelidade, pois para economizar processamento, também no caso da memória, o cérebro reaproveita eventos que já aconteceram e faz uma mistura híbrida do evento atual com outros que já estão registrados. Nosso cérebro curte de verdade uma reciclagem.

Outra coisa importante: a gente consegue se lembrar mais de eventos associados e **lugares**, **histórias** e grandes **emoções**. Facilita muito recordar um evento quando a gente retorna ao lugar onde ele ocorreu ou se tem alguma história emocionante relacionada a ele.

Ainda sobre recuperar memórias, uma descoberta pode ser a chave para esclarecer tudo: pessoas que perdem a memória por conta da alteração do lobo temporal médio também perdem a capacidade de projetar o futuro, ou seja, perdem também a capacidade de imaginar.

Experimentos mostraram que as áreas no cérebro que são sensibilizadas quando tentamos nos lembrar de algo são as mesmas que reagem quando imaginamos o futuro.

A conclusão é de que temos uma perfeita máquina do tempo em nossa cabeça; o mesmo mecanismo usado para montar o quebra-cabeças que forma a nossa memória é usado para recombinar as mesmas peças e criar nossa imaginação. Com isso, fica evidente como nosso passado está irremediavelmente ligado ao nosso futuro.

Essa flexibilidade para recombinar peças de informação em contextos temporais diferentes é como se fosse um superpoder que faz os humanos tão especiais, capazes de criar, inovar e inventar. Mas essa plasticidade é também responsável pela fragilidade no resgate das informações, no caso, nossa memória; por isso cuidar da nossa memória é tão importante para o nosso futuro e para a nossa capacidade de criar.

ATITUDE PRÓ-INOVAÇÃO

SOBRE CRIAR UM CÉREBRO

Ray Kurzweil é um dos cérebros vivos mais extraordinários de que se tem notícia. Essa mente brilhante teve a sorte de nascer em Nova York, numa família que incentivou muito seu desenvolvimento. Seu pai — um respeitado músico e maestro — e sua mãe — uma artista visual — eram judeus austríacos que foram para os EUA fugindo da guerra. Ray decidiu que queria ser inventor aos 5 anos; aos 14, ele escreveu um artigo explicando detalhadamente sua teoria sobre o funcionamento do neocórtex. Seu tio, um engenheiro da Bell Labs, ensinou-lhe os princípios da computação lá pelos idos de 1963, quando ele escreveu seu primeiro programa, aos 15 anos. Graduado em computação e literatura, o moço também é profundo conhecedor de música.

O sujeito produz tanto e em tantas áreas diferentes que nem consigo acompanhar: ele tem trabalhos em reconhecimento ótico de caracteres, nanotecnologia, robótica, reconhecimento de fala, inteligência artificial, neurociência, futurismo, transumanismo, sintetizadores de instrumentos musicais, softwares para investimentos; ganhou prêmios diversos, escreveu vários livros, foi coprodutor de um documentário e hoje trabalha em tempo integral para o Google.

Sua obra-prima e importante referência para os estudiosos do futurismo e da neurociência é *How to Create a Mind: The Secret of Human Thought Revealed*[8].

> *Ray cita, na parte inicial, o neurocientista Sebastian Seung, do MIT: "A identidade não está em nossos genes, mas nas conexões entre as células do nosso cérebro".*

A partir daí, Kurzweil desenvolve e apresenta sua teoria sobre o funcionamento do cérebro chamada Teoria de Reconhecimento de Padrões da Mente (PRTM: *Pattern Recognition Theory of Mind*) e explica, de uma maneira bem didática, as principais partes do cérebro e como ele funciona, com ênfase especial para o neocórtex, onde a mágica acontece.

---

8 KURZWEIL, Ray. *How to Create a Mind: The Secret of Human Thought Revealed.* Nova York: Penguin Books. 2012.

NOSSO CÉREBRO E A INOVAÇÃO

O neocórtex ou "cérebro novo" é o que nos faz diferentes de todos os outros animais. Alguns mamíferos também têm essa estrutura, mas no ser humano é onde ela ocupa a maior parte do cérebro (cerca de 80% do peso). Enquanto o cerebelo (ou "cérebro velho") cuida das questões de sobrevivência e dos instintos, o neocórtex é a parte que aprende, que muda, que sente, que interpreta os sentidos, que se lembra e que toma decisões. Nos seres humanos, ao contrário dos outros animais, o neocórtex foi se desenvolvendo continuamente até tomar quase todo o espaço.

Mas como é que a gente interpreta as informações dos sentidos e toma decisões? Sabemos que não há imagens, vídeos ou sons armazenados no nosso cérebro, apenas sinais elétricos organizados em uma sequência de padrões. E a gente acessa, constrói e atualiza esse banco de padrões de maneira contínua. Os padrões que não são usados vão sendo substituídos por outros mais recentes.

Mas o reconhecimento desses padrões e a nossa memória não fazem a comparação das informações recebidas no momento com as que estão arquivadas de maneira sequencial e ordenada; o cérebro todo trabalha de uma vez só na identificação, de forma simultânea, por isso temos tanta dificuldade, por exemplo, de dizer qual foi a quinta pessoa que encontramos hoje na rua ou de falar uma frase inteira com a sequência de letras invertida.

No livro, Ray explica com gráficos, desenhos, tabelas, fotos e esquemas a estrutura hierárquica que ele entende como sendo a que nosso cérebro usa para classificar e armazenar os padrões de informações, que são uma espécie de feixes de conexões neuronais que se reúnem em blocos como se fossem peças de Lego. A estrutura é relativamente complexa, dividida em seis camadas muito finas (as camadas mais externas *interfaceiam* com os nossos sentidos, como sensores externos).

Nós conseguimos, assim, reconhecer padrões de uma imagem, por exemplo, mesmo quando somente uma das partes é percebida. Se essa porção está presente nos "módulos Lego" várias vezes e em muitos contextos diferentes, o cérebro preenche facilmente as partes que faltam.

Outra observação interessante é que nossa percepção muda, efetivamente, de acordo com a nossa interpretação; isso quer dizer que estamos constantemente predizendo o futuro e adivinhando o que ainda vamos experimentar, baseados nos nossos padrões armazenados. Essa expectativa influencia de maneira muito forte o que estamos vivendo de fato. Isso faz com que a gente seja preconceituosa (esteja sempre em busca de padrões que confirmem nossos pontos de vista e nossas previsões para reduzir o esforço de processamento); se não se está consciente desses limites e tendências, o aprendizado não acontece e a gente acaba reproduzindo sempre mais o que já sabe.

O objetivo do trabalho incansável de Ray é ajudar a criar neocórtices artificiais que possam não somente simular a mente humana, mas também superá-la em algumas habilidades. Ele explica, em detalhes, alguns experimentos com o Watson, a máquina inteligente da IBM, capaz de interpretar a linguagem natural em vários níveis de complexidade e realizar tarefas até há pouco tempo impensáveis para máquinas. Fala também de outros sistemas que já existem e funcionam bem, como a Siri, assistente pessoal dos iPhones.

Então vem a discussão sobre o que é consciência, onde ela está (no cérebro?) e se os computadores podem adquiri-la. E toda a questão filosófica a partir daí. Outra preocupação para Ray é que tudo o que aprendemos durante toda a nossa vida está armazenado em um órgão frágil e perecível como o cérebro; não tem backup. A ideia dele é que se a gente conseguisse sintetizar o neocórtex virtualmente, poderia ter nossos backups mentais na nuvem (uma parte privada e outra que pudesse ser compartilhada, claro). Já pensou ter acesso ao cérebro do Einstein? Ou mesmo ao de Ray Kurzweil?

É claro que tem toda a complexidade, risco, as questões de privacidade, segurança e poder implícitos no conceito. Sem dizer que poderíamos trocar de corpo sem dificuldade, fazendo o upload do cérebro para a nuvem e depois fazendo download para outro (ou outros) corpo(s)?

Ray acredita que alcançaremos a singularidade, que é o nível de inteligência em que a máquina supera o ser humano, antes da metade deste século (2045).

Temos muitos problemas técnicos ainda para resolver até lá. Mas também é bom a gente já ir se ocupando com as questões sociais, filosóficas e éticas. Melhor não esperar as máquinas ficarem inteligentes o suficiente para resolvê-las por nós, não é?

PERCEPÇÃO É TUDO

O livro *Deviate: The Creative Power of Transforming Your Perception*[9], *do neurocientista Beau Lotto, é uma grata surpresa.*

---

9 LOTTO, Beau. *Deviate: The Creative Power of Transforming Your Perception*. London: Weidenfeld & Nicholson. 2017.

NOSSO CÉREBRO E A INOVAÇÃO

A premissa é relativamente simples: se você conseguir entender como seu cérebro funciona, pode alterar sua percepção do mundo, ou seja, a maneira como você vê e interpreta as coisas. Isso afeta tudo, inclusive a forma como você cria novas ideias.

O autor realmente se esforçou para usar recursos gráficos e tipográficos para tornar a forma como parte relevante do conteúdo num livro totalmente preto/branco. O resultado ficou muito interessante; não diria surpreendente, porque já conhecia a maioria dos exemplos e técnicas utilizadas.

Beau Lotto, professor de neurociência nas universidades de Londres e Nova York, é fundador de um laboratório de pesquisa chamado Misfit (desajuste, não conformismo) e parece ser um cérebro eternamente curioso e questionador. Dá muita vontade de conhecer o moço pessoalmente.

Lotto confirma o que outros neurocientistas citados nesse livro já disseram: que nosso cérebro foi concebido para resolver incertezas com a maior rapidez possível, por uma questão de sobrevivência. E que essa massa cinzenta, como já sabemos, não tem acesso direto ao mundo exterior. Ela só consegue receber sinais elétricos que os sensores (nossos sentidos) mandam. Para o cérebro, aquela paisagem linda que você vê são apenas sinais elétricos que ele interpreta conforme as informações de referência que ele já carrega em sua "biblioteca" (que também podemos chamar de repertório).

Para não ter de processar todos os sinais elétricos que recebe toda vez e ter de trabalhar muito (apesar de representar apenas 3% do peso do corpo, o cérebro consome até 25% de toda a nossa energia), ele só pega uma amostra (mais ou menos 10% da informação total), compara com o que tem dentro da biblioteca e deduz o resto.

A maneira como a gente percebe o mundo, então, depende muito do que tem na nossa "biblioteca pessoal". E a maneira como a gente interpreta os sinais que o cérebro recebe depende de muitos fatores; é uma coisa extremamente complexa e, muitas vezes, interpretamos errado (sabendo disso) porque temos poucas referências (ou seja, uma biblioteca pobre).

Ele conta uma história bem interessante para ilustrar isso. Você está numa rua escura e ao longe há um poste de iluminação pública. Você vai caminhando para lá e vê alguém abaixado, procurando por alguma coisa. Você pergunta para a pessoa o que ela está fazendo e ela responde: "Procurando minhas chaves". Você imediatamente se oferece para ajudar e pergunta: "Onde, exatamente, elas caíram". A pessoa responde: "Naquele gramado, a uns 100 metros daqui". Você: "Ué, mas então por que raios você está procurando aqui?". A

ATITUDE PRÓ-INOVAÇÃO

pessoa: "Porque é o único lugar onde consigo ver". A ideia da ciência é justamente criar postes de luz em todos os lugares.

Lotto diz que as informações não têm nenhum significado intrínseco; nosso cérebro é que dá sentido a elas. A realidade, de acordo com o filósofo George Berkeley, são ideias impressas nos nossos sensores.

O autor usa uma metáfora bem interessante: nosso cérebro está dentro de nossa caixa craniana, que é como se fosse um trailer (aquelas casas com rodas). As janelas são os nossos sentidos. O cérebro não pode sair nunca para ver como são as coisas de verdade. Só pode olhar pelas janelas. Ele pode viajar pelo mundo inteiro, mas sem sair de dentro do veículo, sendo que as "janelas" que desenvolvemos são as que se mostraram as mais importantes para a nossa sobrevivência.

A gente consegue perceber muito menos cores que alguns crustáceos, por exemplo. O estomatópode, da família das lagostas, tem dezesseis pigmentos visuais (substância que transforma luz em eletricidade para os receptores do cérebro); o ser humano tem apenas três. Os pássaros conseguem "ver" a estrutura eletromagnética do céu, de acordo com o ângulo do Sol. A evolução de cada ser vivo seleciona o desenvolvimento dos sentidos que são mais importantes para a sobrevivência, assim dá para ver como as janelinhas do nosso trailer são pequenas e limitadas e, por isso, é tão fácil de enganar nosso cérebro usando o que a gente chama de armadilhas perceptivas.

Outra coisa interessante é como o cérebro constrói o significado para esses sinais elétricos que ele recebe; é tudo baseado em experiências passadas, ou seja, a maneira como recebemos e organizamos as nossas percepções no passado determina como vamos interpretar todas as informações que serão recebidas no futuro.

Assim, quanto mais a gente interage com o mundo e com as outras pessoas, quanto mais a gente se força a fazer o exercício da interpretação, mais a nossa biblioteca vai ficando rica e mais temos material para interpretar o futuro. E a sobrevivência em ambientes diferentes, onde ainda não temos material de base para interpretar, força o nosso cérebro a inovar, a desenvolver novos caminhos e a criar mais "gavetinhas" de informação. Se você dá um contexto complexo ao cérebro, ele é obrigado a se adaptar e a interpretar de maneira complexa.

Nosso cérebro só trabalha de verdade quando identifica **mudança**, **diferença** ou **contraste** com o que ele já tem.

NOSSO CÉREBRO E A INOVAÇÃO

Outra informação curiosa: o cérebro usa os princípios da estatística para interpretar os fatos. O que é mais frequente vai ser mais usado, e assim recursivamente. Por isso é que precisamos tanto quebrar esse ciclo de repetição, apresentando a ele coisas que ele vai precisar trabalhar mais para interpretar. Fica fácil de entender, assim, porque as pessoas normalmente pessimistas são sempre cada vez mais pessimistas; e as otimistas, com o viés correspondente. A cultura também tem um peso enorme em como nós vemos o mundo. A verdade é que a gente quase nunca olha para fora, só para dentro.

Então, já que todas as interpretações que a gente faz vêm de dentro, como diz Lotto, e o cérebro não vê diferença entre o que é real e o que é inventado, por que a gente não pode inventar interpretações que nos facilitem a vida?

Voltando à premissa principal do livro, em que o autor defende que se a gente entender como o cérebro funciona, a gente também consegue mudar o "futuro do nosso passado", como ele diz, mudando os significados das informações que estamos tendo no presente e forçando a mudança estatística de interpretação.

Ele dá muitos exemplos de estudos científicos no livro nos quais puderam ser constatadas mudanças físicas nos cérebros pesquisados.

Mas vou dar um exemplo pessoal que penso que se encaixa no que ele está falando. É claro que não é lição para ninguém, nem conselho, nem estudo. Apenas uma experiência pessoal que talvez possa ajudar a esclarecer.

Sempre, desde que me conheço por gente, devoro livros. Durante as crises normais da adolescência, era uma maneira de fugir do mundo. Eu viajava, conhecia pessoas, aprendia coisas, entendia algumas ideias, tudo sem sair de casa, só folheando papel. Também assisti muito à televisão: *Mulher Biônica*, *Poderosa Ísis*, *Jeannie é um Gênio*, *Mulher-Maravilha*, *As Panteras*, *Trovão Azul* (em que uma mulher pilotava o helicóptero com esse nome). Isso moldou minhas estatísticas para o resto de minha vida, pois sempre me senti como uma delas.

Mais tarde, quando tive problemas como todo mundo e quando sofri assédios morais dos mais variados tipos no curso de engenharia (e não só de professores e alunos; o povo, em geral, inclusive familiares, tinha dificuldade em aceitar uma "moça de família" numa turma com 49 homens — lembrando, isso foi há mais de 30 anos), sempre imaginei que estava num filme e essa era a parte em que a protagonista tinha de enfrentar os vilões. Isso aumentou muito minha resiliência e praticamente saí incólume do curso, pronta para enfrentar os dragões do mercado de trabalho (que não eram menores).

Ainda hoje, morando num lugar com uma cultura tão diferente, cuja língua ainda estou longe de dominar totalmente, a fantasia da heroína ainda ajuda muito. Principalmente nos invernos escuros e frios, onde sempre imagino que estou num filme ou num livro e tudo passa a ficar mais interessante.

Provavelmente isso não serve para mais ninguém, mas esse desvio de percepção tem me ajudado não apenas a sobreviver, mas também a ter mais ideias e a me adaptar melhor.

Para mim, o melhor resumo desse livro é a frase do filósofo George Berkeley: "Existir é perceber"[10].

DARWIN E A INOVAÇÃO

No capítulo anterior, na parte em que descrevo minha experiência em um workshop de *design thinking*, falo da variação cega, que é a geração exaustiva de ideias.

No *design thinking*, ela funciona como uma metáfora baseada no darwinismo, onde a natureza faz variações aleatórias sobre um tema (ou, no caso, ser vivo) e a retenção é feita seletivamente, pelo desempenho de cada uma. E não há, de maneira nenhuma, como saber de antemão qual será a mais bem-sucedida.

Só é possível saber que algo é inovador depois do fato consumado, por isso gerar muitas ideias aumenta a probabilidade de uma delas ser a correta. A explicação é matemática: é muito mais provável encontrar a resposta certa no meio de mil ideias do que no meio de apenas três ideias.

Então, para inovar, é preciso gerar ideias. E muitas. A maior quantidade delas possível.

Como já dito, isso é necessário porque não há como saber de antemão se a ideia será ou não um sucesso. Primeiro é preciso investir nela, desenvolvê-la, construir protótipos para testá-la, refiná-la e, talvez, colocá-la no mercado na forma de um processo, um produto ou um serviço. Aí começa outra fase de teste que pode durar até anos. Há muitas startups lutando para sobreviver e algumas, como o Airbnb, só conseguiram engrenar mesmo quando estavam à beira de fechar as portas; e a maioria dos grandes "sucessos", como o Uber, já

---

10 Do original: "*esse est percipi (aut percipere)* — to be is to be perceived (or to perceive)". *Stanford Encyclopedia of Philosophy*. George Berkeley. Pubicado em 10 set. 2004. Disponível em: <https://plato.stanford.edu/entries/berkeley/>. Acesso em: 22 jan. 2020.

está há 10 anos operando no vermelho. A própria Amazon levou 6 anos para começar a ter lucro e, mesmo assim, ainda bem modesto.

Para um investidor, não há como contratar uma bola de cristal e ter certeza de que aquilo vai dar certo. O sucesso de um empreendimento depende de muitas variáveis aleatórias, a maior parte delas completamente fora de nosso controle. Determinismo, aliás, é algo que simplesmente não existe em inovação.

SIM, COINCIDÊNCIAS EXISTEM

A questão da impossibilidade de prever quais ideias terão sucesso é muito bem explicada no sensacional livro *O Andar do Bêbado: Como o Acaso Determina Nossas Vidas*[11], *do PhD em Física Leonard Mlodinow. Apesar do estofo acadêmico, Leonard contribuiu como roteirista nas séries MacGyver* (eu adorava!) e *Star Trek*, além de ter escrito *Uma Nova História do Tempo*, tendo ninguém menos que Stephen Hawking como coautor.

Mlodinow explica a teoria da aleatoriedade de uma maneira que qualquer pessoa leiga consegue entender; acompanhe.

Ele começa já destruindo nossos mais sólidos paradigmas, que costumam associar sucesso com competência. Segundo uma galera que se ocupa há anos (na verdade, há séculos) de estudar as questões probabilísticas, o número de variáveis aleatórias envolvidas em qualquer situação da vida real é tão grande que nos seria impossível calculá-las, mesmo que tivéssemos todas as informações necessárias. Sim, o que ele afirma categoricamente é que não há uma associação simples e direta de que a empresa X vai indo bem por causa do talento e brilhantismo do seu principal executivo. Ele tem de ser capaz, mas também precisa muito que os eventos aleatórios sobre os quais não possui nenhum controle lhe sejam favoráveis (chamamos isso vulgarmente de sorte). Depois ele mostra uma série de exemplos muito convincentes e faz contas probabilísticas bem simples para corroborar a ideia.

Nós tentamos ser desesperadamente determinísticos o tempo todo: se o filme fez sucesso, é porque é bom; se fulana se separou, é porque o marido a enganava; se beltrano não consegue se dar bem na vida, é porque é um fracassado; rápido, fácil, simples e... errado (ou, pelo menos, não é bem assim).

---

11 MLODINOW, Leonard. *O Andar do Bêbado: Como o Acaso Determina Nossas Vidas*. Rio de Janeiro: Zahar, 2009.

ATITUDE PRÓ-INOVAÇÃO

Leonard explica que nosso cérebro lida muito mal com a aleatoriedade e mesmo nos processos lógicos e tomadas de decisão mais simples a gente erra feio, porque vai pelo caminho determinístico, o mais fácil, curto e aparentemente seguro.

O autor também conta um pouco da história da matemática e da probabilidade, dos símbolos matemáticos e sobre como o conhecimento na área foi sendo desenvolvido lentamente com o tempo. Apesar da teoria da aleatoriedade ser inadequada para analisar a vida particular de cada indivíduo, ela se ajusta perfeitamente em situações onde as variáveis são controladas (jogos) ou quando precisamos analisar fenômenos sociais. Com a ajuda de alguns cálculos, podem-se prever comportamentos com razoável precisão; é a presença inexorável da curva normal (ou curva de Gauss).

Ele mostra como o estudo nessa área é importante não só para quem faz previsão de tempo, mas também para juristas, médicos, policiais, administradores, corretores de seguros, jornalistas e qualquer pessoa que precise tomar decisões baseadas em análise probabilística (ou seja, todos nós).

Apesar dos estudos cada vez mais avançados para entender como a mente humana percebe e processa a aleatoriedade, as conclusões até o momento indicam que as pessoas têm uma concepção muito fraca desse fenômeno; não o reconhecem quando o veem e não conseguem produzi-lo ao tentarem. É isso mesmo: desde tempos imemoriais o ser humano vem "forçando a barra" para explicar eventos que são, na verdade, completamente aleatórios. Já se apelou para deuses, explicações esdrúxulas de todo tipo, magia, mau-olhado, mérito e até lógicas capengas e sem nenhum fundamento. O fato é que não conseguimos lidar com isso.

Só para citar um caso real, a Apple teve de mudar o programa que embaralhava as músicas no iPod porque, num processo randômico de verdade, há ocasiões em que uma música se repete ou canções do mesmo artista são tocadas em sequência e as pessoas achavam que isso era um defeito e a empresa teve de fazer com que "a função ficasse menos aleatória para parecer mais aleatória", nas palavras de Steve Jobs.

No final das contas, a conclusão que Leonard tira de tudo é de que no mundo em que a gente vive as influências aleatórias são tão importantes quanto nossas qualidades e ações (esse, na verdade, é o enunciado da teoria do acidente normal).

É que em sistemas complexos (como as nossas vidas), devemos esperar que fatores menores, que geralmente ignoramos, causem grandes acidentes em

NOSSO CÉREBRO E A INOVAÇÃO

função do acaso (acidentes não são necessariamente negativos; você pode conhecer o amor da sua vida porque esqueceu a chave de casa ou perder o emprego porque um executivo indiano pegou a mulher dele com outro; pode ficar famoso porque estava na mesma festa que a pessoa certa ou levar um tiro porque se abaixou para amarrar o tênis).

Parece bem assustador, mas, no final das contas, isso de forma nenhuma deve nos desanimar. A ação a tomar é continuar tentando, seja lá o que tivermos em mente, pois isso, inevitável e matematicamente, aumenta as nossas chances de atingir o objetivo. Mesmo um dado viciado tem chances de cair em números pouco prováveis; o que a ciência da aleatoriedade recomenda é jogá-lo repetidamente até consegui-los.

Como conclusão, se o sucesso de uma ideia é totalmente aleatório, o ideal é ter o maior número de ideias possível, o que casa perfeitamente com a teoria darwinista na inovação.

Assim, como nos ensina Rod Judkins[12]:

> *"Se você produz 100 ideias, uma delas provavelmente será ótima. Se você produz 5 ideias, as chances de uma delas ser boa são muito pequenas (...) as primeiras 40 ideias são óbvias. As próximas 40 são incomuns e pouco frequentes. As últimas 20 são estranhas e surreais porque elas forçam sua mente em áreas onde você nunca esteve antes."[13]*

A questão é que a grande ideia estará provavelmente entre essas 20 últimas, só que pouca gente se dá ao trabalho de criá-las, porque isso requer muito esforço, tempo, disciplina. Requer conhecimento, repertório e discernimento. Requer prática. Requer paciência.

Eu fiz um teste (e fica aqui como sugestão de presente para uma pessoa realmente especial), fiz uma lista das 100 coisas que eu gostava no meu marido

---

12 JUDKINS, Rod. *The Art of Creative Thinking*. London: Hodder & Stoughton. 2015. pág. 62.

13 Ibid. Tradução livre do texto original: "If you produce 100 ideas, one of them is likely to be great. If you produce five ideas, the chances of one being great are small (...) The first forty ideas are obvious. The next forty are unusual and offbeat. The last twenty are strange and surreal because they are pushing their minds into areas they're never been before".

ATITUDE PRÓ-INOVAÇÃO

(antes de ele se tornar meu marido). Imaginei que seria fácil e rápido (as 20 primeiras realmente são), mas o trabalho durou mais de um mês, e isso porque eu adoro o moço. Experimente fazer isso em casa (aliás, se você encontrar uma pessoa que consiga preencher essa lista, não perca tempo e se case com ela imediatamente!).

Produzir uma centena de ideias é um exercício duro, inclusive de desapego ao ego; é tão fácil a gente se achar um gênio por ter gerado 10 ideias e, sei lá, se apaixonar perdidamente pela terceira ou quarta, se muito.

É PECADO ROUBAR IDEIAS?

É muito comum ler comentários nas redes sociais das pessoas reclamando que alguém roubou sua ideia e ficou rico. "Fulano pegou a minha ideia e agora está ganhando um monte de dinheiro", brada um revoltado; "Dei uma ideia na sala de aula, um colega a pegou e montou um negócio, nem se lembrou de me pagar", reclama outro; "Já estou de saco cheio de ter neguinho ganhando dinheiro nas minhas costas, à custa das minhas ideias", finaliza uma terceira.

Mas, gente, ter ideias é a parte mais fácil e prazerosa. É como fazer sexo, sabe? Algumas pessoas têm um talento natural para a coisa; outras se preocupam em desenvolver técnicas, empenham-se, praticam bastante e conseguem excelentes resultados. Há aqueles que dão até uma ajudinha para a natureza e outros que levam a coisa tão a sério que viram amantes profissionais (seriam os consultores, remunerados para gerar as ideias). Mas é isso. Não dá para achar que o mundo lhe deve algo por causa desse "esforço".

Uma ideia sem sua materialização não é nada. Na verdade, é prazer, brincadeira, exercício, interação. Mas a materialização é que cria o fato e talvez (apenas talvez) gere riqueza.

Ter ideias e não as levar adiante é como ter filhos e largá-los pelo mundo. A parte chata de empreender é justamente aquela que ninguém quer: arranjar dinheiro para alimentar o neném e fazê-lo crescer; passar as noites em claro quando as coisas não vão bem; colocá-lo na escola e levá-lo ao médico; reunir um time de profissionais que vão da professora de inglês até o pediatra e bancar os gastos; aguentar as crises da adolescência; velar 24 horas por dia, com todo cuidado, carinho e amor durante anos. Isso tudo sem ter a mínima garantia de que vai dar em alguma coisa. Pode surgir daí um Paul McCartney ou um Barak Obama. Ou uma Apple. Mas também pode ser um criminoso. Ou o fulaninho que voltou do intercâmbio sem aprender nada. Não há como saber.

Os investidores (pais e mães) não podem adotar todas as crianças do mundo abandonadas por pais prolíficos em ideias, mesmo que sejam muito ricos. Precisam escolher onde vão apostar toda a sua dedicação, pois sabem que o risco é altíssimo e parte importante do resultado vai depender do quanto vão se empenhar de verdade na tarefa.

Aí vêm os pais biológicos, que só participaram na hora da festa, e querem ser chamados de pais da criança quando a coisa dá certo?

"Ah, mas se não fosse a minha ideia, o negócio não teria nem nascido". Não pensam que sem o investidor que adotou o rebento, o pobre teria morrido de inanição ainda no berço. Não querem dividir os prejuízos quando o negócio não dá certo, não querem trocar fraldas quando precisa. Não querem correr o risco de investir seu precioso tempo na tal ideia esplendorosa. Não têm paciência para cuidar de crianças, mas querem colher os frutos do sucesso alheio.

Ah, vá.

NOTA: Estou falando de IDEIAS, aquelas coisas etéreas e pouco definidas que andam pelo ar e mais de uma pessoa pode ter. Não falei em roubar PROJETOS, ok?

COMO AS IDEIAS NASCEM

Os neurocientistas dizem que nosso cérebro é o órgão do corpo humano que mais gasta energia. Fato é que mesmo que a gente passe o dia inteiro deitado sem fazer nenhum movimento, o danado continua gastando. Segundo o neurocientista Gregory Berns[14], o cérebro tem um consumo fixo (cerca de 20% de tudo o que o corpo humano precisa) e precisa ser nutrido sempre. É por isso que uma pessoa em estado de coma, que não consegue mover um músculo, precisa ser alimentada mesmo assim. É que o cérebro dela continua gastando energia normalmente.

Por uma questão de sobrevivência, nosso processador central teve de arrumar um jeito de ser menos perdulário e bolou alguns truques que o fazem ficar mais eficiente. Além disso, o processamento tem de ser muito rápido, pois nossa sobrevivência depende de a gente discernir instantaneamente se

---

14 BERNS, Gregory. *Iconoclast: A Neurocientist Reveals How to Think Differently.* Boston: Harvard Business School Publishing Corporation, 2008.

ATITUDE PRÓ-INOVAÇÃO

aquele vulto que vem vindo é uma pantera faminta ou apenas um cachorro querendo fazer amizade. Por isso, o professor Berns diz:

> *"O cérebro é fundamentalmente um pedaço preguiçoso de carne. Ele não gosta de gastar energia."*[15]

Então a coisa tem de ser rápida e funcionar direito; eficiência e agilidade são as chaves. O melhor jeito é usar as informações que já estão armazenadas (experiências anteriores) para dar sentido ao que se está vendo. As informações mais complexas e que exigem mais trabalho para interpretar são as visuais; quanto mais ele ficar fazendo os cálculos e conexões necessárias, mais tempo vai gastar.

Funciona mais ou menos assim: os nossos sentidos (olhos, ouvido, língua, pele, nariz, labirinto) captam as informações do ambiente e enviam para o cérebro. O significado que a nossa CPU dá a essas informações é o que chamamos de percepção.

> *A percepção, então, não é a realidade; é apenas como o nosso cérebro está interpretando os dados que chegam até ele (usando todos os atalhos e truques possíveis para aumentar a eficiência e reduzir o tempo de resposta).*

Um dos atalhos mais usados pelo cérebro é rotular tudo o que lhe aparece pela frente num esquema chamado **categorização preditiva** (o nome científico pode até parecer bonito, mas na linguagem popular isso é preconceito).

Usando a tal da categorização preditiva, em vez de processar uma informação completa e cheia de detalhes toda vez que entra em contato com algum tipo

---

15 Tradução livre do original:"The brain is fundamentally a lazy piece of meat. It doesn't like to waste energy". BERNS, Gregory. *Iconoclast: A Neurocientist Reveals How to Think Differently.* Boston: Harvard Business School Publishing Corporation, 2008. pág. 36.

16 Tradução livre: "Original: a thing of singular or unique character; a person who is different from other people in an appealing or interesting way; a person of a fresh initiative or inventive capacity."

NOSSO CÉREBRO E A INOVAÇÃO

de estímulo, o cérebro infere o que está vendo, ou seja, ele registra apenas uma amostra da cena, descarta o resto e tira conclusões baseado em registros anteriores. É como se o nosso cérebro tivesse um armário cheio de prateleiras e gavetas com memórias para serem reutilizadas nas mais diversas ocasiões e economizar tempo de processamento.

Imagine que você está comendo feijão. Você já comeu feijão muitas e muitas vezes na sua vida, já conhece a aparência, o cheiro, o gosto e a textura, então quando seu cérebro olha um prato de feijão, ele só pega o registro visual de um grão e joga fora todo o resto da informação. Uma vez que ele identificou que aquilo é feijão, não processa mais nada. Vai até as recordações anteriores e busca o cheiro, o gosto e a textura. A não ser que se tenha alguma coisa muito discordante (por exemplo, se as papilas gustativas registraram que está salgado demais em comparação com os arquivos anteriores), ele não teve praticamente trabalho nenhum de processamento. Foi só pegar um grão e ir à "prateleira" feijão dentro do cérebro para recuperar os registros.

E não se vá maldizer o coitado do cérebro por causa disso. Pensar gasta muita energia. Lembre-se de quando você estava começando a aprender a ler e a escrever. Quando alguma coisa nova entra no nosso repertório de conhecimento, existe um tempo em que ainda estamos armazenando as informações novas. O gasto de energia é enorme, pois não há prateleiras nem gavetas com registros prontos, tudo precisa ser construído.

Quando a gente está aprendendo a dirigir, tem de ficar toda hora processando tudo (qual pé está em cada pedal, em que situação tenho de pisar em cada um etc.). Chega a dar dor de cabeça, não? Você chega em casa cansado, como se tivesse levado uma surra. É como quando a gente vai ao primeiro dia da academia de ginástica depois de um longo tempo. Dói tudo. Com o cérebro é igual. A gente morre de cansaço. Seria insustentável continuar sentindo isso toda vez que a pessoa fosse dirigir. Por isso é tão necessário esse reaproveitamento de informações, uma espécie de modo automático.

Só que usar a categorização preditiva para economizar energia funciona muito bem no dia a dia (aliás, é muito necessário), mas destrói, sem dó nem piedade, toda nossa imaginação, cultura e capacidade criativa. Além disso, estimulando nossos sentidos com coisas que nosso cérebro já conhece, fazemos com que ele fique na maciota, sem fazer esforço nenhum e também sem aprender nada.

Sem trabalhar, é como se o nosso cérebro ficasse jogado o dia inteiro no sofá, comendo besteira. Para ter ideias inovadoras, precisamos correr em alta velocidade (inovadores conceituais são *sprinters*) ou com resistência (inovadores experimentais são maratonistas)[17]; de qualquer maneira, o cérebro precisa ter músculos de um atleta, estar saudável e em excelente forma física. Se eu preciso gerar cem ideias, ou seja, correr uma maratona, e meu cérebro está todo flácido, preguiçoso, sem condicionamento nenhum, como fazer? É impossível.

O que a gente precisa, então, é fazer musculação para o cérebro, ou seja, ampliar a base de conhecimentos e comparações que ele tem; forçá-lo a trabalhar em vez de pegar resultados prontos. Mas como seria esse condicionamento físico?

A única maneira de fazer o nosso Sr. Preguiçoso pegar no pesado e estar em forma para novos desafios é confrontar o sistema perceptivo com algo que ele não sabe como interpretar, pois nunca viu nada parecido antes. Isso força a criação de novas categorias de classificação.

É como se a gente tivesse prateleiras para guardar todas as informações dentro da cabeça, para recuperá-las quando precisar. Pois quem não questiona e só segue regras tem meia dúzia de prateleiras montadas por outros, com ideias simplórias, repetidas, rasas e muito, muito preconceituosas.

Quando a gente lê, duvida, conhece novos lugares, novos hábitos e novas ideias, constrói guarda-roupas inteiros dentro da cabeça, cheios de prateleiras, gavetas e sistemas requintados de classificação. Não é que a gente não pratique mais a categorização preditiva, mas ela vai ficando mais refinada, mais precisa.

Nosso cérebro foi desenhado para ser preconceituoso, ou seja, usar a categorização preditiva para economizar energia. Repare que preconceito é exatamente isso: em vez de considerar todas as variáveis, a gente pega só um pedaço da informação e tira uma conclusão inteira.

Claro que a conclusão vai se basear ou em **experiências anteriores** (não preciso analisar todos os elementos do feijão cada vez que saboreio uma feijoada; basta olhar um bago e já sei que gosto tem) ou em **experiências de outros** (minha avó dizia que os ciganos são todos ladrões, então eu, que nunca vi um cigano ao vivo em toda a minha vida, já sei exatamente como eles são, pensam e sentem só de ver uma moça de saia comprida).

Para quem quer obedecer cegamente à natureza e economizar energia de verdade, é simples e confortável. Mas além de impedir que a pessoa seja ino-

---

17 A classificação de inovadores conceituais e experimentais vem daqui: GRANT, Adam. *Originals: How Non-Conformists Move the World*. Nova York: Penguin Books. 2017.

NOSSO CÉREBRO E A INOVAÇÃO

vadora, ou seja, produza muitas e novas ideias, há outros efeitos colaterais bem nefastos: ela sofre e faz os outros sofrerem.

Quem tem preguiça de pensar e tem poucas "prateleiras" na cabeça não pode ter muito contato com o mundo real, cada vez mais complexo e interconectado. Se a pessoa só tem duas caixinhas para gênero, por exemplo, e ela vê algo que não consegue registrar, o ideal seria construir uma nova "prateleira" para guardar essa informação nova. Como ela está lá, com seu cérebro malandro que não sabe mais construir prateleiras (nem sem lembra da última vez em que fez isso), o que acontece? Essa pessoa surta. Ela sofre. O mundo não cabe na cabeça dela (claro!). Ela não sabe o que fazer. Ela diz que é errado, não é assim que ela aprendeu (ou seja, não se encaixa nas prateleiras que ela tem); que o diferente é ruim, mau, precisa ser eliminado. Em casos extremos, essa pessoa bate e até mata (é o caso dos homofóbicos, machistas, racistas, xenófobos e outros que não conseguem lidar com quem não se encaixa nos padrões que os preconceitos deles estabeleceram).

Isso é tão verdade que uma pesquisa canadense[18] conseguiu mostrar que as pessoas com nível de inteligência inferior à média e menor capacidade cognitiva tendem a ser mais preconceituosas. As pessoas homofóbicas, por exemplo, têm um nível baixo de capacidade de raciocínio abstrato. Observe: um cérebro que não se exercita, não aprende e não se desenvolve.

Ser preconceituoso é muito econômico. Não se gasta praticamente nenhum processamento nisso. E o cérebro fica lá, lerdo e flácido, mergulhado feliz no ócio do preconceito.

Quando vejo uma moça de saia comprida, então, não basta colocá-la na única prateleira disponível, aquela que herdei da minha avó; há uma imensidão de possíveis nichos para guardar aquela informação e, não raro, preciso construir mais um para acomodar a nova pessoa que acabei de conhecer, mas, para isso, preciso estudar, obter mais informações, talvez até ir lá e conversar com a moça (escutando realmente o que ela diz, de cabeça aberta). No final, pode ser que eu descubra que ela é, na verdade, uma estudante de moda, uma pessoa que gosta de roupas alternativas, uma blogueira com propostas diferentes ou, até mesmo, veja só, uma cigana. E se for uma cigana, pode ser que tenha hábitos que eu jamais imaginaria (pode estudar neurociência ou física nuclear, sei lá); enfim, não tem como saber, só obtendo mais informações. Mas, com certeza, qualquer conclusão baseada em uma informação visual tão pobre, como uma simples saia, terá uma altíssima probabilidade de ser equivocada.

---

18 Disponível em: <http://journals.sagepub.com/doi/abs/10.1177/0956797611421206>. Acesso em: 06 jun. 2018.

ATITUDE PRÓ-INOVAÇÃO

No fim, esse trabalho infinito de marcenaria, de construir sempre "prateleiras" novas para classificar informações, é a tal musculação. É o que nos faz humanos inteligentes, o que nos faz evoluir; em última análise, o que faz nosso mundo ficar maior e mais rico.

TEMPO PARA CRIAR

Resumindo, o processo criativo funciona, grosso modo, mais ou menos assim: a gente passa o dia inteiro recolhendo informações de todos os tipos. Tudo o que os nossos sentidos conseguem captar e consideram dignos da nossa atenção são armazenados. Observe que, como é humanamente impossível captar e guardar tudo, cada um de nós desenvolve os próprios filtros sobre o que é ou não interessante.

Essas verdadeiras peneiras pessoais (nós, em última instância) decidem o que vamos ver ou ouvir. Há pessoas bastante alheias, que não prestam atenção em muita coisa. Há as que escolhem olhar o mundo como quem visita um museu ou assiste a um filme. Há as que veem o mundo pela tela da TV, as que ignoram o céu, os cenários, as pessoas, os fatos. Há as que querem saber tudo, sorvem as informações como uma bebida deliciosa. Há aquelas que só aprendem o que já sabem, nem querem conhecer outras naturezas ou pontos de vista. De qualquer maneira, esses filtros é que nos fazem únicos, uma vez que não há dois iguais.

Quando a gente vai para a cama dormir (ou cochilar), toma um banho ou apenas senta para relaxar, o nosso cérebro reconhece que houve uma pausa de aquisição de informações e começa a botar ordem em tudo o que acumulou durante o dia, é nessa hora que ele constrói as tais prateleiras. As sinapses começam a trabalhar para guardar todas as coisas em seus devidos lugares, senão a gente não consegue resgatar as informações, depois, pela memória.

Repare que o cérebro precisa de uma pausa para fazer o trabalho "de casa". Muitas pessoas têm bloqueios criativos, ou seja, não conseguem se lembrar das coisas novas que viram e experimentaram e também não conseguem ter ideias novas, simplesmente porque não param nunca.

Como o cérebro vai construir novas prateleiras se o indivíduo não desgruda os olhos do celular e nunca, nem mesmo antes de dormir, consegue parar de receber estímulos sensoriais? O "quartinho" que recebe as informações, que eu chamo de *buffer* de entrada, fica lotado de coisas, totalmente atulhado. Não há espaço para pensar, criar, organizar.

NOSSO CÉREBRO E A INOVAÇÃO

Para construir prateleiras é fundamental se dar um tempo, uma pausa, um descanso, um relaxamento. Às vezes, o que se chama de bloqueio criativo é só falta de pausas.

Aliás, falando em ócio criativo...

SERÁ O ÓCIO REALMENTE CRIATIVO?

Há alguns anos, o pesquisador Carel van Schaik, especialista em primatas, fez uma escada de corda para pendurar seus instrumentos de medição numa das árvores em uma floresta na Sumatra. Os macacos que frequentavam o local simplesmente ignoraram. Na época, ele não pensou muito a respeito, mas, depois, em outras pesquisas e vendo como os macacos costumavam ser inteligentes e curiosos, ficou intrigado com o caso. Como assim os orangotangos sequer prestaram atenção naqueles objetos totalmente inéditos para eles?

O jornal Die Zeit, que publicou *Muße küsst Affe*[19] *(Ócio beija macaco), conta que Schaik ficou surpreso com a resposta que encontrou para o enigma: o ócio (sim, aquele mesmo de que falava o italiano Domenico de Masi).*

Quando estão no habitat natural, os orangotangos estão preocupados em construir abrigos, escapar de predadores e conseguir comida. Eles não têm tempo para pensar, brincar ou ficar imaginando coisas. Toda energia é focada na sobrevivência. Novidades, inclusive, são vistas como ameaças (melhor não se aproximar de objetos estranhos).

Schaik repetiu a experiência, dessa vez com flores e frutas de plástico, além de bichos de pelúcia, nas florestas indonésias de Bornéu e Sumatra. Mesmo resultado: os macacos sequer tomaram conhecimento. Mas quando colocou os mesmos objetos à disposição dos orangotangos em zoológicos de Zurique e Frankfurt, precisou de apenas alguns segundos para despertar a curiosidade dos bichos. Os brinquedos foram desmontados, separados em partes e cuidadosamente analisados.

A pergunta estava posta: será que os animais dos zoológicos são mais curiosos e criativos ou apenas mais entediados?

---

19 SCHNABEL, Ulrich. *Muße küsst Affe*. Publicado em Die Zeit em 4 mai. 2016. Disponível em: <www.zeit.de/2016/20/orang-utan-kreativitaet-wildnis-zoo-vergleich>. Acesso em: 27 jan. 2020.

ATITUDE PRÓ-INOVAÇÃO

Para o pesquisador, as duas coisas são compatíveis. O tédio pode ser um forte fator para o desenvolvimento da criatividade. Para ele, pensar em arte, filosofia e até ciência só é possível depois que as necessidades básicas já tiverem sido atendidas (faz sentido, se a gente se lembrar da pirâmide de Maslow). Os animais, num bom zoológico, se estão em um ambiente confortável e conhecido, podem gastar seu tempo brincando, aprendendo e pensando — o exato oposto de quem precisa lutar pela sobrevivência. A ideia de zoológicos me incomoda bastante, principalmente quando os enjaulados são macacos, mas a conclusão da pesquisa não deixa de ser interessante.

Não dá para pedir para uma pessoa que leva quatro horas indo e voltando do trabalho e mais oito cumprindo a jornada, além das tarefas domésticas e outras obrigações, que ainda por cima tenha grandes ideias. Ela realmente não tem cabeça para isso; está concentrada em sobreviver e encontrar um meio de pagar as contas. Quando uma população está exausta tentando obter o básico da sobrevivência, fica muito difícil se concentrar em ideias mais complexas, ampliar o repertório, aprender coisas diferentes.

Mas aí fiquei pensando que a falta e a necessidade de sobrevivência também provocam a busca de soluções criativas para problemas cotidianos; os livros, jornais e portais de internet estão cheios de casos assim, o que, de certa maneira, confronta os resultados da pesquisa com os orangotangos.

Não sei, mas talvez a curiosidade e a criatividade sofram mais influência da cultura do que o ambiente. Num zoológico, além do tédio e da segurança, o macaco que descobre alguma coisa interessante para brincar deve fazer sucesso no meio e, por isso, de alguma maneira é incentivado a procurar novidades (é a aprovação social, ele ganha algum tipo de status). Na selva, o sucesso se chama comida; qualquer outra novidade é desaprovada pelo bando.

Numa sociedade de humanos, a situação é análoga, mas penso que há grupos que, mesmo com dificuldades de sobrevivência, de alguma maneira valorizam o curioso, o original, as soluções engenhosas. De certa forma, a criatividade acaba sendo estimulada porque a aceitação social passa por ela. Se a pessoa não consegue o sucesso pelo dinheiro (que seria a comida, para os macacos), consegue ser admirada pela criatividade (que pode se traduzir em humor, arte ou algum outro talento).

De qualquer maneira, é só um achismo, pois não tenho nenhum estudo para fundamentar isso. Mas que fiquei com a pulga atrás da orelha, fiquei. E ela pulou de um orangotango...

Nota: tempo e ócio são fundamentais para a criatividade; sem tempo de relaxamento, não há como organizar as ideias, faz parte do processo. O que estou discutindo aqui é a motivação; se é a falta do que fazer — como defende o artigo do jornal Die Zeit — ou se é a aceitação social (uma ideia que me ocorreu).

MEDITAÇÃO E CRIATIVIDADE

Meditar é uma das coisas da minha gigantesca lista de coisas a aprender; fiz alguns ensaios na aula de ioga que frequentei durante alguns anos e depois mais algumas aulas específicas, mas ainda não cheguei a um estágio que se possa chamar de meditativo.

David Lynch[20], o famoso cineasta, também demorou muito tempo até dominar a técnica. Ele conta que desde criança sempre sonhou em ser pintor (frequentou a universidade de artes e não ligava tanto para filmes), até que um dia estava pintando um quadro e viu que as plantas se mexiam com o vento (e ele até ouvia o vento). Lynch jura que não estava sob efeito de nenhuma droga e ficou muito impressionado com a experiência. Desde então, toda vez que pintava algo, pensava em como poderia representar e sentir o movimento.

Lynch diz que a meditação o ajudou muito no autoconhecimento e na criatividade, pois, segundo ele, a prática possibilita uma viagem interior sem limites. Os peixes pequenos (que ele usa como metáfora para as ideias) estão sempre perto da superfície, mas os grandes vivem nas profundezas. A meditação ajuda nesse mergulho de consciência.

Ele explica que apenas praticar a meditação com contemplação pode ser interessante, mas a pessoa não sai da superfície. Para transcender e ter acesso ao oceano onde as ideias fluem livremente é preciso mais prática e entrega.

Para quem tem interesse, o livro fala sobre o processo criativo de todos os seus filmes e um pouco também de sua rotina, tudo narrado em capítulos bem curtos.

---

20 LYNCH, David. *Catching the big Fish: Meditation, Kreativität und Film.* Berlim: Alexander Verlag, 2016.

ATITUDE PRÓ-INOVAÇÃO

TEMPO PARA AS IDEIAS SE DESENVOLVEREM

Frans Johansson, em *O Efeito Medici*, conta sobre uma experiência realizada por Teresa Amabile, professora da Harvard Business School, com os funcionários mais criativos e brilhantes de sete grandes empresas. Os pesquisadores tiveram uma surpresa com os resultados: descobriram que não apenas as pessoas são menos criativas quando estão sob forte pressão do tempo, como **acreditam** que são **mais** criativas sob essas condições.

Amabile apresenta duas razões para isso: primeiro, é preciso adiar o julgamento de novas ideias (as prateleiras não estão construídas ainda em nossa cabeça e precisam se acomodar dentro do repertório).

A segunda razão é o tempo de incubação, que ocorre entre o momento em que a pessoa para de pensar intensamente no problema e o momento em que o subconsciente encontra a solução. Para isso, é preciso mudar de tema (sair, caminhar, conversar sobre outros assuntos) e deixar o subconsciente ligar os pontos dentro da nossa cabeça.

O melhor é registrar todas as ideias para analisá-las com calma depois (o aproveitamento pode levar até anos, mas é assim que as inovações nascem). Podem-se anotar as ideias em cadernos ou usar o gravador do celular. O importante é não as perder, fazendo-as cair no esquecimento.

O MITO DA MULTITAREFA

A gente vive ouvindo que as mulheres têm capacidade de fazer várias coisas ao mesmo tempo, que as novas gerações conseguem ler, conversar ao telefone e fazer contas simultaneamente, que os gênios assobiam e chupam cana sem piscar. Que propriedades teriam esses cérebros excepcionais?

Nenhuma. O cérebro não é multitarefa, não tem essa capacidade; isso é um mito.

O livro *Brain Rules*[21], *do pesquisador e professor de bioengenharia John Medina, explica por que. Na verdade, não é que o cérebro não consiga dar conta de mais de duas tarefas ao mesmo tempo; a gente faz isso o tempo todo — conversa enquanto dirige, consulta o celular enquanto caminha etc. A questão é que a gente só consegue prestar atenção em uma coisa de cada vez,*

---

21 MEDINA, John. *Brain Rules: 12 Principles for Surviving and Thriving at Work, Home, and School.* Seattle: Pear Press, 2008.

as outras vão para o modo automático, por isso é tão perigoso usar o celular enquanto dirige.

Segundo Medina, o processo de tentar fazer várias coisas ao mesmo tempo, além de arriscado, é prejudicial, pois exige muito mais capacidade de processamento para "chavear" os processos. Cada vez que você muda o foco para uma tarefa, o cérebro tem de executar quatro passos: primeiro ele tem de se distrair do que estava fazendo antes; em seguida, ele tem de se desengajar da tarefa (algo como se desconectar do que estava fazendo); aí ele precisa se engajar na próxima tarefa e então começar a focar e a se concentrar. Imagine fazer isso várias vezes num intervalo de tempo pequeno. A perda de concentração decorrente do processo aumenta significativamente o número de erros.

A boa notícia é que o cérebro tem uma parte especial para processar música e ela não entra na competição com as outras coisas que estejamos fazendo; assim, dependendo do tipo de tarefa e do tipo de música, ela pode, inclusive, ajudar a melhorar a concentração (para tarefas complexas ou resolução de problemas, o ideal é que a música não tenha letra).

PARA AUMENTAR O REPERTÓRIO

As ideias que a gente cria são apenas recombinações do que a gente já tem na cabeça, as prateleiras que a gente construiu ao logo da vida e das experiências. John Hegarty é muito assertivo quando afirma:

> **"Originalidade depende de suas fontes."**[22]

Isso é verdade, porque é impossível criar ideias a partir do zero; ideias sempre são a recombinação do que nós já sabemos, do que já existe, do que outros já pensaram e do que nós estudamos ou tivemos acesso depois.

Teresa Amabile é clara e didática nesse aspecto:

---

22 Tradução livre do texto: "Originality is dependent upon the of your sources". HEGARTY, John. *Hegarty on Creativity: There are No Rules*. London: Thames & Hudson, 2014. págs. 18–19.

ATITUDE PRÓ-INOVAÇÃO

> *"Ninguém fará nada de criativo em física nuclear a menos que saiba alguma coisa — ou provavelmente muita — sobre física nuclear"*[23]

Ela diz, ainda, que, por exemplo, não há como uma criança compor como Mozart sem ter recebido a formação musical que ele recebeu. Nem o próprio Mozart seria capaz, já que não teria as ferramentas necessárias para criar.

Edward De Bono, um dos maiores e mais conhecidos especialistas em criatividade, afirma com muita propriedade:

> *"O cérebro somente pode ver aquilo que está preparado para ver (padrões existentes). Assim, quando analisamos dados, somente podemos encontrar as ideias que já temos".*[24]

O fato, então, é que é preciso matéria-prima para criar o chamado repertório. Não é possível gerar muitas ideias sem muitos elementos para recombinar. É uma questão de análise combinatória: não há como criar 10 pratos diferentes se só tenho arroz e feijão como ingredientes. É matematicamente impossível.

Por isso, é tão importante ter um cérebro musculoso, que tenha prática em construir prateleiras novas rapidamente. Mas para isso ele precisa ter combustível, ser exposto a coisas novas. O ideal, então, é resistir à rotina e experimentar cheiros, texturas, visões e experiências inéditas.

O EFEITO MEDICI

Sabe quando você lê um livro e acha que alguém leu a sua mente? É claro que eu não teria capacidade nem conhecimento para escrever *O efeito Medici*[25],

---

23 AMABILE, Teresa APUD (Goleman, Daniel; Kaufman, Paul e Ray, Michael. *O espirito criativo.* São Paulo: Cultrix. 1998. pág. 25).

24 BONO, Edward de. *Criatividade levada a sério: como gerar ideias produtivas através do pensamento lateral.* São Paulo: Pioneira,1994. pág. 12

25 JOHANSSON, Frans. *O Efeito Medici: Como Realizar Descobertas Revolucionárias na Interseção de Ideias, Conceitos e Culturas.* Rio de Janeiro: Best Seller, 2008.

mas gostaria muitíssimo de tê-lo feito. Frans Johansson traduziu tudo o que eu penso e mais um montão de coisas, impossível não ficar encantada.

O livro trata basicamente do conceito de intersecção; um espaço na nossa mente onde há mais possibilidade de gerar ideias inovadoras e revolucionárias. Frans usou a família Medici (aquela dos banqueiros mecenas de Florença, não a do nosso general ex-presidente) como metáfora, porque eles conseguiram criar e nutrir esse espaço intersecional como ninguém antes. Os Medici reuniram e financiaram escritores, escultores, filósofos, investidores, pintores, poetas e arquitetos, dentre outros talentos. Esse caldo cultural rompeu barreiras entre disciplinas e culturas, dando origem a um mundo de ideias diferente de tudo o que se conhecia até então. A mudança foi tão radical e inovadora que a época ficou conhecida como **Renascimento**.

Johansson defende que esse ambiente propício a inovações pode ser recriado quando se combinam conhecimentos de áreas diferentes em um mesmo projeto. Como exemplo, ele cita um arquiteto nascido no Zimbábue que reuniu técnicas de arquitetura com estudos sobre ecossistemas e conseguiu construir um edifício baseado nos ninhos de cupins no deserto africano. Como resultado, o prédio, inaugurado em 1996, mantém uma temperatura estável entre 22°C e 25°C sem usar sistema de ar-condicionado e usa menos de 10% da energia consumida em prédios do seu tamanho. Ah, e isso na escaldante Harare, capital do Zimbábue. A solução só foi possível porque o arquiteto, competentíssimo, curtia estudar os processos da natureza nas horas vagas.

Ele também conta que o famoso George Soros, o megainvestidor, reuniu sua expertise em finanças com sua paixão pelo estudo da filosofia para criar uma estratégia filantrópica inovadora.

Frans relata como uma equipe formada por neurocientistas, matemáticos e cientistas da computação conseguiram fazer o cérebro de um macaco dar instruções para um jogo virtual, dentre outras coisas fantásticas.

O autor cita Richard Dawkins, que criou a teoria dos memes, que seriam módulos básicos de ideias que a gente recombina para inventar novas coisas. Os memes seriam o equivalente aos nossos genes; uns morrem de inanição, outros ficam fortes e frutificam. E, na nossa cabeça, os memes ficam em luta constante pela nossa atenção.

Então, para Johansson, a intersecção é um lugar na nossa mente onde memes de diferentes raças e culturas frequentam a mesma balada. A intersecção (bom nome para uma casa noturna) é o ambiente mais propício que existe para recombinar memes de maneira aleatória e inédita e dar origem a coisas extraordinárias que nunca foram pensadas antes.

ATITUDE PRÓ-INOVAÇÃO

A ideia é quebrar barreiras associativas entre áreas de conhecimento diversas. Se você é um especialista em genética vegetal (e especialistas são bem-vindos!), seria enriquecedor que você também gostasse de sapateado ou técnicas de maquiagem. Sabe-se lá que ideias originais podem sair dessa mistura. Assim, quanto mais curioso você for e mais investir tempo em conhecimentos que nada têm a ver com o seu trabalho, mais seu próprio trabalho poderá ser beneficiado.

Isso pode acontecer tanto em uma pessoa só, reunindo conhecimentos diversos, como em uma equipe formada por gente que pensa completamente diferente entre si. O ideal é aprender tantas coisas quanto possível sem ficar preso a uma maneira particular de pensar nessas coisas. Não basta, então, reunir conhecimentos, mas reuni-los sem preconceitos sobre como eles devem se organizar e se associar (mande embora todos os leões de chácara e libere a bagunça para a festa rolar solta).

O objetivo é criar ambientes propícios à inovação, como no Renascimento. E o homem renascentista é curioso e interessado em áreas aparentemente desconexas.

A MENTE FLEXÍVEL

Essa questão de oferecer ao cérebro experiências diferentes para ampliar o repertório e reduzir o preconceito em nossas mentes é muito séria, aliás, tão séria quanto desconfortável.

Sabe aquelas exposições de arte contemporânea que a gente não entende e fica se perguntando como aquele negócio foi parar lá e o que o artista estava tomando quando bolou aquilo? Pois é, esse tipo de coisa é muito importante para ampliar nossa visão. Quando algo nos incomoda e a gente não entende, uma coisa é certa: aquilo não faz parte do nosso repertório. Não há nenhuma prateleira onde se possa pensar em colocar essa experiência. É um negócio completamente novo. E há que se fazer um esforço em acomodar mais essa informação. E, não, isso não significa de jeito nenhum que você tenha de achar aquilo bonito ou maravilhoso, pois, aliás, aí é que está a graça da coisa: você inserir algo no seu repertório mesmo que não concorde.

Vou dar um exemplo: você, se for uma pessoa normal, acha errado matar outros seres humanos, concorda? Pois é. O que estou falando é de tentar entender o ponto de vista de um assassino serial. Tentar realmente pensar com

NOSSO CÉREBRO E A INOVAÇÃO

a cabeça dele, com o repertório dele, fazer um esforço para compreender o que é valor para ele.

Gente, mas por que alguém faria isso? Ora, sem esse exercício de abrir a cabeça e aceitar o diferente (mesmo sem concordar), seria impossível desvendar um assassinato, por exemplo. Os romances só teriam personagens bonzinhos, a não ser que o autor fosse um psicopata.

É claro que é muito mais confortável desqualificar quem não concorda com a gente e sair por aí classificando as pessoas de fascistas, petralhas, coxinhas e mortadelas e cortar o diálogo. O cérebro a-d-o-r-a! Inclusive pega um saco de pipoca e fica só assistindo. Mas, infelizmente, esse tipo de comportamento não ajuda em nada a ampliar nosso repertório, não faz nosso mundo ficar maior nem nossa mente mais flexível.

O pesquisador Roger Martin fez uma estudo mais detalhado a respeito da prática de acolher o pensamento diferente do nosso e do quanto ela é importante.

PRA QUE BRIGAR?

Você já reparou que as pessoas que pensam como nós são sensíveis, inteligentes e muito, mas muito simpáticas? E quem discorda da gente é feio, chato, xexelento e ignorante? Pois é, só que conviver só com essa gente bacana não nos faz evoluir muito nem amadurece nosso processo de aprender a tomar decisões. É saudável ser confrontado com o diferente, com o aparentemente absurdo, com o contraditório. É justamente o que abre a nossa cabeça e nos faz aprender (Epíteto já dizia que "é impossível aprender aquilo que se pensa que já é sabido").

Roger Martin, no excelente e imperdível *Integração de ideias: Como usar as diferenças para potencializar resultados*[26] apresenta uma maneira de tirar proveito de ideias conflitantes para solucionar problemas.

Ele começa o livro com uma frase de F. Scott Fitzgerald que diz tudo: "o teste de uma grande inteligência é a faculdade de sustentar duas ideias opostas na mente e ainda manter a capacidade de funcionar". Tente isso em casa, mas já vou avisando que dói, e muito.

---

26 MARTIN, Roger. *Integração de ideias: Como usar diferenças para potencializar resultados.* Rio de Janeiro: Elsevier. 2008.

ATITUDE PRÓ-INOVAÇÃO

Roger pesquisou muitos líderes e chegou à conclusão de que os mais brilhantes tinham a predisposição de manter duas ideias diametralmente opostas na mente e, sem entrar em pânico ao ter que decidir entre uma alternativa e outra, eram capazes de produzir uma solução original que sintetizava o melhor das duas. Estudando bastante, ele conseguiu sistematizar o método que essas pessoas excepcionais usam intuitivamente.

Martin chamou o método de "pensamento integrador" e parte do princípio que as tomadas de decisão não precisam ser do tipo *trade-off* (ou isto ou aquilo). A gente sempre pode escolher isso E aquilo se souber combiná-los de uma maneira criativa e original.

Vale ressaltar que o autor argumenta que o pensamento integrador não se ensina, mas é possível desenvolver habilidades em mentes oponíveis (aquelas que não excluem alternativas) e ir aprimorando a prática de tomada de decisões até chegar à excelência.

Bem, desmontando a maneira como esses líderes destacados bolam sacadas geniais, Roger descobriu a seguinte sequência de habilidades desenvolvidas:

1. Primeiro, é preciso destacar o que ele chama de **características salientes** para a tomada de decisão. Isso quer dizer selecionar o que é importante em cada uma das alternativas. É claro que isso varia de pessoa para pessoa e só a prática vai impedir que nos esqueçamos de pontos essenciais. A pergunta que se faz aqui é: "Que características considero importantes?"

2. Segundo, há que se considerar que essas características salientes têm relações umas com as outras e elas podem ser multidirecionais e não lineares. É preciso, então, identificar as relações de causa e efeito entre essas coisas, etapa que ele chama de **causalidade**. Aqui a pergunta é: "Como dar sentido ao que observo?"

3. O terceiro passo é montar uma **arquitetura** de informações para que a coisa toda tenha uma sequência lógica. É importante não perder a noção do todo, enquanto se analisam as partes. A ideia, aliás, é responder à pergunta: "Que tarefas executarei, e em que ordem?"

4. O quarto e último passo é a **resolução**, a busca de soluções criativas. A pergunta é: "Como saberei quando tiver terminado?"

Parece complicado, e é, mas muito esclarecedor e instigante. Penso só ser possível entender bem a linha de raciocínio com os exemplos detalhados que

NOSSO CÉREBRO E A INOVAÇÃO

Roger apresenta no livro, como decisões estratégicas da Procter & Gamble, Red Hat Software e Four Seasons Hotels.

Mas uma coisa fundamental mesmo nessa história toda é a pessoa conseguir separar percepção de realidade. Se ela conseguir se dar conta de que o que vê é apenas parte da questão (sua percepção, seu ponto de vista) e não a realidade em si, já é meio caminho andado. É impressionante como a gente cai fácil na armadilha de achar que o que a gente vê é o que realmente é (já falamos aqui sobre o funcionamento do cérebro e entendemos que a gente nunca tem acesso à realidade, mas apenas à nossa percepção, que é a interpretação que o nosso cérebro faz da realidade).

Diferenciar percepção de realidade é a base para acolher ideias diferentes (aliás, esse é o único jeito possível, já que podemos considerar infinitas percepções, mas não infinitas realidades).

Interessante é que li *Integração de ideias: Como usar as diferenças para potencializar resultados* ao mesmo tempo de *PO: Além do Sim e do Não*[27], de *Edward de Bono, dez anos mais antigo (1997), que apresenta outra maneira de eliminar decisões trade-offs* (achei num sebo). Bono é o criador do conceito de pensamento lateral e da técnica dos seis chapéus, dentre outras coisas bacanas. Bem, só posso dizer que misturei tudo e minha cabeça está com o funcionamento prejudicado por causa do excesso de ideias contraditórias...

Até onde consigo ver, eliminar decisões baseadas em sim/não parece uma tendência. E vocês? Acham que sim ou que não?

REBELDE SEM CAUSA

Às vezes, a gente se revolta contra um fabricante e não tem razão, olha só o perigo.

Fiz várias viagens de moto pelo Uruguai, Argentina e Chile pilotando[28]. Na primeira viagem longa com minha bota nova, vendida como totalmente impermeável (Daytona Touring Star GTX), tive uma enorme decepção. Depois de umas 5 horas de chuva forte na Patagônia (não tem nada para se abrigar, o jeito é ir tocando), paramos num posto de gasolina. Quando tirei a bota, saiu

27 BONO, Edward De. *PO: Além do Sim e do Não*. Rio de Janeiro: Ediouro. 1997.

28 Aprendi a pilotar aos 39 anos (não desanime!) e as viagens estão registradas no site duas motos. Ele está desatualizado, mas, para quem tiver interesse, está disponível em: <www.duasmotos.com>. Acesso em: 27 jan. 2020.

ATITUDE PRÓ-INOVAÇÃO

uma quantidade de água que daria para encher uma piscina inflável infantil, cheguei até a fazer um vídeo para publicar nas redes sociais[29].

Minha primeira reação foi xingar muito, afinal, estava com os pés gelados e fazendo ploft. Mas olhava, examinava e não achava o furo (ainda mais nos dois pés). Então, depois de outra chuva forte, comecei a reparar melhor e finalmente descobri o que aconteceu.

Minha calça, que já está na quinta viagem, perdeu as propriedades impermeáveis. Quando molha abaixo do joelho, a água escorre por dentro da calça e se infiltra pelas meias. Como a bota é, de fato, realmente, de verdade, conforme promete o fabricante, totalmente impermeável, não deixa a água sair de jeito nenhum.

A culpa, enfim, era da calça, não da bota, que estava fazendo seu trabalho direitinho. E eu passei quase 300km escrevendo mentalmente uma carta indignada para o fabricante — já pensou o mico?

Isso me fez pensar numa das coisas que aprendi: percepção e realidade são duas coisas absolutamente diferentes. É importante não confundir as duas, o que parece óbvio merece sempre mais uma análise.

Uma das dinâmicas mais comuns para exercitar o contraditório e com isso tornar a mente mais flexível é a da polêmica. Funciona assim: dois grupos (podem ser duplas) vão discutir sobre um tema polêmico. O facilitador fica no meio, com uma dupla para cada lado. Ele fornece o tema, mas, antes, combina-se o seguinte: no início, uma dupla será contra e outra a favor da ideia apresentada. No meio da discussão, o facilitador bate palmas; é o sinal para que a dupla que era a favor passe a emitir opiniões contrárias e a dupla que era contra, passe a defender a ideia. Os temas podem ser aborto, terrorismo, religião, enfim, assuntos polêmicos sobre os quais a maior parte das pessoas já possui opinião formada.

O objetivo não é que os participantes mudem de ideia (mas é claro que podem fazer, se quiserem), mas que se esforcem em pensar sob um outro ponto de vista, contrário ao que acreditam ser lógico e evidente. Algumas pessoas simplesmente se autobloqueiam e não conseguem (sinal de uma mente dura, pouco flexível).

Na vida profissional, esse exercício pode ser bastante útil. Por exemplo, toda vez que um grupo estiver discutindo acaloradamente sobre um projeto sem chegar a uma conclusão (ou ideia, ou decisão), pode-se pedir para as pessoas

---

29 Disponível em: <https://youtu.be/RMGx9yHndls>. Acesso em: 10 jan.2020.

continuarem a discussão mudando de posição (quem era contra se posiciona a favor e vice-versa). Essa prática tão simples pode ampliar enormemente a visão do problema e, quem sabe, permitir que os grupos enxerguem outras possibilidades de solução.

QUAL FOI A ÚLTIMA VEZ?

Uma das coisas que sempre pergunto em minhas palestras e cursos e faz as pessoas ficarem um pouco surpresas e incomodadas:

> *Qual foi a última vez que você fez uma coisa pela primeira vez?*

Mudando as palavras, o que estou realmente perguntando é: quando foi a última vez que seu cérebro construiu uma prateleira nova na sua cabeça? Quando foi a última aquisição que você fez para enriquecer seu repertório?

Muita gente não consegue responder à pergunta porque simplesmente não se lembra. E boa parte começa a se dar conta de uma coisa que sempre falo: não adianta fazer cursos caros e aprender técnicas sofisticadas para gerar ideias, se a pessoa não tem repertório, não tem os ingredientes para recombinar.

É claro que há práticas que contribuem para a construção de uma prateleira apenas (experimentar uma comida ou sabor diferente, por exemplo) e outras que provocam a construção de um guarda-roupa inteiro (o aprendizado de uma nova língua, que traz embutida, além das palavras e da gramática, uma nova forma de pensar e uma nova cultura).

Ao longo deste livro, sugeriremos algumas práticas para ampliar o repertório, mas é importante ficar atento ao que acontece de diferente ao nosso redor para não perder oportunidades. Aqui vou compartilhar uma experiência muito transformadora na minha vida.

ALLES SCHWARZ[30]

---

30 Tradução livre do alemão: "tudo escuro".

ATITUDE PRÓ-INOVAÇÃO

Na primeira vez que visitei Berlim, em 2010 (nem sonhava que no ano seguinte viria para cá de mudança), reservamos, meu marido e eu, uma mesa no restaurante Unsicht-Bar[31] (o nome é um trocadilho, pois *unsicht* significa não visto e *unsichtbar* significa *invisível*; assim, o nome pode significar tanto "bar invisível" como "oculto" ou "não visto").

Esse é um restaurante onde a gente come completamente no escuro. Mas não é penumbra ou aquele escuro de quando a gente fecha os olhos. É breu absoluto mesmo; você escancara a pupila e continua vendo tudo preto. Os garçons são cegos e funciona assim: primeiro é preciso fazer uma reserva; aí a gente chega e é recebido numa espécie de *lounge* à meia-luz, onde se escolhe o cardápio (são sempre quatro pratos: entrada, sopa, prato principal e sobremesa) e as bebidas.

O cardápio só dá uma ideia do que se vai comer (se é carne, peixe, ave, ovelha ou vegetariano), mas sem muitos detalhes. Depois a gente precisa tirar os relógios e guardar os celulares, nada que tiver brilho ou luz deve entrar na sala de refeições.

Quando chega a nossa vez de ser chamados, vem uma senhora cega e explica que eu devo colocar as mãos sobre os ombros dela; o Conrado põe as dele sobre os meus ombros e a gente vai assim, de trenzinho, até a mesa. Primeiro entramos por um corredor cheio de curvas que vai escurecendo aos poucos, até chegar ao breu total.

A gente chega na mesa e ela nos indica as cadeiras, onde nos sentamos com todo o cuidado e já começamos a perceber melhor os cheiros e os sons. É estranho, pois a gente não sabe o tamanho da sala nem a disposição dos móveis, mas ouve uma babel de pessoas conversando (muitas risadinhas nervosas), som de talheres e cheiro de comida. Também rola uma música instrumental bem baixinho.

Ângela nos explica onde estão os talheres e as taças (pedimos vinho, que já vem servido). A água fica numa garrafa fechada, com tampa de rosca. A gente deve se servir porque é preciso colocar o dedo dentro do copo para saber se está cheio. Tudo é feito devagar e com atenção para não esbarrar em nada. A sensação é indescritível, principalmente ao constatar que nos acostumamos muito rápido a não ver nada e passamos a tatear sobre a mesa com mais delicadeza.

Quando a Ângela serve nossos pratos, temos de tomar cuidado para deixar as mãos embaixo da mesa ou sobre o colo. Essas instruções nos foram dadas

---

31 www.unsicht-bar-berlin.de

NOSSO CÉREBRO E A INOVAÇÃO

no início, junto com outra: toda vez que precisarmos de algo ou tivermos acabado de comer, devemos chamar "Ângela" que ela vem (não tem aquela de a gente fazer mímica desesperadamente para o garçom e ele ficar olhando para o outro lado).

A toda hora, as garçonetes (conseguimos identificar duas vozes distintas) são chamadas pelo celular, que não tem nenhuma indicação luminosa. É o aviso para buscar clientes que chegam ou pratos que ficam prontos. A comida vem em cima de um carrinho (pelo menos o barulho é esse) para que elas não precisem equilibrar perigosamente bandejas cheias de coisas quebráveis e sujáveis. Quando a gente ouve o som das rodas do carrinho sabe que a Ângela vem chegando (dá para sentir o cheiro da comida quase que instantaneamente).

O aroma do vinho é inebriante, coisa de louco mesmo. O primeiro prato é uma salada, é a maior viagem imaginar o que se está comendo pelo cheiro e a consistência. Incrível como eu nunca tinha me dado conta de que folhas verdes têm cheiro (pelo menos eu acho que eram verdes). Na minha salada tinha algo parecido com um queijo cremoso e tomatinhos-cereja. Acho que comi umas azeitonas também.

Depois vem a sopa e é bem difícil tomá-la sem babar tudo. Estava deliciosa. O prato quente veio depois e levei um tempo para descobrir que era difícil de cortar a carne, porque estava tentando fazer isso usando as costas da faca. A sobremesa foi desafiadora, porque o prato era retangular e tinha divisões internas, além de um copinho com alguma coisa que parecia uma musse; às vezes é preciso enfiar os dedos dentro do prato para se localizar melhor e não tascar a colher na toalha. Por último, o café, o mais cheiroso de tudo.

Quando a gente quer ir embora (isso tudo leva umas duas horas, pois é preciso comer e desfrutar da experiência com bastante calma), é só chamar a Ângela, que ela vem encabeçar o trenzinho para sair (dessa vez, bem mais difícil de organizar, já que estamos no escuro e não queremos derrubar as cadeiras e os objetos com manobras desajeitadas). No final, já no *lounge*, temos à nossa disposição o menu detalhado só como curiosidade, para ver se acertamos o que estávamos comendo.

Como no verão aqui só escurece às 22h00, quando saímos ainda era dia. Por momentos, acho que a gente conseguiu sentir o que um cego sente, para o bem e para o mal. Dá um cansaço grande, porque a concentração para interpretar indícios de sons e cheiros é muito maior (adeus piloto automático).

Como um cego, nunca descobriremos a aparência daquilo que comemos, o tamanho da sala do restaurante, a disposição dos móveis, os rostos das pessoas com quem compartilhamos a refeição ou o que estavam vestindo. É uma sensação estranha e grave, curiosíssima. O mundo parece diferente depois dessa experiência.

Imperdível, inesquecível, insubstituível. Indispensável para reaprender a ver. E a comer também...

Os olhos são importantes, mas não nos esqueçamos dos outros sentidos.

Como já foi dito antes, o sentido visual tem muito peso sobre a nossa percepção; ele praticamente domina nosso cérebro, inclusive por causa da exigência de um processamento mais complexo para interpretar o que vem do olho. Mas os outros sentidos não podem ser desprezados, eles ajudam a construir o que conseguimos perceber do mundo; em última instância, aquilo que construímos dentro do nosso cérebro e que acreditamos ser a realidade.

Tem um livro muito interessante que trata sobre a maneira como processamos as informações que vêm do nariz (que também é povoado por, acreditem, neurônios!). Veja.

O CHEIRO DAS COISAS

O ser humano é prioritariamente visual, pois olhos acurados são muito importantes para a sobrevivência desde que o mundo é mundo. Os outros sentidos funcionam quase como coadjuvantes: importantes, sim, mas nem de longe "o cara".

Para mim, que exercito os olhos mais do que tudo, como todo mundo, o outro sentido que vem logo em seguida é o olfato, por isso senti-me irremediavelmente atraída por *O Cheiro das Coisas — O Sentido do Olfato: Paladar, Emoções e Comportamento*[32], de Betina Malnic. Apesar de a autora ser uma sumidade no assunto (essa professora da USP fez seu pós-doutorado em Harvard sob orientação da vencedora do prêmio Nobel de Medicina e Fisiologia de 2004, Linda Buck), sua linguagem é simples, interessante e perfeitamente acessível para nós, simples mortais com narizes comuns.

A primeira coisa bacana é descobrir que o comportamento dos animais é completamente controlado pelo cheiro. Experimentos com camundongos (acredite ou não, eles têm o sistema olfativo muito semelhante ao nosso) mos-

---

32 MALNIC, Betina. *O Cheiro das Coisas — O Sentido do Olfato: Paladar, Emoções e Comportamento*. Rio de Janeiro: Vieira & Lent. 2008.

NOSSO CÉREBRO E A INOVAÇÃO

tram que eles só são capazes de distinguir as fêmeas pelo cheiro, mesmo contra todas as outras evidências. Medo, agressividade, violência? Tire o olfato do ratinho e veja-o tentando brincar com um gato mal intencionado — ele perde completamente a noção do perigo. As formigas chegam a tentar enterrar uma colega só porque ela foi borrifada com cheiro de formiga morta. O cheiro, para elas, é mais forte do que os protestos e esperneios da suposta moribunda.

Nos humanos, os pesquisadores descobriram que mulheres que moram juntas sincronizam o ciclo menstrual pelos odorantes naturais do suor das axilas. Esse mesmo cheiro faz com que um bebê reconheça a sua mãe e que você simpatize ou não com um pretendente.

Um aspecto que eu nunca tinha pensado é que, para uma coisa ser cheirada, ela tem que se doar, isso é, uma parte dela tem que evaporar na forma de pequenas partículas para chegar até os neurônios olfativos (isso mesmo, neurônios!) que ficam atrás do nariz. Ou seja: cheirar gasta a coisa cheirada. É por isso que os metais não têm cheiro de nada; eles não evaporam em forma de moléculas voláteis, portanto, a gente não tem como senti-los.

Os neurônios responsáveis pelo olfato são os únicos que têm contato direto com o ar. E a área da mucosa olfativa dos cães é 20 vezes maior que a nossa, mas eles têm menos capacidade de processamento desses sinais. Assim, esses bichos fofos são imbatíveis para detectar cheiros, mas só nós conseguimos associar lembranças, emoções e histórias inteiras a um mero galhinho de alecrim ou alfazema.

Os neurônios olfativos também são os responsáveis pelo paladar. Nossa pobre língua só detecta doce, salgado, azedo e amargo, além do umami (glutamato de sódio, aquele do tempero pronto). Então, para nós, doce de leite ou chocolate teriam o mesmo gosto se os seus cheiros não fossem tão diferentes e elaborados. Quando a gente mastiga, uma parte das moléculas voláteis da comida vão lá no fundo do nariz para seduzir nossos sensores olfativos. É por isso que, com gripe e nariz entupido, temos a impressão que toda comida tem o mesmo gosto. Não é impressão.

No livro tem muitas outras coisas interessantíssimas que deveríamos levar em consideração e estudar mais a fundo, afinal, a inovação parte do pressuposto de que devemos ampliar nosso repertório a partir de todos os sentidos. Uma ferramenta poderosa assim não deveria ser relegada a segundo plano sem nem ao menos a gente conhecê-la direito, né?

E vou ficando por aqui, porque sinto que o café já está pronto...

ATITUDE PRÓ-INOVAÇÃO

UMA QUESTÃO DE PRIORIDADES

Já vimos que é necessário conhecer nossos sentidos e alimentar nosso cérebro com elementos variados para aumentar o repertório e a probabilidade de fazer combinações originais para criar ideias inovadoras. Mas num mundo tão cheio de estímulos, como o nosso cérebro trata as diferentes fontes de informação? Como ele consegue armazenar tudo o que a gente coloca para dentro?

A resposta é: não consegue.

Mas não se desespere, é possível administrar isso com o auxílio das células gliais. Veja só que coisa mais incrível.

Sabe aquelas coisas que são óbvias, mas a gente nunca pensa a respeito? Mas aí lê um texto que faz absolutamente todo sentido? Foi o que aconteceu quando li um artigo que dizia que o nosso cérebro tem um botão de apagar dentro dele[33]. Veja se não é.

Os autores começam reafirmando as bases científicas do que a gente observa na prática: quanto mais a gente exercita uma tarefa ou uma área de conhecimento, mais as conexões neuronais sobre esse tema são reforçadas. É claro que a gente sempre precisa buscar elementos novos para ampliar nosso repertório, pois só assim é possível fazer novas conexões e pensar de maneira mais ampliada; mas reforçar o que já se sabe também é importante.

Polack e Fox usam uma metáfora que achei muito interessante: nosso cérebro é como um jardim. Você planta coisas novas, mas também tem de cuidar das árvores e plantas que já estão lá. E esse lugar florido dentro da nossa cabeça tem uma equipe de jardinagem e paisagismo que cuida para que tudo funcione da melhor maneira; as células gliais. Elas arrancam as ervas daninhas, podam o que for preciso e jogam fora as folhas velhas, ou seja, elas mantêm o jardim limpo e organizado para que a gente possa ter as melhores condições para criar novas conexões e manter as que são importantes.

Essa faxina acontece toda vez que a gente dorme e pode ser tão completa que, em alguns casos, podemos ficar com apenas 40% das conexões que tínhamos quando fomos dormir. O lixão todo é eliminado para a gente conseguir pensar de maneira clara e organizada (isso explica por que a gente não

---

33 POLACK, Judah e FOX, Olivia. "Your brain has a 'delete' button — here's how to use it". Publicado por Fast Company em 5 nov. 2016. Disponível em: <https://www.fastcompany.com/3059634/your-brain-has-a-delete-button-heres-how-to-use-it>. Acesso em: 10 jan. 2020.

NOSSO CÉREBRO E A INOVAÇÃO

consegue pensar direito quando não dorme o suficiente; é porque a cabeça está literalmente bagunçada, lotada de porcarias).

Ok, mas a grande questão é: como é que as células gliais sabem o que é para podar, o que é para deixar como está e o que é para jogar fora?

Bem, aí temos uma pista interessante; pesquisadores descobriram que algumas sinapses neuronais são marcadas por uma proteína chamada C1q. Quando as microcélulas gliais estão fazendo a inspeção rotineira e detectam essa proteína, elas já sabem o que fazer: podam, ou melhor, destroem essa conexão neuronal para liberar mais espaço para novas conexões, ou seja, para que a gente possa aprender mais coisas.

Mas como é que essa proteína vai parar lá?

Bem, ela é assim, digamos, o equivalente a um fungo, bolor ou teia de aranha, ou seja, aparece em lugares onde ninguém entra, ninguém usa, que estão abandonados por muito tempo.

Assim, se você teve aulas de francês há cinco anos e nunca mais praticou, pode ter certeza de que a maioria das conexões que você criou na época já foram podadas e recicladas para dar espaço a novos aprendizados. Para manter o jardim com as flores que você quer, tem de prestar atenção em quais você está regando todo dia.

Os autores deixam uma pergunta muito instigante para nos fazer refletir: se você gasta todo o seu tempo pensando em memes e quase nada pensando no seu trabalho ou num projeto importante, quais das conexões você acha que o cérebro vai mandar para reciclagem na próxima faxina?

Bem, a gente dá uma verificada para ver se não está colocando adubo em mato e deixando as flores morrerem.

DE ONDE VÊM AS GRANDES IDEIAS?

Essa é daquelas perguntas que valem um milhão, e Steven Johnson resolveu ser atrevido o suficiente para tentar respondê-la[34]. Olha, preciso dizer: se ele não acertou, chegou muito perto. O sujeito pesquisou bastante e descobriu coisas muito interessantes.

---

34 JOHNSON, Steven. *Where Good Ideas Come From: The Seven Patterns of Innovation.* London: Penguin Books, 2010.

Ele começa incinerando o mito do gênio solitário. Steven faz uma analogia com a teoria da evolução darwiniana e explica que a vida, assim como as ideias, depende principalmente do ambiente favorável e das conexões para existir. As ideias nunca são isoladas; tanto na escala do nosso cérebro, onde zilhões de neurônios não servem para nada se não estiverem conectados (e quanto mais conexões e recombinações, melhor), como nas dimensões de uma organização, uma cidade ou um país.

Johnson estudou mais ainda e identificou sete padrões ambientais/comportamentais para o desenvolvimento de novas e boas ideias. Veja se você tem aí tudo de que precisa.

1. ADJACENTE POSSÍVEL

As ideias vão evoluindo a partir de outras; o adjacente possível trata das combinações que você pode fazer em cada estágio. Usando a teoria darwiniana, Steven dá o exemplo do caldo primordial na formação do planeta: com aqueles elementos, era possível um determinado número de combinações. Cada combinação dá origem a outro tanto de variações, numa sequência que pode formar uma célula. Daí, mais combinações, variações e possíveis resultados.

O que ele quer dizer é que é preciso explorar as possibilidades adjacentes (alcançáveis nesse estágio evolutivo) para seguir adiante; não dá para pular direto de uma célula para um hipopótamo. Johnson fala que o adjacente possível é como as portas de uma sala. Cada uma que você escolher abrir vai dar em outra sala, com outras portas, e o desdobramento é infinito. Mas não dá para pular salas inteiras, deve-se percorrer todo o caminho. Ele dá exemplos de invenções que não deram certo porque foram desenvolvidas numa época em que os adjacentes possíveis, ou seja, as portas disponíveis para serem abertas, não eram suficientes ou adequadas (a porta necessária estava a duas ou três salas de distância).

Um exemplo: o YouTube não seria o sucesso que é se tivesse sido criado nos anos 80, pois a web não comportava vídeos com as facilidades de hoje e ainda não tinha banda larga. Então, antes de desenvolver uma ideia, é necessário dar uma olhada nas portas para ver o desdobramento imediato. Às vezes, é preciso esperar mais um pouco. Eu mesma vivi um exemplo prático que relato na introdução deste livro: um **projeto inovador** que não tinha os adjacentes necessários na época.

2. REDES LÍQUIDAS

Agora uma notícia até que óbvia, mas que me deixou um pouco chocada: praticamente não dá para inovar em cidades pequenas. Na verdade, não é que não dê, mas em metrópoles as possibilidades de conexões (e adjacentes possíveis) são muito maiores, o que torna o ambiente mais favorável. Cidades grandes são comprovadamente mais criativas do que vilarejos.

Steven comenta que já se buscou muitas definições para a palavra ideia, remetendo a raios, lâmpadas, flashs, epifanias e eurecas, mas passaram longe do que realmente as ideias são. Para Johnson, **boas ideias são conexões**. Em princípio, conexões neuronais na cabeça de alguém. Mas essas conexões são resultado de outras conexões externas (experiências, informações etc.).

Para se ter boas ideias, são necessárias duas precondições: **uma grande rede** (não é possível ter ideias geniais com apenas três neurônios, por exemplo) e que **essa rede tenha capacidade de se adaptar e adotar novas configurações.** Mas há que se prestar atenção: não é que as redes sejam inteligentes, os indivíduos é que se tornam mais inteligentes quando se conectam a ela. Esse é o motivo pelo qual cidades maiores conseguem ser mais propícias a boas ideias; elas reúnem mais pessoas diferentes, culturas, modos de organização.

O caldo, enfim, é mais rico. Quando o indivíduo se conecta a essa rede, tem mais elementos para recombinar; seu adjacente possível aumenta com o tamanho da rede em que está inserido. A mesma coisa vale para empresas: se elas estão conectadas com outras ou seus próprios funcionários estão ligados, a possibilidade de ter boas ideias aumenta.

3. A INTUIÇÃO LENTA

Como Malcolm Gladwell[35] já demonstrou com muita propriedade, a intuição é quando nosso cérebro trabalha em *background* com todas as conexões que conseguiu acumular sobre aquele assunto e outros, correlatos ou não, até a hora em que a linha de raciocínio se completa. Aí a pessoa fica achando que teve um palpite, uma epifania, sai gritando "eureca" feito doida.

Mas o trabalho é bem mais lento do que se imagina. As conexões levam anos para encontrarem um caminho de se ligarem umas às outras e também dependem dos adjacentes possíveis. Por isso é que Steven critica os *brainstor-*

---

35 GLADWELL, Malcolm. *Blink: The Power of Thinking Without Thinking.* London: Penguin Books. 2006.

ATITUDE PRÓ-INOVAÇÃO

mings da maneira como são feitos; a probabilidade de as conexões entre os participantes encontrarem um caminho entre os adjacentes possíveis em tão pouco tempo é bastante improvável. O autor recomenda que todas as ideias e informações sejam registradas e revistas frequentemente (hábito que Darwin tinha).

4. SERENDIPITIA

Essa palavra tem origem em um conto persa, onde três reis foram visitar uma princesa e descobriram no caminho várias coisas que não estavam procurando. Serendipitia é encontrar soluções por acaso (exemplo clássico: forno de micro-ondas, que foi inventado depois que um pesquisador descobriu que elas derretiam o chocolate em seu bolso). Para isso, é preciso provocar constantemente conexões inusitadas e pensar sobre como elas poderiam ser desdobradas; mas o histórico de conexões internas tem de estar preparado para a sintonia, senão nada acontece.

A web pode ajudar bastante quando a gente surfa e encontra assuntos interessantes que não estava procurando, por exemplo, mas a mente tem de estar preparada, senão é só perda de tempo mesmo. Outra coisa curiosa (mas também óbvia) é que não se fazem conexões inusitadas na ordem; isso funciona mais no caos.

5. ERROS

As pessoas que têm mais boas ideias também erram mais (é claro, elas fazem mais conexões). O engraçado é que, às vezes, a gente acha que existe um erro só porque não tem explicação para o fenômeno. Os cientistas que descobriram sinais do Big Bang levaram mais de um ano achando que as manchas que estavam enxergando eram problema do telescópio (e, às vezes, é mesmo, não há como saber).

6. EXAPTAÇÃO

Esse é um termo emprestado da biologia, que descreve organismos otimizados para funções específicas, mas que depois foram usadas para outros fins com sucesso. Na inovação, o exemplo clássico é a prensa de Gutenberg, que foi inspirada nas prensas de uva para fazer vinho, ou a World Wide Web, que nasceu dentro de um laboratório para servir de plataforma de pesquisa para hipertextos e hoje serve para tanta coisa que ninguém tinha pensado antes. Há, ainda, o GPS (sistema de posicionamento global), que foi concebido para fins militares e agora é onipresente em todo e qualquer veículo.

7. PLATAFORMAS

Nenhuma boa ideia começa do zero; há que se apoiar sempre nos ombros de gigantes, como já dizia o grande Isaac Newton. Se você usou plataformas abertas (sejam tecnológicas, matemáticas, literárias, artísticas ou o que for) para desenvolver sua ideia, seja generoso e também deixe sua plataforma disponível para os que vêm a seguir. Todo mundo ganha assim.

Johnson ainda fala mais sobre a tendência crescente do desenvolvimento de ideias em rede. Vale a pena saber mais.

Por último, ele consegue resumir o livro todo num parágrafo: "Saia para caminhar; cultive intuições; anote tudo, mas mantenha suas anotações um pouco bagunçadas; abrace a serendipitia; cometa erros criadores; tenha múltiplos **hobbies**; frequente cafeterias e outras redes líquidas; siga os desdobramentos; deixe os outros construírem sobre suas ideias; empreste, recicle, reinvente. Construa uma base de contatos emaranhados."

Mais um motivo para amar Berlim. E eu nem sabia.

EMPATIA: NUNCA VI, NEM COMI, SÓ OUÇO FALAR

Já vimos, algumas páginas atrás, onde se fala do funcionamento do cérebro, que um ser humano precisa interagir com outros para conseguir se desenvolver. Falamos também que inovação implica em entregar valor, sendo que valor é um conceito totalmente subjetivo e sempre tem de ser medido do ponto de vista de quem recebe (ou quem paga). Assim, não existe maneira de inovar ou de criar algo de valor, se não conseguimos empatizar com as pessoas que vão utilizar o produto, serviço ou processo que estamos propondo. Empatizar, aliás, é uma das principais fases do processo de *design thinking*.

A questão é que se você sair por aí perguntando que características as pessoas gostariam de melhorar, as respostas mais frequentes seriam: paciência, força de vontade, disciplina, inteligência etc. As variações seriam muitas, mas é quase certo que, além do bom senso (que todos acreditam ter o suficiente), o outro item que não apareceria na lista seria a empatia.

E olha que empatia está na moda, a julgar pela quantidade enorme de frases de efeito que circulam nas redes sociais. Existe até um projeto interessantíssimo chamado **Museu da Empatia** em Londres[36], que fez uma exposição temporária no Brasil em 2017.

A exposição em São Paulo chamava-se *Caminhando em seus sapatos* e convidava as pessoas a, literalmente, calçar os sapatos de outra pessoa e ouvir suas histórias de vida. Ao todo eram 25 histórias e seus pares de sapato correspondentes. A pessoa podia calçar os sapatos de um refugiado sírio, de alguém que se apaixonou aos 80 anos de idade, de uma pessoa que passou muito tempo presa, uma prostituta, uma pessoa com uma doença incurável. Na verdade, pelo menos para mim, é a experiência que se tem quando se mergulha num bom livro, só que ouvindo a história ser narrada pela própria pessoa.

Fez o maior sucesso, recebeu muitos visitantes, saiu em todas as redes sociais, todo mundo comemorou a iniciativa, tudo muito bacana. Mas aí a pessoa curte todas as matérias sobre o tema e logo depois publica cinco selfies feitas na academia, seguidas da foto de seu prato de almoço e da preciosa informação: "Partiu aeroporto!"

Com *fanpages* não é diferente: em textão, textinho, animação ou meme; empatia é a palavra de ordem. Logo em seguida, a empresa pede colaboração para conseguir mais likes para a página (estamos quase chegando nos trocentos mil!!!).

Analisemos o fenômeno.

Empatia, todos sabemos, é a capacidade de se colocar no lugar do outro, sentir o que ele sente, experimentar o que ele experimenta. Mas por que deveríamos desenvolver essa qualidade? Para entender o mundo com mais clareza, para amar melhor, para ampliar nossos horizontes, para sair do mundinho centralizado no nosso umbigo. Praticar empatia significa reconhecer que não sou o centro do Universo, significa focar nossa atenção no outro.

Pelo menos para as empresas, essa habilidade deveria ser usada para conseguir compreender o que é valor para a pessoa que está do outro lado, o que é importante para ela. Se a empresa consegue entender isso, vai se comunicar melhor com seus clientes e colaboradores, vai se conectar com eles.

---

36 Mais informações em: <www.empathymuseum.com>. Acesso em: 10 jan. 2020.

NOSSO CÉREBRO E A INOVAÇÃO

Quando alguém pergunta: olha que bacana, vamos publicar isso na fanpage? Vamos dar isso como brinde? Minha resposta (sempre): isso é valor para seu cliente?

Uma pergunta tão simples e básica, minha gente. É valor para mim, como cliente, se a empresa tem 10, 100 ou 1 milhão de likes? Não sei para vocês, mas para mim tanto faz. Diferença 0 na minha vida.

É valor para alguém ganhar uma sacola maravilhosa cuidadosamente estragada pela estampa gigantesca de uma marca? Na minha opinião, presente com empatia tem a marca da empresa bem pequena e do lado de dentro, para a pessoa se lembrar da gentileza com carinho toda vez que usá-lo, em vez de ficar com raiva e ter que doar o mimo por impossibilidade de uso sem parecer um outdoor.

É valor para mim, como colaborador da empresa, ter como prêmio de desempenho um final de semana em Miami, considerando que não tenho visto, minha mulher não pode ir junto por causa do trabalho e estou com um filho doente em casa?

É valor para mim, como cliente, saber se a empresa bateu a meta de vendas deste mês? Se o funcionário tal fez aniversário? Se o presidente apareceu na coluna social? Se recebeu a visita de fulano, que é famoso?

Algumas dessas informações têm valor, sim, mas para segmentos específicos: seus colaboradores e acionistas, talvez. Em alguns casos, para fornecedores e parceiros também. O lugar de publicá-las, então, não é na página a qual os clientes têm acesso, mas no espaço dos colaboradores e parceiros, por exemplo.

É claro que depende de cada empresa e do perfil de quem vai ler a notícia ou receber o presente; não há uma regra que valha para todo mundo. Valor é uma coisa subjetiva e muito difícil de mensurar; há que se estudar cada questão cuidadosamente, da maneira mais empática possível.

Nos perfis pessoais e profissionais, se a pessoa valoriza a empatia, vale a mesma coisa: será que isso é valor para quem está lendo?

Pensemos: para quem é valor uma foto do meu guarda-roupa novo? Minha mãe, minha colega de quarto, minha prima que está pensando em comprar um também? Então, olha, são 3 pessoas. Para que compartilhar essa informação com mais 3 mil que não se interessam pelo assunto?

Para quem é valor saber quantos km você correu hoje? Seu grupo de amigos que pratica corrida? Beleza, por que, então, não mandar essa informação so-

ATITUDE PRÓ-INOVAÇÃO

mente para eles, em vez de informar toda a sua *timeline*, que inclui colegas do curso de direito tributário, parentes distantes, sua contadora, seu grupo de literatura comparada e seu dentista?

Ressalto: não quero fazer o papel de polícia da internet, apenas convidar à reflexão, já que o tema é empatia.

Obviamente, cada um faz o que quer com o espaço que possui, inclusive porque o conceito de valor, como se disse, é bem vago.

Não há certo ou errado, é pessoal mesmo, não dá para colocar regras. Mas dá para tentar se colocar no lugar do outro, imaginar qual o impacto daquilo que a gente está compartilhando vai ter lá na outra ponta. Não vamos acertar sempre, mas, com certeza, seremos menos inconvenientes. Vamos tornar a vida de quem está do outro lado um pouco melhor (ou menos ruim, que seja).

E não é essa a ideia da empatia? E não é essa, também, a ideia da inovação?

Então, se você concorda mesmo que falta empatia no mundo, fica a sugestão para começar agora mesmo. É só responder à pergunta básica e simples antes de publicar ou oferecer algo: "isso é valor para quem está do outro lado?"

TODO SANTO DIA

Quando encontrei num mercado de pulgas *Letztendlich sind wir dem Universum egal*[37] (tradução livre: *No final das contas, não estamos nem aí para o Universo*), de David Levithan, fiquei imediatamente atraída pela capa. Era um monte de rostos diferentes, parecida com o conceito do meu livro *Atitude Profissional*[38]. Fiquei olhando para a encadernação de capa dura em dúvida, mas o que me levou a trazer as 400 páginas para casa foi o resumo. Era a história de uma pessoa que, desde o nascimento, acordava cada dia em um corpo diferente.

Isso mesmo: A, como o protagonista se autodenomina, acorda todo dia num corpo emprestado. Ele (vamos chamá-lo assim em referência ao personagem, mas, na verdade, A não tem gênero, uma vez que não tem um corpo para chamar de seu) consegue acessar as memórias da pessoa hospedeira para as atividades básicas, mas como só tem 24 horas, não pode se aprofundar muito.

---

37 LEVITHAN, David. *Letztendlich sind wir dem Universum egal*. Frankfurt am Main: Fischer Verlag, 2012.

38 FASCIONI, Ligia. *Atitude Profissional: Dicas para Quem Está Começando*.

NOSSO CÉREBRO E A INOVAÇÃO

No começo, achou que isso era normal e que todas as pessoas eram assim. Só lá pelos sete anos de idade é que se deu conta de que os outros permaneciam a vida toda no mesmo corpo. A história se passa em plena adolescência (sim, é um romance adolescente, gênero que está longe de ser meu preferido mesmo quando eu tinha essa idade, mas vá lá), quando ele tem 16 anos. Um dia acorda no corpo de um rapaz atleta; no outro, de uma menina com depressão; no outro, tem de se esforçar para não usar drogas, pois está no corpo de um viciado. As possibilidades de explorar o personagem são infinitas. Acho mesmo que o autor poderia ter explorado mais ainda, mas a obra já ficou de bom tamanho.

A questão é que o livro é exatamente sobre empatia, sobre literalmente se colocar no lugar do outro e entender. O capítulo sobre a menina com depressão é especialmente interessante. A é uma pessoa muito bacana; ele tem consciência de que está num corpo emprestado, então se esforça ao máximo para não causar impactos negativos durante sua estada. Assim, ele tenta manter a rotina na medida do possível, na maioria dos casos, indo à escola, que é o que as pessoas nessa idade fazem.

Mas tudo muda quando ele passa um dia no corpo de um rapaz e se apaixona pela namorada dele. Aparentemente, A circula num universo geográfico limitado dentro nos Estados Unidos. Ele consegue explicar para a menina a situação e tenta vê-la sempre que possível; só que, claro, cada vez ele está num corpo diferente. Num dia ele é uma garota deslumbrante, que vive em função da aparência. No outro, é um rapaz obeso. No outro, ainda, é uma imigrante ilegal, cuja vida se resume a limpar quartos e banheiros. No outro, é um rapaz gay que tem um namorado.

Ele acaba mudando a rotina de alguns de seus hospedeiros de maneira que nunca imaginou, só para conseguir se encontrar com seu amor. Nessa obra, as definições de amor impossível foram totalmente atualizadas!

Li avidamente para saber o desfecho que o autor daria para o caso. Não foi tão inesperado, mas achei bem poético.

Recomendo a leitura para todo mundo, principalmente adolescentes.

Um exercício de empatia bem interessante é fazer um curso de teatro. Atuar nada mais é do que emprestar seu corpo para outra pessoa com ideias, personalidade, história e opiniões que podem ser totalmente diferentes das suas. Ainda que o personagem seja fictício, é possível se colocar na pele do outro de uma maneira muito intensa, certamente propícia para aumentar as conexões neuronais.

E, nunca é demais repetir: a arte é o que nos distingue como humanos. Penso que é o que vai nos salvar nesse mundo da Revolução 4.0.

LIVROS X VÍDEOS

Nunca foi tão fácil assistir a filmes. Além da abundância de oferta para assistir a histórias e séries com recursos bem sofisticados, a assinatura de provedores por streaming (tipo Netflix, HBO, Amazon Prime, Fox, Telecine Play e muitas outras, além das TVs por assinatura) têm possibilitado acesso a um número praticamente infinito de produções.

As redes sociais também estão apostando pesado nas imagens animadas no lugar de textos: Facebook e Instagram, por exemplo, não se cansam de lançar recursos que privilegiam vídeos.

Os blogs, onde as pessoas escrevem textos e publicam algumas fotos, hoje enfrentam forte concorrência com canais no YouTube; inclusive, quem diria que youtuber seria uma profissão (e, em alguns casos, muito bem paga)?

O imediatismo e a necessidade de uma conexão mais próxima (muita gente vê um youtuber como se fosse um amigo com quem se pode conversar) unidos ao deslumbre que são os efeitos especiais no cinema e nas séries são sérios fatores de sedução para que as pessoas tendam a abandonar os livros em detrimento dos vídeos.

Para uma mente mais criativa, o ideal é que haja um equilíbrio. Vídeos e filmes podem ser fantásticos, mas matam sem dó nossa capacidade de abstração. Enquanto que num livro você precisa imaginar que roupa a protagonista está usando e como é o ambiente no qual ela está vivendo, num filme tudo isso já vem pronto, de acordo com a visão do diretor.

Imaginar cenários, pessoas e situações é uma experiência muito rica e transformadora para o cérebro, não deveria ser ignorada. Está cada vez mais difícil conseguir tempo para ler, dada a oferta de outras fontes de entretenimento (em especial o tempo que se gasta em redes sociais), mas o cérebro agradece (não sem antes reclamar bastante das dores) se for feito um esforço para que as pessoas voltem a ler mais.

Essa frase, de Damon Knight[39], resume perfeitamente a questão:

---

39 KNIGHT, Damon. *Creating short fiction.* Nova York: St. Martin's Press. 3a. ed. 1997. pág. 50.

NOSSO CÉREBRO E A INOVAÇÃO

> *"Não existe algo como uma história. As palavras no papel são apenas instruções usadas por cada leitor para criar uma história. A história propriamente dita existe apenas na mente do leitor e mais em nenhum outro lugar. E isso é diferente para cada leitor, porque não há duas pessoas com a mesma experiência, histórico, educação, interesses etc."[40]*

Então, fica a dica: tente ler mais livros (principalmente de ficção) em vez de assistir filmes, que já vêm com tudo pronto. Bora fazer esse cérebro malhar!

Minha dica pessoal (talvez sirva para mais alguém): leio, em média, de quatro a seis livros por mês (varia muito, pois depende do idioma, do tema e do número de páginas) e não tenho televisão em casa. Como arrumo tempo? Assino à Netflix apenas dois meses por ano (janeiro e fevereiro, inverno por aqui, onde está tudo escuro e o clima é propício); assisto a tudo o que quero e volto depois para os livros. É bom porque fico relativamente atualizada e não perco horas demais zapeando, pois sei que o tempo da assinatura é limitado, de maneira que vou pegando as referências antes para otimizar as buscas. Para mim, tem funcionado, mas penso que cada um tem de achar seu próprio jeito de encontrar mais tempo para ler.

O PAPEL DA FICÇÃO CIENTÍFICA

Sempre gostei de ficção científica e, como muitos adolescentes, passei muitas madrugadas na companhia de Isaac Asimov e seus parceiros de arte.

Há algum tempo, lendo um excelente artigo[41] que falava sobre como a Nike e a Boeing estavam contratando escritores profissionais desse gênero para ajudar no desenvolvimento de novos produtos, o autor cita o livro *Science Fiction*

---

40 Ibid. Tradução livre do original: "...There is no such thing as a story. The words on paper are only instructions used by each reader to create a story. The story itself exists in the reader's mind and nowhere else. And it is different for each reader, because no two people have the same experience, background, training, interests, and so on."

41 MERCHANT, Brian. "Nike and Boeing Are Paying Sci-Fi Writers to Predict Their Futures". Disponível em: <https://onezero.medium.com/nike-and-boeing-are-paying-sci-fi-writers-to-predict-their-futures-fdc4b6165fa4>. Acesso em: 13 jan.2020.

ATITUDE PRÓ-INOVAÇÃO

Prototyping: Designing the Future with Science Fiction[42], de Brian Johnson, como uma referência de método para aplicar nas empresas com resultados práticos. É claro que não contei tempo e comprei logo o livro.

Brian é futurista da Intel; usando pesquisas em tecnologia, estudos etnográficos, análises de tendências e literatura de ficção científica, o trabalho dele é imaginar como será o futuro nas próximas décadas para que a empresa possa se preparar tanto para as oportunidades como também para as ameaças que esse futuro pode trazer.

Mas peraí: como é que a ficção científica pode ajudar, de fato, uma empresa a se preparar para o futuro e até desenvolver novos produtos?

Bem, uma das primeiras obras conhecidas do gênero foi Frankenstein, de Mary Shelley, em 1818, em que um médico usa seus conhecimentos científicos para construir um ser vivo a partir de partes de corpos de pessoas mortas. Depois veio o visionário Júlio Verne, no final do século XIX, com suas histórias fantásticas e H. G. Wells. Aí, com o deslumbramento tecnológico da revolução industrial, tivemos a época de ouro de Isaac Asimov, Arthur C. Clarke e Ray Bradbury, dentre outros.

Há muitas possibilidades no desenvolvimento desse gênero literário por conta da variedade de temas que podem ser abordados como cenários imaginados num futuro próximo ou distante, como viagens espaciais, viagens no tempo, deslocamentos mais rápidos que a luz, universos paralelos, mudanças climáticas, totalitarismo, vida extraterrestre, dentre outros. O que separa a ficção científica das obras de fantasia é que a criatividade apresentada nas histórias do primeiro tipo sempre tem algum fundamento científico, pelo menos por princípio. Daí vem sua grande utilidade para as empresas.

Muitas das coisas que usamos hoje foram vistas pela primeira vez em obras de ficção, como, por exemplo, os tablets usados em *Star Trek*. Bas Ording, um dos chefes de design de interação da Apple, admitiu que se inspirou no filme *Minority Report* para fazer o iPhone ser comandado por gestos (o filme, aliás, inspirou uma série de patentes, inclusive algumas relacionadas ao console Wii). Isso não acontece por acaso; os roteiristas de filmes de ficção científica consultam especialistas de universidades e centros de pesquisas para tornar a história plausível. Mesmo que ainda não exista a tecnologia, precisam saber se a ideia tem fundamento.

Criatividade com conhecimento científico é uma ferramenta muito poderosa!

---

42 JOHNSON, Brian David. *Science Fiction Prototyping: Designing the Future with Science Fiction*. Wiliston: Morgan & Claypool, 2011.

NOSSO CÉREBRO E A INOVAÇÃO

Quem já assistiu a alguns episódios da série *Black Mirror*, da Netflix, sabe que apesar de alguns produtos mostrados ainda não estarem disponíveis, é perfeitamente possível que um dia cheguem a estar. E, com criatividade e muito *storytelling*, pode-se prever os problemas e desdobramentos antes que esses produtos sejam colocados no mercado.

No livro, Brian mostra a técnica que desenvolveu fazendo workshops ao redor do mundo usando ficção científica como base para protótipos de situações que explorem as implicações, os efeitos e as ramificações da ciência e da tecnologia.

A ideia a ser explorada é que o futuro está totalmente em aberto e pode ser alterado pelas decisões tomadas no dia a dia; então, quanto mais exercícios de imaginação forem feitos, maior é a probabilidade de detectar os problemas e oportunidades com antecedência e mudar/evitar/adaptar/eliminar possíveis produtos. É claro que são apenas exercícios e a prototipagem na ficção científica não é exata, mas pode ajudar bastante.

Johnson fala sobre o *The Tomorrow Project*, uma coleção de contos criados por reconhecidos escritores de ficção científica para quem a Intel apresentou os dados mais atuais do trabalho que seus engenheiros andam fazendo nas áreas de robótica, telemática, fotônica, renderização física dinâmica e equipamentos inteligentes. Ele destaca que as histórias não são sobre tecnologia, mas sobre pessoas e seus comportamentos.

O autor mostra como construir seu próprio protótipo de ficção científica, que pode ter o formato de uma história curta, um filme ou uma história em quadrinhos.

Brian alerta que, antes de começar, a primeira coisa a se fazer é definir a **ideia principal** (o porquê de a história estar sendo contada e a teoria científica que está sendo trabalhada), que ele chama de *outline*, para depois colocá-la na forma de um *plot*, ou seja, a narrativa que mostra como os acontecimentos vão se desdobrar.

Pessoalmente, achei a explicação e os exemplos confusos e mal estruturados. Ele diz que a ideia principal não descreve os acontecimentos, mas faz exatamente isso ao explicar os cinco passos necessários para criar um *outline*, além de usar os mesmos cinco passos para criar o protótipo propriamente dito.

Mesmo assim, vou reproduzi-los aqui, porque, de certa maneira, eles ajudam mesmo a organizar as ideias.

PASSO 1: Escolha da ciência e construção do mundo

Essa é a parte mais demandante, pois implica ler artigos científicos e entender o estado da arte da tecnologia que se quer usar como gancho. Por isso o método tem sido bem-sucedido entre engenheiros-pesquisadores e cientistas. O autor recomenda que o futuro imaginado seja próximo (no máximo 50 anos) para efeitos mais práticos.

PASSO 2: O ponto de inflexão científica

Aqui se exploram os extremos da tecnologia que se quer explorar: que implicações teria se fosse adotada em massa? Qual a pior coisa que poderia dar errado e quais os impactos nos personagens da história? Qual a melhor coisa que poderia acontecer e as consequências para os personagens e locais da história? Se a tecnologia fosse aplicada numa casa comum, como ela seria utilizada no dia a dia?

PASSO 3: Ramificações da ciência nas pessoas

Aqui se questiona o efeito da tecnologia no dia a dia; vai tornar a vida das pessoas melhor ou pior? Como as pessoas se adaptam a essa tecnologia? Aqui é necessário criar uma situação em que os personagens tenham de agir por conta de algum impacto que o uso da tecnologia provocou. O uso de situações extremas ajuda a mapear e a explorar as possibilidades, além de ajudar a encontrar a média para se criar um cenário mais realista.

PASSO 4: O ponto de inflexão humano

Nesse ponto, vidas podem estar em perigo e se exploram realmente as situações extremas. Perguntas: o que os personagens deveriam fazer para sobreviver? Quais são as ramificações humanas para a ciência que a situação traz?

PASSO 5: O que podemos aprender?

Nesse passo se faz a análise de toda a situação e o que poderia ser modificado em cada um dos passos anteriores para mudá-la? Que pontos foram subestimados? Há medos infundados? O que poderia permanecer igual? Como a pesquisa poderia ser melhorada?

Conclusão: achei a ideia extraordinária e muito útil. Mas o método, pelo menos da maneira como está descrito no livro, é confuso e pouco claro na estrutura. O autor mistura entrevistas (sempre muito enriquecedoras), exemplos, experiências pessoais e até tem uma história completa com ilustrações como anexo, mas tudo de uma maneira que não faz muito sentido (pelo menos para mim). Que fique claro: minha crítica não é com relação ao método em si, mas à estrutura didática do livro.

NOSSO CÉREBRO E A INOVAÇÃO

Outra coisa que observei é que ele usa **ciência** e **tecnologia** como termos intercambiáveis (**ciência** é o conhecimento adquirido baseado no método científico e **tecnologia** é a aplicação desse conhecimento na construção de ferramentas e métodos, de maneira que entendo que os termos não sinônimos; mas posso estar usando definições muito restritas).

De qualquer maneira, Brian tem feito sucesso pelo mundo afora aplicando a técnica e parece que os resultados têm sido bem animadores e proveitosos. Penso que vale a pena prestar atenção ao que esse moço escreve.

CAPÍTULO 4

A MENTE INOVADORA

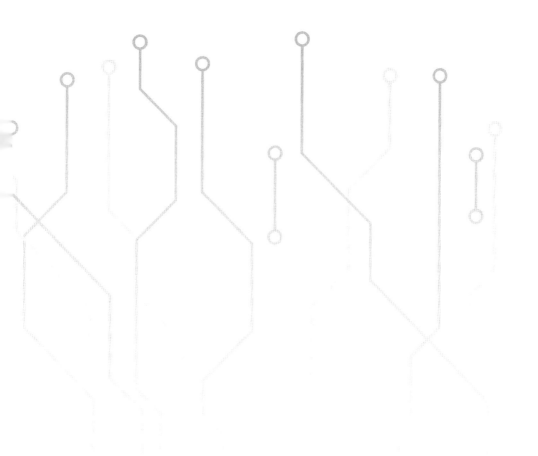

"Nós não podemos predizer o futuro, mas podemos inventá-lo"

Dennis Gabor[*]

* Tradução livre de: "The future cannot be predicted, but futures can be invented". GABOR, Dennis. Inventing the Future. Nova York: Knopf, 1964. pág. 207.

O que os inovadores fazem que as outras pessoas não costumam fazer? Quais são as práticas que eles utilizam? Quais seus hábitos? Como alimentam suas mentes? São pessoas especiais, dotadas de algum talento especial, ou são como você e eu?

Num dos cursos de inovação que tenho ministrado no Brasil, um dos participantes perguntou se eu acreditava que, de fato, qualquer pessoa podia ser mesmo inovadora ou se isso era só moda para vender cursos e palestras.

Pergunta ótima.

Acredito que qualquer pessoa pode ser criativa tanto quanto acredito que qualquer pessoa pode correr uma maratona. É claro que algumas têm mais predisposição que outras do ponto de vista genético, mas o que vai realmente fazer a diferença é quanto se investe em treinamento. A prática diária, o condicionamento, é o que define se alguém consegue correr uma maratona inteira ou se mal dá uma volta ao redor da quadra. Quem tem facilidade, mas corre muito raramente, vai ficar atrás de alguém com menos talento, mas que treina com afinco todo dia. Certeza.

A criatividade é uma prática como outra qualquer, que implica em combinar ideias de maneira original. É como cozinhar, escrever, desenhar, programar, dançar: quanto mais se exercita, mais se chega perto da excelência.

A questão é que a maior parte das pessoas costuma pensar no automático a maior parte do tempo e, de um dia para o outro, sem aviso prévio, quer correr 10km num *sprint*.

Simplesmente não rola. Não adianta fazer um curso bacana com facilitador internacional se o sujeito volta para casa e continua fazendo tudo exatamente igual a antes. Não faz diferença quantos post-its tenham sido preenchidos e colados na parede ou que técnicas revolucionárias exponenciais e disruptivas

ATITUDE PRÓ-INOVAÇÃO

do Vale do Silício tenham sido apresentadas, pode acreditar: sem praticar diariamente não tem jeito.

Ok, mas como praticar a criatividade todo dia?

Bem, o primeiro passo é lembrar de que a criatividade usa os ingredientes que já temos dentro do nosso repertório (tudo aquilo que aprendemos, vivenciamos, sentimos) como matéria-prima. Se nosso repertório tem poucos elementos, é matematicamente fácil de provar, por análise combinatória, que teremos sérias limitações para fazer alguma coisa realmente original (até porque, provavelmente, esses elementos também fazem parte do repertório da maioria das pessoas). Não dá para fazer 20 pratos criativos usando apenas arroz, feijão e bife, entende?

Ok, mas por que preciso de tantas combinações? Por que não posso gerar uma ideia só, com 2 elementos, e ser a grande e genial solução para meu problema?

Já vimos no capítulo anterior: porque para termos uma grande ideia, é preciso que tenhamos muitas, mas muitas ideias mesmo. Dezenas, de preferência. Centenas até, se possível.

É que se você precisa conceber uma ideia para um problema qualquer, as primeiras 10 ou 20 coisas que lhe vierem à mente vão ser as mais óbvias, que alguém já deve ter pensado. As próximas 50 vão ser menos evidentes, mas não tão sensacionais. A joia estará, provavelmente, nas 10 ou 20 últimas. E não dá para cortar caminho.

A maior parte das pessoas não tem ideias originais porque se apaixona perdidamente pela segunda ou terceira, no máximo. Quase ninguém tem paciência de chegar na nonagésima.

E é lá que está a diferença: a grande solução nasce depois que seu cérebro virou do avesso (mesmo que inconscientemente) ou depois que já combinou exaustivamente todo o seu repertório com os de outras pessoas (é preciso muitos ingredientes para gerar tanta ideia, por isso é bom contar com extensões).

Para ser criativo, então, a gente precisa:

1. Ter um repertório bem rico e conectado com os de outras pessoas;

2. Exercitar a combinação desses elementos, ou seja, exercitar a ideação;

3. Ter paciência e não se apaixonar pelas primeiras ideias.

A MENTE INOVADORA

Parece fácil, mas cada um desses itens é, sozinho, um gigantesco desafio.

É por isso que há tão poucos atletas da criatividade: a princípio, qualquer pessoa que tenha um par de pernas funcionando pode correr uma maratona. O potencial existe, mas só acontece de verdade para quem realmente se dedica e treina seriamente.

SERÁ QUE VOCÊ É UM ICONOCLASTA?

Perguntinha capciosa essa, hein? Vou dar uma pista, afinal, até alguns anos atrás, nem fazia ideia se isso era de comer ou de beber.

Vamos lá: **iconoclasta** significa, literalmente, destruidor de ícones. A origem da palavra data de 725 d.C., quando Leão II, imperador de Constantinopla, destruiu o ícone dourado de Cristo instalado nos portões de seu palácio. O iconoclasta não respeita símbolos, ídolos, imagens religiosas ou qualquer tipo de convenção social ou tradição. Um iconoclasta entende que nada nem ninguém é digno de culto ou reverência.

Quem desenterrou isso lá das antigas e trouxe para o nosso mundinho contemporâneo foi o neurocientista Gregory Berns[1].

Berns atualiza o conceito quando diz que iconoclasta é uma pessoa incomum que interpreta a realidade de maneira distinta e faz aquilo que o senso comum julga impossível de ser feito, ou seja, iconoclastas são inovadores, aquela raça que muda o mundo e vira pelo avesso tudo o que a gente conhece. Nem sempre esse povo é fácil de lidar, mas são eles que fazem a civilização andar.

Os iconoclastas são pessoas diferentes da média e veem o mundo de uma maneira diversa e original. Gregory Berns descobriu, inclusive, que o cérebro dessas pessoas é diferente em três aspectos principais: a percepção, a resposta ao medo e a inteligência social.

1. PERCEPÇÃO

Os iconoclastas percebem o mundo de um jeito que as outras pessoas não costumam sequer imaginar. A explicação para isso é que o cérebro tem um gasto fixo de energia e não pode dispender mais quando tem de executar uma

---

1 BERNS, Gregory. *Iconoclast: A Neuroscientist Reveals How to Think Differently.* Boston: Harvard Business School Publishing Corporation, 2008.

tarefa mais complicada. Para resolver isso, nossa massa cinzenta tem alguns truques que a fazem ficar mais eficiente; um deles é rotular tudo o que lhe aparece pela frente, num esquema chamado categorização preditiva (um jeito científico de denominar preconceito). A gente já viu isso no Capítulo 3, mas vamos rememorar, pois é importante.

A coisa funciona da seguinte maneira: para não ficar saturado de informações, o cérebro infere o que está vendo, ou seja, ele avista apenas uma parte da cena e logo murmura: "Ah, isso aqui eu já conheço, é um cavalo-marinho plantando bananeira". Assim, nossos miolos escolhem algumas partes que acham mais interessantes e ignoram o resto. Isso economiza energia e funciona muito bem no dia a dia, mas destrói, sem dó nem piedade, toda nossa imaginação e capacidade criativa.

Então, uma das maneiras de driblar o Sr. Preguiça de Pensar é confrontar o sistema perceptivo com algo que ele não sabe como interpretar, pois nunca viu nada parecido antes. Isso força o descarte das categorias usuais e a criação de novas.

Dr. Berns recomenda viagens como uma ótima oportunidade de apresentar coisas inusitadas para nosso cérebro e recomenda que conhecer novas pessoas, ideias, sabores, imagens, línguas, palavras e hábitos diferentes dos nossos ajuda muito a desestabilizar padrões estabelecidos de percepção (e desconstruir preconceitos confortáveis).

Gregory, aliás, alerta para o fato de que quanto mais a gente tenta pensar de forma diferente, mais rígidas se tornam as categorias estatísticas instaladas na nossa caixola. O único jeito de domar a coisa é justamente bombardeando a teimosia com experiências inéditas.

Os iconoclastas adoram abastecer seus cérebros famintos de novidades e não costumam encaixar o que veem nas categorias que já possuem; eles criam novas. Por isso, eles conseguem perceber o mundo sem cair na tentação de rotular as coisas do jeito que todo mundo faz. É assim que eles descobrem novas metáforas, funções, ideias e, em última instância, inovam.

2. RESPOSTA AO MEDO

O medo faz com que a gente se sinta mal, inseguro, assustado. Ele distorce nossa percepção, nos paralisa e nos impede de criar.

Todo ser humano responde praticamente da mesma maneira quando submetido a uma situação de estresse: a pressão sanguínea sobe e o coração dispara; a boca seca e a gente começa a suar; os dedos tremem, a voz oscila e tem quem sinta até tontura.

Os neurocientistas identificaram três tipos básicos de medo: o **do desconhecido**, o **de fracassar** e o **de parecer idiota**. Os iconoclastas também sentem medo, mas, diferentemente da plebe, conseguem evitar que sua percepção seja distorcida; como eles pensam de maneira diferente e experimentam outros pontos de vista, a coisa toda fica menos aterrorizante. Sempre é possível encontrar uma solução, uma esperança ou outra maneira de encarar o risco.

Olha só essa frase de Henry Ford, um dos maiores iconoclastas de todos os tempos:

"Quem teme o futuro, quem teme o fracasso, limita suas atividades. O fracasso é somente a oportunidade de começar de novo, com inteligência redobrada. Não há vergonha em um fracasso honesto; há em temer fracassar."

3. INTELIGÊNCIA SOCIAL

Muita gente boa, criativa e destemida já se deu mal por causa da incapacidade de vender suas ideias para os outros. Os iconoclastas bem-sucedidos não, pois eles têm esse talento muito bem desenvolvido. É basicamente esse último aspecto que diferencia a história de um **Van Gogh** (que morreu sozinho, na miséria) e um **Pablo Picasso** (seus bens foram avaliados em US$750 milhões quando morreu, em 1973).

Berns explica que, para vender uma ideia, o iconoclasta precisa desenvolver duas coisas: a familiaridade e a reputação positiva. A familiaridade é estabelecida pela produtividade e pela exposição; com uma boa rede de contatos, a pessoa se torna conhecida tanto pelo seu trabalho como pela capacidade de impactar grupos sociais com suas opiniões.

Iconoclastas bem-sucedidos, como Picasso, são como um nó de rede; tanto influenciam grupos como os conectam. Van Gogh, apesar de brilhante, tinha uma produtividade baixa e um número ainda menor de amigos ou conhecidos. Era um gênio isolado, receita certa para a arte incompreendida e iconoclastia desperdiçada.

A construção de uma boa reputação faz com que as pessoas se acostumem com as ideias do iconoclasta em questão, fazendo com que pareçam menos assustadoras e arriscadas. Para que o iconoclasta consiga, de fato, vender suas ideias e mudar o mundo, é preciso se fazer confiável.

ATITUDE PRÓ-INOVAÇÃO

Gregory Berns discorre sobre vários casos de iconoclastas desconhecidos do povão e outros que se tornaram celebridades, como Steve Jobs.

A grande ironia da coisa toda é que, de tão talentosos e especiais, essas pessoas conseguem o impensável: de iconoclastas, eles se transformam em ícones, verdadeiros objetos de culto para seus fãs.

Mas, falando em gente que não tem medo de pensar e pesquisar o diferente, lembrei-me do prêmio IgNobel. Você já ouviu falar?

IGNOBEL

Todo ano o mundo fica conhecendo os vencedores do prêmio Nobel, que, de acordo com o testamento de Alfred Nobel, determina a premiação das descobertas que mais beneficiaram a humanidade. O prêmio é disputadíssimo e o sonho de consumo declarado de boa parte de gente que dedica a vida à pesquisa científica, à literatura e à política.

Mas o que muita gente não sabe é que nessa época são laureados também os vencedores do IgNobel, um trocadilho bem-humorado do prêmio com a palavra ignóbil — ou infame. O IgNobel é organizado pela Universidade de Harvard desde 1991. Os trabalhos são analisados por uma comissão multidisciplinar que inclui atletas, autoridades políticas e científicas e vários vencedores do prêmio Nobel original.

O objetivo é celebrar o incomum, honrar a imaginação e despertar o interesse das pessoas pela ciência, medicina e tecnologia, tudo com muito bom humor. Nesses tempos de culto à inovação, nada mais bem-vindo.

A cerimônia acontece em Harvard para uma exclusiva audiência de 1.200 pessoas e a plateia tem o tradicional hábito de jogar aviõezinhos de papel no palco durante o evento. Assim, laureados com o Nobel (sim, aqueles sisudos cientistas vencedores dos prêmios de física, química e economia, dentre outros) varrem (sim, com vassouras mesmo) os aviõezinhos no palco. Eles se protegem com chapéus chineses para não serem atingidos pelos petardos e passam a cerimônia inteira varrendo. Às vezes, interrompem a labuta para entregar algum prêmio, pois todos os IgNobel são entregues por Nobels autênticos.

A ideia é contemplar pesquisas e patentes improváveis. Os premiados de cada ano têm os seus artigos publicados em um livro com uma linguagem mais acessível. Veja alguns exemplos de vencedores:

A MENTE INOVADORA

Em 2005, Greg Miller, de Missouri, ganhou o prêmio de medicina por ter inventado e patenteado uma prótese artificial de testículos para animais de estimação castrados. A prótese é vendida em vários tamanhos nas versões **original** (rígida), **natural** (macia) e **ultraplus** (supermacia).

Pesquisadores da Universidade de Newcastle, na Inglaterra, levaram o prêmio por submeter gafanhotos a trechos escolhidos do filme *Guerra nas Estrelas* e monitorar a sua atividade cerebral. O trabalho foi publicado no respeitado *Journal of Neurophysiology* em 1992.

Na área de economia, Gauri Nanda, do celebrado Massachusetts Institute of Technology defendeu o uso de sua invenção, o despertador que toca e se esconde repetidamente, como fator para o aumento da produtividade de trabalhadores.

A Universidade de Minnesota levou o prêmio de química com o inusitado trabalho investigativo concebido para responder à seguinte pergunta: as pessoas nadam mais rápido na água ou no xarope?

Em biologia, uma equipe de estudiosos de várias universidades espalhadas pelo mundo se uniu para pesquisar os odores das secreções expelidas por 131 espécies de sapos, quando submetidos a situações de stress.

O destaque para a área de dinâmica dos fluidos foi para o trabalho desenvolvido por pesquisadores alemães, finlandeses e húngaros, que estudaram a pressão produzida por um pinguim quando ele produz flatulências e defeca. Os gráficos e cálculos são impressionantes!

Dois trabalhos fantásticos, premiados na categoria medicina em anos anteriores: uma equipe da Universidade de Detroit se concentrou em analisar o efeito da música country em suicidas e a University College of London mostrou evidências científicas de que os motoristas de táxi londrinos possuem o cérebro mais desenvolvido que a média dos moradores de Londres. Essa prestigiosa universidade contribuiu também com o incrível estudo sobre a assimetria escrotal de homens em esculturas antigas.

Ainda em medicina, merece destaque o trabalho de Peter Barss da McGill University, que analisou os danos causados nas pessoas provocados por quedas de cocos. Ele publicou o artigo no famoso *The Journal of Trauma*. Em química, um dos prêmios foi para o estudo de uma universidade japonesa sobre o motivo pelo qual a estátua de bronze localizada na cidade de não atrai pombos.

Estudos de psicologia impressionaram a comissão julgadora, que premiou o trabalho realizado na Holanda sobre o primeiro caso cientificamente compro-

ATITUDE PRÓ-INOVAÇÃO

vado de necrofilia homossexual praticada por um pato selvagem. Tem também o estudo da Universidade de Estocolmo que explica as razões científicas pelas quais as galinhas preferem as pessoas bonitas.

Ainda sobre animais, estudiosos japoneses publicaram no *Journal of the Experimental Analysis of Behavior* um relevante artigo em que relatam um método para treinar pombos para diferenciarem uma pintura de Monet de outra de Picasso.

Em física, cabe destacar a experiência realizada por estudiosos ingleses e holandeses que descreveram a experiência de fazer um sapo levitar com o auxílio de magnetos. A universidade inglesa de Aston finalmente provou cientificamente por que o pão sempre cai com a manteiga para baixo. Um utilíssimo software que detecta automaticamente quando um gato caminha sobre o teclado do computador também foi premiado.

Matemática e estatística são duas grandes fontes inspiradoras para o IgNobel: um indiano publicou no *Veterinary Research Communications* o cálculo da área total de superfície ocupada por todos os elefantes indianos. Mas o artigo de estatística que mais provocou curiosidade foi o que descreveu as relações métricas entre o peso, o comprimento do pênis e o tamanho dos pés de um homem, realizado por pesquisadores das Universidades de Toronto e Alberta, no Canadá. Ficou curioso? Na conclusão do trabalho, eles provaram que não há uma relação entre as medidas, isso não passa de um mito!

Em 2009, o prêmio de medicina veterinária foi concedido à dupla de pesquisadores britânicos que concluiu que vacas que têm nomes produzem mais leite do que aquelas que não os têm. O prêmio de biologia foi dado aos pesquisadores da Escola de Veterinária de Toulouse, na França, por descobrirem que as pulgas que vivem em cachorros conseguem saltar mais alto que as pulgas que vivem em gatos.

Tem até IgNobel da Paz! Em 2013, o presidente da Bielorrússia foi agraciado por ter tornado ilegal o ato de aplaudir alguém em público. O prêmio foi compartilhado com o Departamento de Polícia, que prendeu um indivíduo de um braço só que estava cometendo essa ilegalidade (!).

Em 2014, o prêmio de neurociência foi concedido à dupla de cientistas que estudou o que se passa na cabeça de uma pessoa que vê a imagem de Jesus em uma torrada. O prêmio de biologia foi dado a pesquisadores da República, Tcheca, Zâmbia e Alemanha, que descobriram que os cachorros preferem fazer suas necessidades fisiológicas alinhados ao campo magnético da Terra.

Em 2015, o prêmio de literatura foi dado a um grupo internacional de pesquisadores que descobriram que a palavra "huh" existe em quase todas as línguas, mas eles não sabem exatamente por que.

Em 2016, Mark Avis, Sarah Forbes e Shelagh Ferguson levaram o prêmio de economia com um trabalho que estudava a personalidade das pedras sob a perspectiva de marketing e vendas. Pesquisadores alemães ganharam o Ig-Nobel de medicina ao descobrir que quando você está com uma coceira do lado direito, ela é aliviada se você olhar para o espelho e coçar o lado esquerdo do seu corpo.

Já em 2017, o prêmio de anatomia foi para James Heathcote, cujo trabalho é intitulado: "Por que homens velhos têm orelhas grandes?" Os vencedores de medicina usaram um scanner cerebral para descobrir por que algumas pessoas não gostam de queijo.

Em 2019[2], um grupo de cientistas japoneses venceu na categoria química com a pesquisa que estimava o volume total de saliva diário produzido por uma criança de cinco anos (*spoiler*: o valor é aproximadamente 500ml). Já uma equipe multinacional formada por pesquisadores sauditas, britânicos, americanos e de Singapura levou o IgNobel da Paz por fazer um estudo psicofísico e topográfico do prazer em coçar uma coceira.

Os organizadores do IgNobel lembram que os trabalhos premiados têm uma característica em comum: primeiro as pessoas não acreditam que alguém possa tê-los feito; depois elas riem; no fim, pensam.

De tudo isso, o que se tira é que o desenvolvimento humano precisa do inusitado, do improvável, do incomum, do ousado e do ridículo para acontecer. E, mais do que tudo, da capacidade de rir de si próprio, mesmo que você seja uma celebridade vencedora do prêmio Nobel.

O QUE OS ORIGINAIS TÊM DE DIFERENTE

O professor da prestigiada Universidade Wharton e consultor empresarial Adam Grant também fez uma pesquisa para descobrir o que os empreende-

---

2 Ouvi falar pela primeira vez desse prêmio em 2005, por isso o primeiro grupo de premiados é desse ano. Como todo ano a lista é extensa, acrescentei alguns de anos posteriores. Fique à vontade para conhecer os vencedores de todas as outras edições, é sempre interessantíssimo: <www.improbable.com>. Acesso em: 10 jan. 2020.

dores inovadores têm de diferente de outras pessoas (parece que tem bastante gente pesquisando o tema usando abordagens diferentes, o que é ótimo).

Ele publicou os resultados num ótimo livro[3], cujo conteúdo vou sintetizar aqui (mas recomendo fortemente a leitura completa).

O volume tem oito partes e fala principalmente sobre o perfil e as práticas das pessoas inovadoras, mas vou destacar as que, para mim, mais surpreenderam por derrubar mitos que pareciam óbvios.

SOBRE RISCOS

Por exemplo, no capítulo onde ele fala da destruição criativa, achei que ia ler o de sempre: que empreendedores são pessoas com um nível de ousadia acima da média, que nascem com uma espécie de imunidade biológica ao risco, que são radicais e não têm medo de nada; inclusive a palavra *entrepreneur* (empreendedor, em inglês), cunhada pelo economista Richard Cantillon, significa "aquele que carrega o risco, o portador do risco".

Ele conta que um estudo conduzido por dois pesquisadores, por mais de 12 anos, com cerca de 5 mil empreendedores de todas as faixas etárias mostra justamente o contrário. Os mais bem-sucedidos são bem avessos a riscos, acredita?

A primeira descoberta surpreendente é que a maioria esmagadora dos inovadores manteve por anos um emprego em tempo integral e empreendia nas horas vagas (noites e finais de semana). A explicação faz sentido. Sem a pressão de ter de pagar as contas mais urgentes de subsistência, é possível se concentrar em desenvolver um produto bem-acabado. Se a pessoa está endividada, quase falindo e precisa urgentemente vender, dá o produto como terminado antes de ele realmente estar pronto. Eu não sabia, mas o sócio do Steve Jobs na Apple, Steve Wozniak, continuou trabalhando como engenheiro em tempo integral na Hewlett-Packard mesmo após ter terminado o desenvolvimento do Apple I. Só depois que a empresa começou a dar realmente lucro é que ele se sentiu seguro para pedir demissão.

Larry Page e Sergey Brin consideraram vender o Google porque o projeto estava atrapalhando o doutorado de ambos (e eles podiam perder a bolsa). Por

---

3 GRANT, Adam. *Originals: How Non-Conformists Move the World*. Nova York: Penguin Books, 2017.

sorte, ninguém comprou, a dupla defendeu suas teses e pôde trabalhar *full time* no buscador.

Brian May estava no meio do doutorado em astrofísica quando começou a tocar guitarra no *Queen*. Só depois da defesa é que pôde se dedicar, inclusive, a compor *We will rock you*. O cartunista Scott Adams, criador do *Dilbert*, continuou trabalhando em tempo integral na Pacific Bell por sete anos depois da primeira tirinha ser publicada nos maiores jornais dos Estados Unidos. Stephen King trabalhou como professor, zelador e atendente de posto de gasolina até sete anos depois de escrever sua primeira história.

Os exemplos não param; a pesquisa mostrou que os empreendedores que mantêm seus empregos têm 33% menos chances de falir do que os que chutam o balde logo no começo.

O autor explica que é preciso haver equilíbrio em tudo; se a pessoa é original num aspecto da vida, precisa ser estável em outros para manter o balanço. Não é possível inovar sem estabilidade social e emocional. Ter a sensação de segurança é fundamental para a liberdade de ousar.

Os melhores empreendedores não maximizam os riscos; ao contrário; sempre tentam minimizá-los e mitigá-los. O próprio Henry Ford continuou no seu emprego como engenheiro chefe da Thomas Edison mesmo depois de desenvolver e patentear o carburador, que revolucionou a indústria automotiva e deu origem ao seu império.

Mesmo o Bill Gates, que abandonou a faculdade, administrou as faltas durante um ano inteiro para não perder a vaga até ter certeza de que seu negócio daria certo. Esse tipo de comportamento de alto risco por um lado e convencional no outro é normal no mercado de ações; os portfólios sempre têm um mix de ações de risco e outras mais estáveis.

Isso acontece porque os inovadores, mesmo os brilhantes, são pessoas mais comuns do que se imagina; morrem de medo, são inseguros e, em muitos casos, precisam de um grande empurrão da família e dos amigos para continuar. Não acredite nos discursos bonitos de empreendedorismo de palco; aquela segurança toda, na maioria das vezes, é só fachada.

O *DÉJÀ VU* E O *VU JÀDÉ*

Grant também cria um termo novo; em vez do *déjà vu* (aquela sensação de que a gente já viveu uma situação antes), ele inventa o *vu jàdé* (que é olhar para uma coisa familiar como se fosse a primeira vez, de um jeito totalmente novo). O *vu jàdé* permite que a pessoa seja inovadora mesmo dentro de uma empresa ou fazendo o mesmo trabalho.

QUANTIDADE É IMPORTANTE PARA A QUALIDADE

O livro também mostra estudos que confirmam o que já se sabia: quantidade é muito importante. Não é possível ser excelente sem produzir bastante. Para gerar algumas dezenas de obras-primas, Mozart compôs mais de 600 peças antes de morrer, aos 35 anos; Beethoven produziu 650 peças e Bach, mais de 1.000. O acervo de Picasso inclui 1.800 pinturas, 1.200 esculturas, 2.800 cerâmicas e 12 mil desenhos, sem mencionar tapeçarias e outros experimentos.

Einstein publicou 248 manuscritos, mas pouquíssimos tiveram realmente impacto. O psicólogo Dean Simonton descobriu que as obras-primas surgem nos períodos de mais produtividade. Thomas Edison, por exemplo, tem 1.093 patentes registradas, mas menos de uma dezena foi realmente revolucionária. Ele diz que muitas pessoas não são originais porque geram poucas ideias e se contentam em refinar obsessivamente as primeiras.

Estudos do psicólogo concluíram que são necessárias, no mínimo, 25 ideias para chegar a uma original (mas se chegar a 100, como sugere Rod Judkins no capítulo anterior, a probabilidade de acertar aumenta muito).

OUTRAS ÁREAS DE CONHECIMENTO

Outra constatação importante: para se ter ideias originais é necessário ampliar as áreas de conhecimento. Grant apresenta uma tabela que mostra, por exemplo, que vencedores de prêmios Nobel costumam ter hobbies relacionados a desenho, pintura e escultura com uma frequência 7 vezes maior que a média dos cientistas.

Escrever poesia, ensaios e histórias curtas são 12 vezes mais frequentes e trabalhos manuais relacionados à mecânica, eletrônica e marcenaria, 7,5 vezes. Agora o mais incrível: os vencedores de prêmios Nobel que dançam, gostam de mágica ou fazem teatro amador chegam a ser 22 vezes mais que seus colegas não vencedores. O estudo descobriu que entre empreendedores e inventores, o fenômeno se repete.

SOBRE COMUNICAR IDEIAS

Uma coisa muito interessante é sobre comunicar as ideias originais para as outras pessoas. Existem dois requisitos para que as pessoas realmente ouçam: poder e status. O poder envolve a autoridade sobre os outros; o status tem a ver com ser respeitado e admirado.

Se a pessoa tem uma ideia original, não basta ter poder de mandar nas outras pessoas, seja por meio de um cargo ou dinheiro.

Se ela não tiver status, não será respeitada entre os pares. Status não dá para comprar; tem de ser conquistado e está baseado nas contribuições que a pessoa faz ao grupo. Só assim é possível ganhar credibilidade para apresentar e ter as ideias aceitas.

Depois que a pessoa tem autoridade (poder e status), ela também conquista credibilidade para propor o que quiser. Mas sem isso, as ideias, sejam quais forem, encontram muita resistência. Por isso a melhor estratégia é dar um jeito de, pelo menos, conquistar o status antes de apresentar qualquer proposta original.

DEIXAR PARA DEPOIS

Mais uma destruição de mitos: a procrastinação não é tão ruim como parece (confesso que essa me deixou chocada!). É claro que ela não é a causa da criatividade, mas possibilita que as ideias ganhem tempo para amadurecer. A pessoa que tem de entregar um trabalho e fica jogando videogame, na verdade está incubando as ideias e pensando no projeto em *background*.

CADA IDADE COM SEU ESTILO

A última, para fechar: em caixas de sugestões de grandes empresas, as melhores ideias costumam vir de pessoas com mais de 55 anos! Isso porque elas também costumam gerar mais ideias do que a média. Em tecnologia, a média de idade dos fundadores de startups que conseguem investidores de risco é de 38 anos. Por outro lado, há gênios que desabrocham cedo, por volta dos 20 anos, e depois quase não conseguem produzir mais muita coisa útil.

O estudioso David Galenson mostra que o motivo é que há dois estilos diferentes de inovadores: os conceituais e os experimentais.

Os conceituais formulam uma grande ideia e a executam rapidamente, pois ela geralmente não requer anos de pesquisa e método. Os experimentais resolvem problemas através da tentativa e erro, aprendendo e desenvolvendo mais ideias durante o processo. Galenson diz que os inovadores conceituais são *sprinters*, e os experimentais são maratonistas. Entre os vencedores de prêmios Nobel, a média de idade dos conceituais é 43 anos; a média dos experimentais é de 61 anos.

Se um inovador é conceitual, ele quer resolver logo o problema, mas não se dedica a amadurecer a solução, pois quer logo mudar de assunto. Já os experimentais ficam anos burilando a solução.

Outra questão importante a respeito da criatividade é que, segundo Dave Stewart e Mark Simmons[4], a criatividade atinge seu ápice entre os 30 e 40 anos de idade, mas não é incomum ocorrer um segundo *boom* no final dos 60 anos. Depende muito de "exercitar os músculos" do cérebro, exercitando a criatividade no dia a dia.

A TAL DA CAIXA

Com certeza você já ouviu a famosa expressão "tem que pensar fora da caixa". Virou quase uma lei, né? Quem não pensa fora da caixa, não consegue ser criativo e nem inovador. Pois é, só que essa é a maior balela dos últimos tempos.

Com a ajuda do Drew Boyd e do Jacob Goldenberg, autores do ótimo *Inside the Box: A Proven System of Creativity for Breakthrough Results* (tradução livre: *Dentro da Caixa: Um Sistema Comprovado de Criatividade para Resultados Revolucionários*)[5], vou explicar por quê.

---

4 STEWART, Dave e SIMMONS, Mark. *The Business Playground: Where Creativity and Commerce Collide*. Harlow: Pearson Education, 2010.

5 BOYD, Drew e GOLDENBERG, Jacob. *Inside the Box: A Proven System of Creativity for Breakthrough Results*. Nova York: Simon & Schuster, 2013.

Primeiro vamos descobrir de onde surgiu essa história de caixa.

Segundo os autores, tudo começou com um estudo sobre criatividade liderado pelo Prof. J.P. Guilford, baseado no jogo dos nove pontos. Você já deve conhecer, mas lá vai: o desafio é unir os nove pontos usando apenas quatro linhas e sem tirar o lápis do papel. As pessoas tendem a achar que a solução tem de estar dentro do quadrado imaginário onde estão inseridos os pontos, e a solução (são várias, aliás) está justamente em "sair desse quadrado".

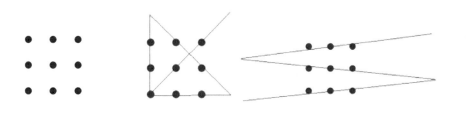

O estudo descobriu que 80% dos participantes não conseguiam achar uma saída, porque ficavam presos no limite imaginário. A equipe que fez o estudo não hesitou em criar essa espécie de "lei" que dizia que, para ser criativo, era preciso pensar "fora da caixa".

Foi aí que os gurus da criatividade começaram a usar a expressão (apesar de o início ter sido nos anos 1970, dá para dizer que a ideia "viralizou"). Todos iam repetindo o mantra até que pesquisadores resolveram tirar a história a limpo e fazer outro experimento usando o mesmo jogo dos nove pontos. Para o primeiro grupo, o teste foi apresentado exatamente da mesma maneira usada pelo Prof. Guilford. Para o segundo grupo, foi dito que a solução estava em pensar fora do quadrado imaginário, ou seja, deram a dica que quase matava a charada.

Conclusão? No primeiro grupo, como esperado, apenas 20% dos participantes resolveram o problema. A surpresa foi no segundo grupo: somente decepcionantes 25% conseguiram achar o caminho.

Ou seja, repetir o mantra "tenho que pensar fora da caixa" ou mesmo tentar "pensar fora da caixa" não faz diferença nenhuma. É que a caixa somos nós, não há como sair dela. A caixa é o nosso repertório, nosso conjunto de conhecimentos e experiências.

ATITUDE PRÓ-INOVAÇÃO

A solução não está em sair da caixa, mas em ampliá-la, em fazê-la mais rica, em equipá-la com mais ferramentas e, o melhor, em conectá-la a outras caixas, formando uma rede.

Os autores defendem que se é mais criativo quando se explora mais o mundo familiar. E vão além: eles desenvolveram um método e aplicaram em várias empresas pelo mundo.

Essa ideia de pensar dentro da caixa vem de um outro livro chamado *The Closed World* (*O Mundo Fechado*), publicado em 2000 por Roni Horowitz. Esse autor defende que se há uma solução para um problema, ela será mais criativa se usar elementos do "mundo fechado" do problema. O que está perfeitamente sintonizado com o conceito usado em *design thinking*, onde a solução e o problema estão dentro do mesmo espaço, basta identificar quem é quem.

E faz sentido. A pesquisadora de inteligência artificial, Dra. Margaret Boden, afirma que "as restrições, ao contrário de se opor à criatividade, fazem a criatividade possível". Tirar todas as restrições tira a capacidade criativa.

Mas voltando ao método desenvolvido pelos pesquisadores, eles criaram cinco técnicas bem interessantes dentro do que chamam de **Template para a Criatividade**:

1. **Subtração**: consiste em retirar um componente essencial do produto ou conceito e identificar quem veria valor no resultado. Como exemplos, eles citam o amaciante, que foi criado num exercício onde se tirava o elemento essencial do sabão, responsável pela limpeza da roupa. Ou a IKEA, onde a montagem dos móveis (item essencial na maioria das lojas) também foi retirada. Ou o Walkman da Sony, que não tinha a função de gravar. Ou os terminais eletrônicos dos bancos, que retiraram os caixas humanos do processo de atendimento. Eles não falam no livro, mas o que é a Uber senão uma empresa de transporte sem veículos? E o Airbnb, uma central de hospedagem sem imóveis?

2. **Divisão**: consiste em dividir o objeto ou processo em múltiplas partes e rearranjá-las de uma maneira diferente e nova. Como exemplos, eles citam as autoridades de trânsito na Ucrânia, que dividiram em partes as funções do carro estacionado e chegaram à conclusão de que se o motorista parasse em local proibido, bastava isolar uma das partes (no caso, a placa do carro), levando-a para uma central. A placa (e a função total) só seria restabelecida com o pagamento da multa. Ou o condicionador de ar tipo *split*, cujo compressor foi iso-

A MENTE INOVADORA

lado e instalado em local onde incomodasse menos. Ou o telefone celular pré-pago, em que a pessoa paga antes de usar (ao contrário dos métodos anteriores).

3. **Multiplicação:** consiste em multiplicar algum componente do processo ou função, mesmo que aparentemente de uma maneira desnecessária. É a técnica que leva a multiplicar o número de rodas de uma bicicleta temporariamente enquanto alguém está aprendendo; ou aquelas subtelas de vídeos que permitem a uma pessoa zapear outros canais e ver um programa ao mesmo tempo na TV, por exemplo.

4. **Unificação de tarefas:** consiste em reunir dois ou mais elementos diferentes de processos ou objetos fazendo com que a combinação tenha uma nova função. Como exemplo, maquiagem que agrega filtro solar, publicidade móvel em veículos ou telefones celulares com função de geolocalização.

5. **Dependência de atributos:** consiste em relacionar dois ou mais elementos de produtos ou processos inovadores que aparentemente não têm relação entre si. Por exemplo, limpadores de para-brisas que mudam de velocidade de acordo com a quantidade de chuva, aplicativos que provêm informações sobre restaurantes e lojas quando o usuário se aproxima de uma região; ou seja, uma função depende da informação da outra. O aplicativo depende da geolocalização; o limpador de para-brisas depende do sensor de chuva.

Cada técnica é detalhada com muitos exemplos reais. De minha parte, achei bem útil o exercício de desmontar um processo ou produto em elementos e depois fazer combinações diversas. Já deu para ver que a prática rende muita coisa interessante. Quem sabe não é seu caso?

De resto, só me resta convidar: vem pra caixa você também...

CRIAR SOZINHO OU EM GRUPO?

Certamente você já participou ou, pelo menos, já ouviu falar de uma técnica chamada *brainstorming*, conhecida também por tempestade de ideias.

O conceito nasceu em 1953 pelas mãos do publicitário Alex Osborn em sua agência de propaganda e rapidamente tornou-se febre; capturou corações e

ATITUDE PRÓ-INOVAÇÃO

mentes no mundo inteiro, sendo aplicado em fábricas, organizações, agências de propaganda, laboratórios de pesquisa e até escolas secundárias.

O método consiste em reunir um grupo de pessoas para gerar ideias espontaneamente. Algumas regras devem ser respeitadas, como a ausência de críticas; todos devem ter a chance de falar e quanto mais ideias, melhor.

Drew Boyd a Jacob Goldenberg citam, no ótimo *Inside the Box*[6], que estudos realizados pelo pesquisador Gary Schirr, em 2012, demonstraram que o método não traz vantagens em relação à geração individual de propostas; além disso, as ideias geradas com o auxílio desse método são menos numerosas e de baixa qualidade se comparadas com o trabalho individual ou em grupos reduzidos. O trabalho conclui que quatro é o número ideal de participantes usando essa técnica.

Dave Stewart e Mark Simmons[7] afirmam que quando um problema tem somente uma única resposta, um grupo vai encontrá-la mais rapidamente que um indivíduo trabalhando sozinho; mas quando muitas e diferentes ideias são requeridas, os grupos geralmente apresentam ideias clichês e tradicionais, se comparadas ao desempenho individual. Nesses casos, a sessão de *brainstorming* pode ser contraproducente, deixando os participantes frustrados e com a sensação de que perderam tempo.

Uma das razões para isso acontecer é porque grupos geralmente tendem a evitar conflitos e ideias realmente ousadas são, muitas vezes, perturbadoras. Além disso, tendem a criar tanto quanto seu membro menos produtivo. Pessoas, principalmente adultos, temem fazer alguma coisa constrangedora num grupo de colegas, especialmente se sua carreira profissional está envolvida.

Fran Johansson, em *O efeito Medici*[8], *cita um estudo da Universidade de Tübingen,* na Alemanha, em que grupos virtuais geraram quase o dobro de ideias do que grupos presenciais. E que grupos reunidos em *brainstorming* geralmente criam metade das ideias que seriam obtidas se seus membros as tivessem tido sozinhos. Ele apresenta conclusões desse estudo para que o *brainstorming* tenha resultados tão ruins e descobriram três principais efeitos da reunião em grupo presencial:

6 BOYD, Drew e GOLDENBERG, Jacob. *Inside the Box: A Proven System of Creativity for Breakthrough Results.* Nova York: Simon & Schuster, 2013.

7 STEWART, Dave e SIMMONS, Mark. *The Business Playground: Where Creativity and Commerce Collide.* Harlow: Pearson Education, 2010.

8 JOHANSSON, Frans. *O Efeito Medici: Como Realizar Descobertas Revolucionárias na Interseção de Ideias, Conceitos e Culturas.* Rio de Janeiro: Best Seller, 2008.

1. O fenômeno "aproveitador", no qual alguns participantes do grupo relaxam e passam a depender dos mais proativos para que novas ideias surjam.

2. A apreensão por avaliação, no qual as ideias muito ousadas não são aproveitadas por medo de julgamento (mesmo que uma das regras seja "não julgar").

3. Bloqueio, o mais significativo dos três efeitos causados pelo método. É que num grupo presencial, apenas uma pessoa pode falar por vez, senão os outros não escutam. Mas a memória de curto prazo não é capaz de desenvolver novas ideias e armazenar as antigas ao mesmo tempo. Se a pessoa precisa esperar outros falarem para depois apresentar sua ideia, provavelmente ela a terá esquecido quando chegar sua vez.

Uma das soluções possíveis, além de reduzir o número de participantes (quanto mais gente, mais é preciso esperar para apresentar a ideia e maior a probabilidade de esquecê-la), é apresentar o problema 15 a 20 minutos antes do trabalho em grupo começar, para que as pessoas tenham tempo de gerar ideias individualmente. Assim as pessoas conseguem refinar as ideias em grupo, o que é mais produtivo.

Outra solução é fazer tudo por escrito; as pessoas escrevem suas ideias em folhas de papel e as colocam no centro da mesa. Cada uma pega uma folha do centro escrita por outro e trabalha para aprimorar aquela ideia (que não é sua). O processo pode gerar novas ideias (e novas folhas), que vão sendo trabalhadas pelo grupo de maneira mais calma e produtiva.

Também é possível trabalhar com grupos menores, de até quatro participantes, com formações e experiências diferentes, para enriquecer mais a mistura, ou mesmo trabalhar em duplas. Se há sintonia na maneira de trabalhar e, principalmente, respeito, é possível que duas pessoas com perfis completamente divergentes consigam produzir ideias muito interessantes: pense em duplas como Lennon e McCartney; D. Quixote e Sancho Pança; Batman e Robin; Calvin e Haroldo; Tom e Jerry; Sherlock Holmes e Dr. Watson; Pink e Cérebro; goiabada e queijo.

Equipes bem construídas e bem sintonizadas desenvolvem um sentimento de pertencimento muito produtivo. Os talentos se complementam e as pessoas se autoestimulam. Mas elas não necessariamente precisam usar o *brainstorming* para gerar ideias.

ATITUDE PRÓ-INOVAÇÃO

Também não faz mal a pessoa gerar as ideias sozinha, é até um hábito bem saudável (vamos ver exercícios ao longo deste livro). Só o que não se pode perder de vista é que para realizar ou colocar em prática qualquer ideia, é fundamental a ajuda de outros. Tom Kelley e Jonathan Littman, no clássico *A arte da inovação*[9] *alertam para o mito do gênio solitário. Eles acreditam que eles atrapalham de verdade os esforços de criatividade e inovação dentro de uma empresa. E é verdade; a pessoa pode até ter ideias sozinha, mas precisa dos outros para melhorá-la, prototipá-la, desenvolvê-la e fazê-la virar realidade.*

A CHAVE DO FRACASSO

Faz um tempo recebi um e-mail de uma moça desesperada, pois tinham roubado um projeto que ela estava desenvolvendo sozinha havia anos. Pior, a ladra foi a própria chefe.

O mau-caratismo e incompetência da chefe, que apresentou o projeto aos superiores como se fosse seu, é fato, nem vamos discutir isso (boa oportunidade para pedir as contas e sair desse antro, menina). Mas, no geral, penso que a culpa é da moça mesmo.

Pois é, a Sônia (vamos chamá-la por esse nome) é que se colocou na posição ideal para que isso acontecesse. Não conheço a profissional, mas já dá para deduzir que ela foi egoísta, centralizadora, desatualizada e arrogante; não é que merecesse o castigo, mas espero que ela possa aprender com a experiência. Escrevo isso para alertar as outras muitas Sônias que ainda existem no mercado.

Bem, então vamos explicar os xingamentos que fiz, um a um, para você ver que não estou cometendo injustiças; apenas querendo ajudar.

- **Egoísta:** qual era sua intenção com esse projeto, Sônia? Contribuir para o crescimento da empresa, melhorar a vida das pessoas ou apenas ter uma arma à mão para sacar quando fosse preciso? Esconder coisas não se encaixa nem no primeiro nem no segundo objetivos. O que justifica tanto segredo?

A Marina Lima, uma das minhas (ainda) compositoras prediletas, usa muito bem o trocadilho com a palavra guardar na música *Deve ser assim:*

---

9 KELLEY, Tom e LITTMAN, Jonathan. *A Arte da Inovação*. São Paulo: Futura, 2001.

Guardar, guardar, guardar...
Guardar uma coisa não é escondê-la ou trancá-la,
Em cofre não se guarda nada,
Em cofre, perde-se a coisa à vista,
Guardar uma coisa é olhá-la, fitá-la, mirá-la por admirá-la.
Isto é: iluminá-la ou ser por ela iluminado.
Estar acordado por ela,
Estar por ela,
Ou ser por ela...

É isso, Sônia. Se o projeto era tão bacana, não devia ficar trancado, escondido, mofando na sua gaveta por tantos anos. Se desde o começo você tivesse compartilhado a ideia, escrito, sei lá, um artigo e submetido a um congresso, apresentado como proposta numa reunião ou mesmo postado num blog, ninguém duvidaria da autoria. Mas você foi egoísta, não quis ser iluminada pela boa ideia, não quis deixá-la brilhar. Preferiu colocá-la numa prisão, confinando-a no HD do seu computador. O único objetivo de ideias presas, sequestradas e encarceradas é buscar a liberdade. Elas sempre vão encontrar um jeito de se livrar do algoz, é só uma questão de tempo.

○ **Centralizadora:** a Sônia não quis que ninguém contribuísse para o seu projeto, que é o que fatalmente aconteceria se ela o colocasse na roda. Seu plano receberia críticas, sugestões de modificações, contribuições de outros pontos de vista, enfim, a Sônia perderia o controle absoluto. Mesmo que o resultado final fosse ficar mais maduro e refinado, ela não quis largar o osso (no caso, desenterrar o osso). Pois é.

○ **Desatualizada:** alguém precisa dizer para essa moça que já estamos bem entrados no século XXI. Não existem mais segredos que possam ser guardados por muito tempo. Autoria é um conceito em plena mutação e colaboração é a palavra de ordem no desenvolvimento de novas ideias. Se ela tivesse aberto espaço para a cocriação, ainda levaria os créditos por ter iniciado o projeto e pela sua liderança, além de poder contar com outras competências para fazer a coisa andar. Ninguém sabe tudo o que é necessário para fazer o que quer que seja; todo mundo precisa de conhecimentos que não possui. Espero que finalmente a Sônia se dê conta disso.

○ **Arrogante:** pessoas que desenvolvem um projeto de maneira isolada, sem mostrá-lo para ninguém, geralmente superdimensionam seu valor. Já tive oportunidade de ser contatada por vários profissionais que diziam ter tido uma ideia genial e não queriam mostrar para ninguém para não

ATITUDE PRÓ-INOVAÇÃO

serem roubados. Quando eu ia ver, não era nada de tão espetacular, apenas alguém admirando seu próprio umbigo e receoso de que outros pudessem criticar ou contribuir de alguma maneira para uma ideia bem mais ou menos.

Olha, não sei o que é que a Sônia estava esperando para trazer seu projeto à vida e fazê-lo existir de fato; mas os acontecimentos acabaram traindo seus planos, fossem lá quais fossem.

Se você tem alguma coisa escondidinha aí na sua gaveta, abra-a e pense um pouquinho: se o negócio é tão bacana, seja generoso e compartilhe com o mundo. Convide seus colegas para fazer parte, pesquise as competências necessárias para fazê-lo melhor. Você sairá ganhando bastante, eu garanto. Mas olhe com uma visão crítica, por favor. A coisa pode ter embolorado e agora talvez esteja inutilizada pelos anos de confinamento.

E faça um favor para você mesmo, capriche na faxina e livre-se do lixo acumulado.

Ah, e aproveite para jogar junto a chave da gaveta.

EXPERIÊNCIAS INSPIRADORAS

Selecionei algumas histórias de pessoas com diferentes formações e perfis que me inspiram de diferentes formas. Também algumas experiências pessoais que abriram meus horizontes. Espero que esses relatos façam o mesmo com os seus.

DUAS COISAS SOBRE INOVAÇÃO QUE NIKOLA TESLA NOS ENSINA

Em 2016 tive a sorte de poder visitar a exposição *Nikola Tesla, Man of the Future* em Ljubljana, em homenagem ao 160º aniversário de seu nascimento em Smiljan, Croácia.

Tesla foi um dos maiores gênios que a humanidade já produziu. Ele nasceu em uma família de intelectuais; o pai era pastor, cultíssimo, e sabia bem a importância de uma boa formação. O moço teve acesso às melhores escolas da

A MENTE INOVADORA

época e cedo já foi identificado como uma criança superinteligente, que não se conformava com um "isso não é possível". Para se ter uma ideia de quão prolífica era sua mente, Tesla morreu com cerca de 300 registros de patente em seu nome. Sim, você leu certo: 3 centenas de inventos originais.

É culpa dele a existência do motor e do gerador de corrente alternada, do rádio, da comunicação *wireless*, da lâmpada fluorescente e do controle remoto por rádio, dentre outras coisas revolucionárias. Todo estudante de engenharia elétrica conhece o nome porque Tesla virou unidade de medida de indução magnética (ele revolucionou esse campo também com suas teorias sobre campos magnéticos). Sem falar das importantes contribuições à robótica e à computação. O sujeito, definitivamente, não era fraco não.

E o mais bacana é que ele não restringia suas áreas de interesse à física, eletricidade e mecânica: gostava de poesia a tal ponto que, após horas de pesquisa exaustiva sobre motores de corrente alternada, resolveu caminhar com seu amigo em um parque de Budapeste enquanto recitava *Fausto*, de Goethe. *Fausto*, minha gente! De Goethe! Ele sabia os versos de cor. E mais: com isso descobriu a solução e desenhou-a na areia, com a ajuda de um galho de árvore.

Interessado também por filosofia e linguística, falava oito idiomas (sérvio, italiano, tcheco, francês, inglês, latim, húngaro e alemão!), gostava de música erudita e era um gourmet.

Pois bem, o moço recebeu toda a formação que precisava na Europa, mas não conseguia desenvolver suas ideias. Aí conseguiu uma carta de recomendação para trabalhar com ninguém menos que Thomas Edison e emigrou para os Estados Unidos.

Não sei se todo mundo sabe, mas naquela época os engenheiros eletricistas eram divididos em dois times, rivais de morte: os que acreditavam que a melhor solução era **corrente contínua** (o princípio da pilha, com os polos positivo e negativo bem definidos) e os da **corrente alternada** (os polos não eram fixos e se alternavam várias vezes por segundo). Era o time **CC** (corrente contínua) contra o **CA** (corrente alternada).

Bem, se a gente considerar que Edison também era um gênio do mesmo calibre, não deve ter sido fácil a convivência entre os dois. Principalmente porque Edison era do time CC e Tesla era do CA. Depois de alguns anos trabalhando juntos, não teve mais jeito, a não ser a separação definitiva.

A sorte apareceu quando ele conseguiu vender a patente do sistema de corrente alternada ao empreendedor e também inventor George Westinghouse,

ATITUDE PRÓ-INOVAÇÃO

que usou o princípio em uma demonstração espetacular na Feira Mundial de Chicago. Graças a isso, conseguiu o contrato para a instalação de uma usina nas Cataratas no Niágara e, mais tarde, para todo o sistema de transmissão e distribuição de energia elétrica dos Estados Unidos.

O que ficou para mim dessa história toda como resumo do que Tesla nos ensina?

1. **Não basta ter conhecimento, criatividade, capacidade técnica e ousadia.** É preciso um ambiente que favoreça a inovação. A Europa, naquela época, com todo seu conhecimento e erudição, não ajudou, e os Estados Unidos, com sua cultura empreendedora de riscos, ganhou uma das cabeças mais brilhantes da história. Aliás, uma não, a maioria dos gênios europeus encontrou lá campo fértil para o desenvolvimento de suas ideias, que inclui redes de relacionamentos, acesso ao dinheiro, ferramentas e materiais.

2. **Não basta ter conhecimento técnico.** A maioria esmagadora dos grandes visionários tem cultura geral ampla e rica, não apenas entendem de um assunto específico. Na cabeça deles, convivem em paz matemática, física, eletromagnetismo, poesia, gramática, música, culinária e arte, dentre outras coisas. Para ter ideias, é preciso repertório, isto é, colecionar o máximo possível de experiências nas mais diversas áreas do conhecimento. Os gênios sempre souberam disso.

Mais um reforço à ideia de que devemos buscar a especialização, mas sem deixar de fora a cultura geral.

FORMIGAS RENASCENTISTAS

"Especialização é coisa para formigas". Estava folheando uma revista em um café quando me deparei com essa bomba. A frase me fez pensar. Como assim? Lembrai, leitores, eu tenho um título de doutorado stricto sensu. Quer mais especialista que isso? Era uma entrevista com o cartunista Aroeira, que dissertava sobre seus múltiplos talentos (além de excelente chargista, o moço também toca saxofone em uma banda), dizia que as formigas têm capacidade para aprender e fazer somente uma coisa durante toda a vida, que é carregar comida para dentro do formigueiro. São excelentes no que fazem, porém muito limitadas.

Para ele, o ser humano não precisa ser assim. Tive de ler a entrevista toda para entender o raciocínio que, para mim, fez todo o sentido. Olha só: ele não quer dizer que uma pessoa não possa se especializar e todo mundo deva ser generalista (assim, nunca descobrirão a cura para o câncer, dentre outras coisas importantíssimas).

Especialização é essencial, bitolação é que é o problema! Você pode (e deve) ser especialista em alguma coisa, fazer algo melhor que todo mundo, estudar a fundo algum assunto para fazer o conhecimento andar para a frente. No complexo planeta em que a gente vive, esse é o único jeito de fazer diferença. O problema é que a história não acaba aí. É que você tem de ser especialista em pelo menos uma coisa, mas também ótimo em várias outras. Muito diferente de não ser bom em coisa nenhuma.

O Aroeira chamou isso de perfil renascentista (eu adorei a metáfora, não é perfeita?). Só para lembrar: no período da Renascença, as pessoas militavam em áreas diversas com a maior desenvoltura e sem preconceito. Rabelais, em 1532, coloca a seguinte frase na boca de seu personagem Pantagruel: "Todas as disciplinas são agora ressuscitadas, as línguas estabelecidas (...) Eu vejo que os ladrões de rua, os carrascos, os empregados do estábulo hoje em dia são mais eruditos do que os doutores e pregadores do meu tempo."

O ícone do Renascimento que resume o espírito da época é Leonardo da Vinci, que, como todos sabem, foi o máximo em tudo o que se meteu a fazer: arquitetou, "engenheirou", inventou, esculpiu, pintou, enfim, só faltou mesmo bordar (talvez não tenha faltado, nós é que não sabemos). É claro que o Leonardo é um fenômeno genial, mas a ideia é mostrar que a atuação em várias áreas era corriqueira na vida das pessoas naquela época — elas ainda não sofriam da febre da especialização exclusiva.

Adorei a ideia do Aroeira. Especialização sim, desde que o sujeito não vire formiga. Sejamos todos profissionais renascentistas.

QUANDO A INOVAÇÃO CHEGOU À COZINHA

Minha mãe não acredita, mas adoro comer (mãe sempre acha que a gente está magrinho demais). Gosto tanto que paro quando não sinto mais o sabor (lá pela décima garfada), o que me faz sempre preferir bistrôs com vários pratos enfeitadinhos e caprichados a churrascarias rodízio e buffets livres.

ATITUDE PRÓ-INOVAÇÃO

Os economistas sociais já descobriram que a primeira mordida é sempre mais deliciosa que a última, pois nosso corpo (incluindo a língua) se acostuma e se adapta com muita facilidade; o que era sensacional no começo fica chato num instante.

Pois o genial chef catalão Ferran Adrià sabe muito bem disso. O moço simplesmente reinventou a gastronomia como nós a conhecemos. A biografia do mais festejado, polêmico, inventivo e ousado chef de cozinha dos últimos trocentos anos é uma aula de inovação para qualquer um que se interesse tanto por gastronomia como por inovação.

O livro[10] de Colman Andrews (um respeitado crítico de cozinha americano) começa contando a história do lendário restaurante El Bulli, instalado num lugar ermo, de difícil acesso, nos confins da Catalunha, e que mesmo assim conseguiu a nota máxima de 3 estrelas da bíblia da gastronomia mundial, o guia Michelin. O restaurante, construído pelas mãos dos proprietários (os Schillings, um alemão e uma tcheca), nasceu como um bar de praia em 1962, e foi, aos poucos, se transformando num lugar respeitado graças aos investimentos e espírito inovador de seus idealizadores.

Para quem estuda inovação, é interessante notar a influência da liderança do Dr. Schilling no processo de amadurecimento do lugar. A Catalunha também aparece como um ambiente propício para a inovação culinária, dada a sua proximidade com a fronteira francesa e com toda a cultura gastronômica resultante daí, bem como a abundância e a variedade de ingredientes locais.

Os chefs que passaram pelo lugar eram todos estrelados, mas os negócios nunca foram um sucesso financeiro. Quando Ferran chegou lá, aos 22 anos, já tinha passado por muitas experiências em restaurantes consagrados e o paladar já estava apuradíssimo. Em 1994, com o restaurante quase falindo, Ferran e o gerente do El Bulli, Juli Soler, compraram o lugar. Eles já usavam o período de inverno, quando o estabelecimento fechava, para fazer experimentos e criar novos pratos; mas, a partir daí, a atividade ficou mais intensa.

Ferran tem uma visão muito particular sobre o trabalho de um chef:

---

10 ANDREWS, Colman. *Ferran: The Inside Story of El Bulli and the Man Who Reinvented Food.* Nova York: Gotham Books, 2010.

A MENTE INOVADORA

> *"Quando você cozinha, você cria uma conversação com quem vai comer. Com a cozinha de vanguarda, você cria uma nova linguagem de conversação. Para fazer isso, seu primeiro trabalho é criar um novo alfabeto. Então você faz as palavras, depois você cria as sentenças. Como cliente, você tem que ter boa vontade para tentar entender essa nova linguagem."[12]*

Ele sabe que nem todo mundo aprecia essas novidades, mas não se incomoda. "A cozinha de vanguarda é para uma minoria. Jazz também é para uma minoria e não há nada de errado com ele; é maravilhoso."

Pois foi exatamente isso que o chef mais famoso do mundo fez: reinventou o alfabeto da comida. Ele começou inserindo ingredientes catalães, como frutos do mar e alguns temperos, na clássica cozinha francesa, que ele dominava como poucos. Depois, começou a pensar em como poderia isolar o sabor de um ingrediente até que ele ficasse completamente puro, num estado em que pudesse ser recombinado com outros sabores também puros.

O moço, que na época ainda nem tinha 30 anos, usou técnicas menos usuais em cozinhas e mais frequentes em laboratórios, pois, além da caramelização, defumação e processos semelhantes, também começou a experimentar a liquefação, a emulsificação, o ultracongelamento com nitrogênio líquido, a esferificação e a produção de espumas e aerados.

A exigência com ingredientes da melhor qualidade fez com que os sabores isolados pudessem ser experimentados em outras dimensões. Usando as palavras do chef: "não apenas um dos sentidos deve ser estimulado; o tato pode ser provocado (contrastes de temperaturas e texturas), o olfato e a visão (cores, formas, ilusões de ótica) e o sexto sentido (reações emocionais, como memórias de sabores de infância)".

O El Bulli costumava receber apenas clientes com reservas; na ocasião, havia uma breve entrevista para conhecer as preferências e restrições alimentares de cada um dos comensais. No dia do jantar, uma sequência de aproximadamente trinta pratos era servida; um menu especial era preparado para cada uma das pessoas presentes. Cada prato, inspirado nas tapas andaluzas, era uma experiência gastronômica única; porções pequenas, mas altamente elaboradas para surpreender e encantar.

---

11 Ibid. pág. 24

ATITUDE PRÓ-INOVAÇÃO

Também não havia hierarquia entre entrada, prato principal e sobremesa; depois de uma única framboesa grelhada flambada com gin e zimbro, poderia vir um crepe de camarão cortado em folhas finíssimas e fritas com gergelim e pimenta fresca, seguido de um *sorbet* de saquê coberto com espuma de ostras e tônica.

Enfim, não havia como ficar indiferente. Para o restaurante, era um trabalho hercúleo, pois, com lugar para cerca de cinquenta pessoas, eles precisavam preparar centenas de diferentes pratos a cada noite.

Claro que um jantar desses não é para matar a fome; é uma experiência gastronômica para estimular os sentidos e ajudar a refletir sobre os sabores e prazeres. Darwin já dizia que a gastronomia é a maior descoberta do homem depois da linguagem. O El Bulli está mais para uma mostra de arte conceitual do que para uma cantina italiana, mas tenho certeza de que eu sairia de lá feliz e satisfeita (que também adoro; as coisas não precisam ser mutuamente exclusivas).

Adrià é um espírito inquieto; depois de tanto sucesso, fama, capas de revistas no mundo todo e ser referência para qualquer um que estude gastronomia (ou inovação), ele mantém até hoje uma oficina de experimentação com vários chefes explorando as diferentes possibilidades de se construir pratos que surpreendem o paladar, com texturas e formas impensadas (a esferificação é uma técnica que transforma o ingrediente em algo parecido com sagu; imagine um sagu de lagosta, com o sabor concentrado ao máximo).

Por causa dessas mirabolâncias e sem ter com quem comparar, um crítico chamou sua cozinha de molecular. Ora, todo o processo de preparação de comidas é molecular (ao assar, cozinhar, fritar, marinar etc., as moléculas são realmente alteradas); Ferran, que não quer ser apenas uma moda e não gosta de rótulos, rejeita esse especialmente. Ele diz que sua cozinha é desconstrutivista, do tipo El Bulli e nada mais.

A capacidade de inovação do chef é algo a ser estudado com bastante afinco; há que se aprender muito tentando entender como a cabeça desse gênio funciona. Agitado, ele já passou meses no atelier do escultor catalão Xavier Medina-Campeny estudando arte e compartilhando processos criativos; sempre se pergunta por que não e testa suas ideias sem nenhuma restrição (deve ter estragado muita comida no processo).

O El Bulli fechou em 2010 (pena!) e Ferran comprou uma grande área na Costa Brava para construir uma fundação totalmente integrada à natureza que vai funcionar como um grande centro de estudos gastronômicos. Lá haverá laboratórios e locais para palestras, cursos, workshops e, espero eu, um restaurante-escola[12].

Ferran já deixou sua marca no mundo e a gastronomia, gostem seus críticos ou não, nunca mais foi a mesma depois do El Bulli. Aliás, uma curiosidade: Bulli era o apelido do cão buldogue dos Schillings, fundadores do restaurante.

Pois é, depois disso tudo me deu uma baita fome. Mas é de alguma coisinha que ainda não sei o que é, sabe como, Sr. Adrià?

Ainda sobre cozinhar: Yuval Harari, no antológico *Sapiens*[13]: *a melhor descoberta sobre o fogo foi poder cozinhar, pois possibilitou que o ser humano se alimentasse de vegetais que até então não eram digeríveis na sua forma natural (arroz, trigo e batatas, por exemplo).*

Além disso, cozinhar matava germes e parasitas que infestavam a comida nos tempos pré-históricos. E tem a questão do tempo: enquanto os chimpanzés gastavam quase o dia inteiro coletando alimento, os humanos cozinheiros precisavam de poucas horas para garantir seu sustento.

Ou seja: o advento do fogo e da habilidade de cozinhar levou os seres humanos a levar menos tempo buscando alimentos (e comendo), aumentou a variedade da dieta, diminuiu o tamanho dos dentes e do intestino e possibilitou o desenvolvimento do neocórtex, que é o que nos diferencia dos outros animais. Como ficamos mais inteligentes, não precisamos também de tantos músculos nem de braços tão compridos. Ficamos também mais refinados.

Cozinhar nos fez evoluir na forma como somos hoje e ainda contribui muito com o nosso repertório gustativo. Por que abrir mão de tanta riqueza?

Confesso que adoro a Rita Lobo[14] (tenho quase todos os livros dela), mas quem realmente aumenta o nosso repertório (ou seja, incomoda, traz desconforto e estranheza) é a Bela Gil[15], que apresenta ingredientes com os quais não estamos acostumados a considerar comida; ela também propõe usos e substituições bem originais para quem não está acostumado.

---

12 EL BULLI. Disponível em: <https://elbullifoundation.com>. Acesso em: 10 jan. 2020.

13 HARAI, Yuval Noah. *Sapiens: A Brief History of Humankind.* London: Penguin Random House, 2011.

14 RITA LOBO, Panelinha. Disponível em: <https://www.panelinha.com.br>. Acesso em: 13 jan. 2020.

15 BELA GIL. Disponível em: <http://www.belagil.com> Acesso em: 13 jan. 2020.

ATITUDE PRÓ-INOVAÇÃO

Recomendo seguir as duas para ampliar o repertório e, de quebra, economizar e melhorar a saúde.

A MULHER QUE SABIA VOAR

Logo que me mudei para Berlim, sempre que passava pela estação de trem *Zoologischer Garten*, ficava intrigada com as vitrines do Museu Erótico (que tinha um sex shop bem grande anexo), uma quadra depois. É que numa delas tinha a foto de uma moça jovem, com capacete de piloto, muito sorridente. Linda, mas nada erótica, pelo menos no sentido mais tradicional da palavra. O que isso teria a ver com o museu?

Pois é, até que um dia convidei meu marido para conhecer o lugar (não se vai num museu desses sozinha, a pessoa pode ter ideias que não deveriam ser desperdiçadas).

Já tinha estudado um pouco a respeito dessa jovem, mas fiquei ainda mais encantada. A moça se chamava Beate Uhse e nasceu em 1919, em Wargenau, uma cidadezinha minúscula da Prússia Oriental, que depois da Segunda Guerra passou a pertencer à Rússia. Para se ter uma ideia, em 1910, o povoado contava com míseros 114 habitantes. O pai era agricultor e a mãe foi uma das primeiras médicas alemãs, que criou a caçula de três irmãos com liberdade e autossuficiência; até um estágio em Londres Beate fez.

Agora, a explicação para a foto: com 17 anos, Beate conseguiu seu brevê como piloto de avião e essa foi uma paixão para a vida toda. Lutando na Segunda Guerra, conheceu seu primeiro marido, o também piloto Hans-Jürgen Uhse (de onde vem o sobrenome que ela tornou famoso).

Depois de perder Hans numa batalha no último ano da guerra, Beate fugiu de Berlim Oriental para o ocidente levando no avião o filho de dois anos, a babá, o mecânico de bordo e dois soldados feridos. Resolveu viver no povoado de Braderup e lá fundou seu primeiro negócio, uma vez que os aliados proibiram os pilotos alemães de voar; ela ia de bicicleta de casa em casa vender botões e brinquedos.

Depois do final da guerra, os soldados voltaram para casa e muitas mulheres queriam evitar a gravidez; Beate lembrou-se da mãe, médica, que ensinava vários métodos anticoncepcionais naturais na comunidade. A moça, então, começou a vender um jornalzinho em Flensburg, a maior cidade próxima, com essas informações; também respondia às muitas perguntas das mulheres, sempre cheias de dúvidas. O próximo passo foi vender preservativos masculinos junto de um livrinho de explicações e instruções de uso.

Beate começou a ver que a maioria das mulheres não tinha a sorte dela, de ser estudada, esclarecida, bem resolvida e autoconfiante. Foi aí que achou que elas também tinham o direito de viver plenamente sua sexualidade como uma coisa divertida que fazia parte da vida. Beate começou a vender então apetrechos sexuais, sempre preocupada em fornecer explicações e esclarecimentos.

Em 1952, os produtos começaram a ser vendidos por catálogo e em 1962 foi aberta em Flensburg o primeiro sex shop do mundo; a empresa que fabricava os produtos à venda já contava, então, com duzentos funcionários.

É claro que alguém com tanta liberdade causou muito incômodo numa sociedade conservadora como a daquela época; sofreu processos, perseguições, enfim, pagou o preço que a vanguarda exige.

A moça curiosa, corajosa e empreendedora casou-se três vezes, teve dois filhos e era uma profunda admiradora da natureza; plantava legumes e verduras, era boa cozinheira e praticou tênis, mergulho e golfe, além de pilotar aviões até perto de morrer, aos 81 anos, ou seja, nada a ver com o estereótipo que se poderia esperar da dona de um dos maiores impérios de sex shops da Europa.

Bem, sobre o museu, além da história da empreendedora, tem também esculturas, aquarelas e pinturas belíssimas (todas com conteúdo erótico, claro), além de peças curiosas. Vale a pena visitá-lo[16].

Não sei você, mas adorei conhecer essa alemã ousada e atrevida.

O QUE UMA COREÓGRAFA PODE NOS ENSINAR SOBRE CRIATIVIDADE

Uma mulher, já septuagenária, encontra-se numa sala grande, com pé-direito alto, totalmente vazia, exceto pelos espelhos e as barras de exercícios fixadas nas paredes. É o equivalente à tela em branco para o pintor, à pedra bruta para o escultor, à folha em branco para o escritor.

---

16 Infelizmente, o prédio que abrigava o museu foi demolido e ele foi fechado. O acervo foi recolhido e ainda não há previsão de reabertura.

ATITUDE PRÓ-INOVAÇÃO

Ela tem apenas cinco semanas para criar, produzir e estrear um espetáculo de dança que as pessoas jamais esqueçam. Precisa decidir o tema, as músicas, os cenários, quantos e quais bailarinos participarão em cada etapa, os figurinos e a iluminação. É claro que pode contar com a ajuda de especialistas, mas é a responsável pelo conceito. E ela consegue. Já fez isso mais de uma centena de vezes.

Twyla Tharp[17], a mulher de quem estamos falando, tem conhecimento de causa. Ela já trabalhou com as maiores companhias de balé do mundo, criou espetáculos para gente como Mikhail Baryshnikov, coreografou os filmes *Hair*, *Ragtime*, *Amadeus* e *O Sol da meia-noite*, além de vários musicais na Broadway. Pode acreditar, um dos maiores nomes da dança contemporânea do século XX sabe exatamente o que está falando quando discorre sobre criatividade.

No livro, ela confirma tudo o que outros especialistas já disseram sobre o tema: trata-se de um hábito, não iluminação divina. Twyla ainda reforça: "**se a criatividade é um hábito, a melhor criatividade é o resultado de bons hábitos de trabalho**". Essa história de gênios naturais não existe e ela usa a história de Mozart como exemplo (ela se aprofundou muito na vida dele, pois coreografou o filme *Amadeus*).

Twyla explica que Mozart só conseguiu florescer porque tinha Leopold como seu pai, um dos mais famosos compositores e pedagogos da Europa na sua época, além de reconhecidamente um músico virtuoso no violino. Cultíssimo, mente aberta, colocou à disposição do filho todo tipo de conhecimento possível. Observando que o menino gostava de música, ensinou tudo o que era necessário sobre a arte, incluindo harmonia, composição e contrapontos; a criança teve acesso aos melhores concertos, aos melhores professores e aos melhores instrumentos. E mais: Mozart dedicou-se mais do que qualquer outro músico à sua paixão.

Aos 35 anos, além do precioso acervo, o famoso compositor partiu com suas mãos completamente deformadas pelo exercício compulsivo e incansável. Sim, ele tinha um dom, não se pode negar. Mas sem a disciplina férrea, a obsessão pela música, o acesso que seu pai lhe deu, poderia não ter passado de apenas mais um jovem talentoso.

Infelizmente essa ideia não vende; o próprio filme *Amadeus* prefere a versão da genialidade gratuita e impossível; ela nos conforta mais como seres humanos e nos redime do esforço, afinal, não nascemos gênios. Hábitos, exer-

---

17 THARP, Twyla. *The Creative Habit: Learn It and Use It for Life*. Nova York: Simon & Schuster. 2003.

A MENTE INOVADORA

cícios e sacrifícios são muito chatos e acreditar em genialidade é muito mais confortável.

Twyla enfatiza também o quanto os rituais são importantes para se definir hábitos. Morando em Nova York, ela conta que acorda todos os dias às 05h30, veste-se, sai de casa, pega um táxi e vai até seu estúdio para se exercitar. É claro que ninguém (nem ela mesma) gosta de sair da cama a essa hora da madrugada, especialmente no inverno. O jeito é fazer tudo automaticamente, como se estivesse escovando os dentes.

E a chave do ritual, por incrível que pareça, está em chamar o táxi. Porque, depois disso, não tem mais volta; ela tem de ir. Twyla relata rituais de profissionais de várias áreas; pintores que precisam de uma playlist para trabalhar, chefs de cozinha que precisam molhar a horta antes de começar o dia, e até Ígor Stravinsky, que tocava uma peça de Bach antes de qualquer coisa. Você também deve ter os seus, dê uma reparada. Os rituais amarram o hábito e fazem com que ele se torne mais fácil e familiar.

Essa incrível mulher fala também sobre medos, sobre seu interessante hábito de colocar todas as informações sobre um projeto (incluindo inspirações) numa caixa de papelão, sobre imprevistos, sobre sua experiência como coreógrafa e que só se sentiu no perfeito domínio de sua profissão quando conseguiu apresentar seu 128° trabalho.

Recomendo o livro para todo mundo que tenha interesse no assunto (na verdade, todo mundo que produz algo, pois o conteúdo é útil sob vários pontos de vista); ainda tem vários exercícios de criatividade bem fáceis de se praticar.

Aliás, falando em dança...

O QUE A DANÇA-TEATRO PODE ENSINAR AOS INOVADORES

Quando entrei na universidade, nos idos de 1984, tinha uma disciplina obrigatória chamada **prática desportiva**, com turmas separadas por gênero. No curso de engenharia elétrica, a turma era de cinquenta nerds; eu era a única "nerda". Não dava para formar nem uma dupla para jogar peteca; tentei me encaixar nas turmas de nutrição ou pedagogia, mas o problema é que para os horários disponíveis só tinha futebol ou handebol. Minha estrutura óssea é pequena, de maneira que sempre me dei muito mal em jogos onde é necessária luta corporal de alto impacto pela posse da bola. Foi então que descobri que a universidade tinha um grupo de jazz, com aulas à noite, e o melhor, valendo créditos para a tal prática desportiva.

Como nunca dançamos ao som do trompete de Miles Davis, tenho para mim que esse nome tem algo a ver com o maravilhástico musical *All That Jazz*, sucesso alguns anos antes. Pelo menos a trilha sonora do filme era onipresente nos ensaios. Resumo: passei os cinco anos do curso dançando, mesmo quando os créditos não valiam mais.

Eis que em meados de 2016, passando pela frente de uma escola de música aqui perto de casa, vi que havia vagas para dança e me inscrevi. Depois de um teste, comecei as aulas de dança–teatro, uma coisa que nunca tinha experimentado na vida. Alguns anos antes havia assistido ao maravilhoso documentário do Wim Wenders sobre a coreógrafa que é a principal referência em dança–teatro no mundo, a alemã Pina Bausch, mas, na época, não liguei o nome à pessoa.

De cara, fui escalada para uma apresentação e já mergulhei de cabeça nos ensaios que estavam em andamento. Nas aulas de dança que havia frequentado até então, participar da apresentação começando os ensaios a menos de duas semanas do evento seria possível. Mas na dança–teatro é. Porque é diferente. Porque tem tudo a ver com inovação, colaboração, repertório, criatividade e, principalmente, improviso.

Em todas as aulas que eu tinha feito no passado, a coreógrafa criava os passos, desenhos, tempos, e qual grupo fazia o que em cada momento da música. A nós, bailarinos, só restava ensaiar e repetir exaustivamente os movimentos até que fossem automatizados de maneira que finalmente podíamos realmente dançar.

Na dança–teatro é completamente diferente: ninguém repete nada. A coreógrafa é a responsável pela mensagem a ser transmitida, pela música e pelos diferentes momentos da performance, mas não define passos nem movimentos. Isso fica por conta da criatividade e repertório do bailarino.

Tanto é que fiquei muitíssimo confusa às vésperas da apresentação, porque a professora queria ver meu *Ablauf*. Não entendi "lhufas"; procurei um dicionário para ver se tinha alguma outra tradução que se encaixasse no contexto (*Ablauf* é decurso, evolução, expiração). Só depois é que, com a ajuda das colegas, descobri que cada bailarino deveria fazer desenhos mostrando sua posição em cada parte da música e as respectivas palavras-chave orientativas (tipo alegria, energia, crescimento, dor etc.), para facilitar a memorização e dar

A MENTE INOVADORA

tudo certo no final. Gente, se isso não é cocriação em seu estado mais puro, então não sei o que é.

Outra coisa que aprendi é que, ao contrário das minhas aulas anteriores, onde eu deixava o cérebro em casa e passava o tempo relaxando e repetindo movimentos, nessas aulas sou obrigada a criar conexões neuronais em escala industrial.

O que acontece é que a gente recebe instruções desafiadoras o tempo todo; aliás, a palavra teatro como parte do nome não é à toa. Por exemplo: numa das tarefas, é preciso imaginar que há uma bola de fogo passeando pelo interior do meu corpo. E isso precisa ficar claro para quem está assistindo. Ou então tenho que contar uma história triste usando apenas as mãos durante toda a dança. Ou só os dedos dos pés. Ou os cotovelos. Ou usar uma lanterna para expressar sofrimento profundo. Ou tratar, durante a evolução de uma coreografia, dois pedaços de madeira como se fossem talismãs preciosos.

Ou, ainda, dançar completamente fora do compasso da música (isso foi realmente uma das coisas mais difíceis que experimentei); ou interagir com um espelho simulando um encontro interno; ou dançar com uma cabeça de isopor como se fosse uma pessoa importante na minha vida; ou travar uma batalha com mais duas bailarinas, aliando-me, ora a uma, ora a outra (a sincronização deve ser só pelo olhar, já que tudo é improviso); ou manipular um objeto imaginário, como uma pena, uma bola de luz ou um martelo pesado; ou, como na apresentação inicial, imaginar que você é uma chama que se junta aos colegas ao longo da música até formar uma fogueira. Tudo isso dançando. Em alemão. Estão acompanhando o nível do negócio? Olha, não é fácil não. Ainda mais que ninguém lá usa drogas, até onde sei.

Aliás, interessante essa questão sobre as drogas potencializarem a criatividade. Seja qual for a conclusão (se aumenta mesmo ou não nossa capacidade criativa), convém lembrar que sem um repertório riquíssimo e variado, não há muito o que se possa fazer. Para cada artista genial usuário de substâncias alucinógenas, há um contingente enorme de pessoas sofrendo problemas muito sérios, que podem estar fazendo tudo, menos exercendo sua criatividade.

Outra coisa que me chamou a atenção é que aqui a criatividade e a expressão são mais importantes que o rigor técnico; ou seja, em princípio, qualquer um pode praticar, independentemente de suas condições físicas ou experiência anterior (claro, não estou falando de um grupo profissional).

A dança-teatro, além de me apresentar um novo e maravilhoso lado do mundo da dança que eu desconhecia completamente, ainda me mostrou como meu repertório corporal é pobre, limitado e pouco criativo. Eu me achava muito descolada e acreditava que ia tirar de letra cada tarefa dessas, mas depois dos primeiros 40 segundos, vejo que já gastei absolutamente tudo o que tinha pensado em termos de movimento e me vejo desesperada procurando ideias. Um repertório colecionado por cinco décadas dançando como se não houvesse amanhã na sala de casa parece que até dá para o gasto, mas é praticamente nada se a gente for testar de verdade. E sempre ainda tem mais uns 2 ou 3 minutos de música para desenvolver e dar um jeito de inventar movimentos novos. Pensa. Ginástica mental nível *hard*.

A conclusão a que chego é de que a dança-teatro deveria fazer parte de cursos de inovação como pré-requisito. Tem quebra de convenções, exercícios de criatividade, cocriação, colaboração, prototipagem, desenvolvimento de solução de problemas e ainda faz bem para o corpo e para a mente.

Fica a dica. É "bom demais da conta!"

Pena que a turma fechou depois de um ano e meio e ainda não encontrei outra que feche com os horários.

NOTA: A experiência relatada é baseada apenas nesses meses de curso, nessa escola, com essa coreógrafa. Uma amiga que fez dança-teatro na Itália me contou que as coisas lá são um pouco diferentes. Não faço ideia de como é no Brasil.

ESSE TAL DE ELON MUSK

Pense numa pessoa genial. Tipo, sei lá, Nikola Tesla. Ou Thomas Alva Edison. Imagine se fizessem uma fusão desses dois e daí nascesse um novo ser humano. Certeza que sairia um Elon Musk.

A biografia dele chamada *Elon Musk: How the Billionaire CEO of SpaceX and Tesla is Shaping our Future*, escrita por Ashlee Vance é muito impressionante. É claro que de muita coisa já se tinha conhecimento por outros canais (quem se interessa por tecnologia e inovação não tem como não acompanhar as aventuras dele), mas o sujeito é realmente especial. Mas vamos do início.

Os avós do moço não eram gente fraca; por parte de mãe, o avô era um quiroprático[18], casado com uma coreógrafa. Ele virou piloto de avião e vivia levando

---

18 N. do E.: aquele que usa o método de tratamento de certas doenças por manipulações das vértebras ou de outras partes do corpo.

A MENTE INOVADORA

os cinco filhos em excursões aventureiras e sem muito planejamento. Um belo dia decidiu que o Canadá não era mais um lugar bom para se viver e resolveu se mudar com a família para a África do Sul. Lá, continuou com suas aventuras, voando para a Europa, Austrália e todo o interior da África, ficando, inclusive, famoso pelos feitos (imagina, era um avião pequeno!). Na família, a cultura era de completa liberdade; as crianças podiam fazer o que quisessem e Elon desfrutou disso na sua infância também.

O pai de Elon era engenheiro eletromecânico e dava ao menino (e aos irmãos, Kimbal e Tosca), todo tipo de brinquedos criativos e livros. A mãe era modelo e nutricionista (Maye Musk modela na área até hoje em dia, já passados os 70 anos, e continua maravilhosa). O menino passava horas mergulhado nos livros de ficção científica e teve seu primeiro programa de computador, um game, vendido para uma revista aos 12 anos de idade. A genialidade era clara já nessa época e ele tem alguns traumas devido ao bullying na escola (o mundo não é receptivo a pessoas tão diferentes); uma vez apanhou tanto que teve de ficar internado por dias no hospital. Não morreu porque foi salvo por seu irmão.

O rapaz cresceu e decidiu emigrar para o Canadá, onde tinha direito à cidadania (por causa da mãe), mas o desejo era mesmo ir para os Estados Unidos. Ainda eram os anos 1980, mas ele sabia que o Vale do Silício era o lugar para pessoas como ele.

Na época em que estudou no Canadá, ele não tinha quase dinheiro. Então, com um colega, alugou uma casa de dez quartos e fazia festas inesquecíveis cobrando ingresso. Na primeira noite, arrecadaram o suficiente para o aluguel do mês. As festas eram famosas e sustentaram Musk nos primeiros anos. O povo todo bebia muito, mas ele preferia ficar sóbrio para cuidar dos negócios. Na verdade, a coisa mais surpreendente nele é a combinação de gênio técnico com tino comercial, muito parecido com o perfil de Thomas Edison.

Depois de dois anos, Musk conseguiu uma bolsa para estudar nos Estados Unidos e se formou em física e economia na Universidade da Pensilvânia. Ele conseguiu também uma bolsa de doutorado, mas acabou declinando porque queria se concentrar no seu primeiro negócio: um banco virtual (imagina, ninguém pensava nisso naquela época, 1995) chamado Zip2. Trabalhou obsessivamente na programação junto com seu irmão e sócio, a ponto de não terem onde morar e dormirem embaixo da escrivaninha da sala que alugaram para trabalhar. Parece que o esforço valeu a pena; depois de quatro anos, a empresa se uniu a outra, acabou virando o PayPal e foi comprada pela Compaq, deixando os irmãos Musk milionários.

ATITUDE PRÓ-INOVAÇÃO

Mas o sonho de Musk sempre foi construir foguetes para conquistar Marte. E foi nisso que ele investiu boa parte do dinheiro que conseguiu na transação. A ideia era fazer uma fábrica de foguetes que fossem reutilizáveis e baratos. A **SpaceX** quase faliu várias vezes, teve vários testes e lançamentos errados, foguetes explodiram, o mundo inteiro parecia não colaborar até que, novamente, depois de alguns anos (mais ou menos seis) a empresa começou a sair do vermelho e os foguetes finalmente funcionaram. Hoje eles fazem coisas realmente sensacionais e é a empresa aeroespacial mais competitiva do mundo.

Em paralelo, ele toca também a **Tesla**, empresa de carros elétricos com tecnologia totalmente inovadora. Essa também quase quebrou algumas vezes, pois as exigências técnicas dele são sempre impossíveis e seus funcionários têm de fazer mágica para conseguir. É claro que, por causa do cuidado nos detalhes, a preocupação com minimizar o custo e a obsessão pela excelência fazem com que ele geralmente erre os prazos de entrega dos produtos que está desenvolvendo.

Deve ser um verdadeiro inferno trabalhar para esse gênio compulsivo, mas há também uma certa reverência e orgulho, pois ele realmente consegue extrair o máximo da capacidade técnica e criativa das pessoas, inovando o tempo todo. É praticamente um Steve Jobs, só que com múltiplos talentos em áreas diferentes do conhecimento.

Em paralelo, ele ainda tem vários outros projetos que leva muito a sério: uma empresa de tecnologia em energia solar que tem junto com seus primos, a SolarCity; a Gigafactory, que pretende ser a maior fábrica de células fotovoltaicas do mundo; a Hyperloop, que trabalha num projeto com um conceito bem maluco de transporte alternativo (as pessoas seriam transportadas em cápsulas que viajariam em tubos de baixa pressão a uma velocidade de 1.200km/h), a OpenAI, uma fundação sem fins lucrativos que pesquisa inteligência artificial também do ponto de vista ético e filosófico (Elon acha que a IA é uma das maiores ameaças aos seres humanos, se não for bem utilizada); a Neuralink, que trabalha desenvolvendo dispositivos que podem ser implementados no cérebro humano para aumentar suas capacidades; a The Boring Company, que desenvolve máquinas para construir túneis e, finalmente, uma empresa que desenvolve e vende lança-chamas. O sujeito, além de tudo, tem senso de humor.

Sabe o Homem de Ferro? Pois Robert Downey Jr., o ator que faz o personagem, foi pessoalmente visitar Musk na SpaceX para se inspirar. Aliás, Elon já fez várias pontas no cinema e em seriados diversos, sempre no papel dele mesmo. Apareceu mais de uma vez no *The Big Bang Theory*.

A MENTE INOVADORA

Na vida pessoal, seria de se esperar que o sujeito seja complicado (e é), mas ele tem a guarda compartilhada dos seus cinco filhos (trigêmeos e gêmeos) do casamento com a primeira mulher, colega de faculdade. Durante quatro dias por semana ele fica com os meninos, levando-os para todo tipo de aventura (as crianças já devem estar cansadas de verem foguetes).

No começo do livro, depois da última de várias separações, ele pergunta para a biógrafa se ela acha que 10 horas por semana seriam suficientes para ter um relacionamento, pois ele calculou e acha que pode dispor dessas horas para uma nova namorada. Agora imagine que coisa mais agradável conviver com essa criatura...

Enfim, o moço nasceu em 1971, então ainda tem muito chão pela frente e planos de morrer em Marte, depois de iniciado o processo de colonização. Parece absurdo, mas vindo dele, sei não!

As conclusões só corroboram o que já se sabe sobre inovação: os estímulos na infância e o acesso ao conhecimento são fundamentais, as conexões e a rede de relacionamentos é muito importante (Elon é um dos melhores amigos do Larry Page, CEO do **Google**) e, mais do que tudo, é preciso estar no lugar certo e na hora certa (o tal do adjacente possível).

Certamente, mesmo sendo um gênio, Musk não conseguiria realizar tudo isso se não tivesse saído de Pretória, na África do Sul. Talvez viesse a ser até um empresário bem-sucedido, mas não alguém com poder de influenciar o destino da humanidade. Recomendo muito a leitura.

BJÖRK

Na minha opinião, Björk[19], a atriz, cantora, artista visual, compositora, instrumentista e produtora musical nascida na remota Islândia, é a pessoa viva mais criativa do planeta.

Não sou dotada de muitos conhecimentos musicais, por isso não tenho uma opinião formada sobre a música que ela faz. Mas não se pode negar que a mulher é uma força da natureza em termos criativos; não apenas tem um repertório muito mais rico e variado que a maioria dos mortais, como consegue recombinar as informações de um jeito muito, mas muito original.

---

19 BJÖRK. Disponível em: <https://www.youtube.com/bjork>. Acesso em: 30 jan. 2020.

ATITUDE PRÓ-INOVAÇÃO

Quase tudo o que ela produz causa estranheza; sinal de que ela está ampliando nosso repertório. A gente quase não consegue lugar para classificar a música, os vídeos, o figurino, os cenários. Tudo ali é muito diferente do que se apresenta no mercado musical convencional.

A artista transmídia ousa de todas as formas possíveis; há trechos de suas músicas cujas palavras ela simplesmente inventa; a moça chegou a fazer um videoclipe com uma câmera instalada dentro de sua própria garganta[20]. Passeando completamente à vontade por vários estilos musicais diferentes, ela usa a tecnologia para ampliar seu potencial criativo.

Recentemente, em parceria com a Microsoft, Björk usou recursos da inteligência artificial para criar uma música que muda conforme as condições climáticas e a época do ano. A Microsoft combinou 17 anos de gravações de coral do acervo pessoal da cantora, que ela gravou ao longo da sua carreira, com informações das câmeras e microfones instalados na cobertura do hotel Sister City, em Nova York.

O algoritmo usa os dados das imagens e dos sons capturados do ambiente (pássaros, vento, chuva etc.) para produzir música a partir do banco das gravações de coral[21].

Para aumentar seu repertório, sugiro acompanhar o trabalho da moça.

---

20 Videoclipe *Mouth Mantra*. Disponível em: <https://youtu.be/j9wAeTW2GP8>. Acesso em: 30 jan. 2020.

21 O projeto faz parte da instalação da artista Julianna Barwick. Mais informações disponíveis aqui: <https://www.microsoft.com/inculture/musicxtech/bjork/>. Acesso em: 30 jan. 2020.

CAPÍTULO 5

CRIATIVIDADE NO DIA A DIA

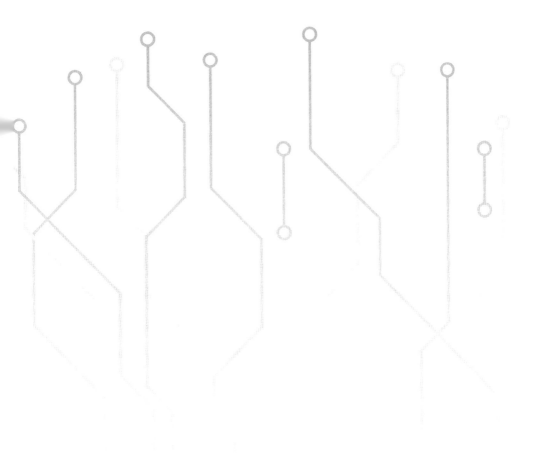

"Para ter uma boa ideia, você precisa ter muitas ideias."

Linus Pauling

Este não é um livro onde você vai desenvolver um novo produto, aprender um método para tirar suas ideias do papel ou conseguir um investidor para seu novo negócio. Há muitas e excelentes obras que cumprem bem esse papel.

Nosso objetivo aqui é sugerir que você adquira alguns hábitos no seu dia a dia que farão sua mente ficar mais aberta a novas ideias e mais "musculosa" para gerar as suas próprias. Essa atitude de olhar o mundo como uma imensa fonte de matéria-prima para ser recombinada e transformada é o que chamamos aqui de pró-inovação.

Neste capítulo você vai ver como fazer isso acontecer de verdade e de várias maneiras: praticando *storytelling*, fazendo-se perguntas, brincando e até desobedecendo as recomendações que você certamente recebeu na infância, como, por exemplo, não conversar com estranhos.

STORYTELLING

Storytelling é o nome *fashion* que hoje em dia se dá para a ancestral arte de contar histórias. A contação de histórias é muito, mas muito importante mesmo, a ponto de ter mudado a estrutura do cérebro dos seres humanos durante seu período de desenvolvimento.

Yuval Noah Harari, em seu antológico livro *Sapiens*[1], *explica que porque os bebês humanos eram muito mais dependentes que os filhotes de outras espécies, os Sapiens desenvolveram incríveis habilidades sociais. E aqui, o autor discorre sobre nossa queda pela fofoca e pela vida alheia como um di-*

---

1 HARARI, Yuval Noah. *Sapiens: A Brief History of Humankind*. London: Vintage, 2011.

ferencial inquestionável da espécie, pois o conhecimento de tudo o que se passava na "tribo" era fundamental para determinar alianças.

Mas a questão mais interessante é que, para que se pudesse se organizar socialmente e fazer com que indivíduos desconhecidos colaborassem mutuamente, foi necessário desenvolver o *storytelling* e a ficção. Os *sapiens* criaram mitos e histórias para convencer as pessoas a trabalharem juntas por um objetivo maior.

E aqui o autor explica que a Revolução Cognitiva é justamente esse ponto da história, onde o *sapiens* se desprende da biologia para tomar decisões e determinar comportamentos; a história é a protagonista a partir desse momento. Não há mais uma forma de vida "natural" que define as decisões e comportamentos; as escolhas são todas culturais.

Em *Homo Deus*[2], *Harari relembra o conceito de storytelling* e da ordem imaginária desenvolvida no livro anterior: todas as estruturas abstratas nas quais a sociedade humana é baseada são fictícias, inventadas pelos próprios seres humanos: países, continentes, nações, sistemas legais e políticos, religiões, dinheiro, empresas, enfim, todas essas construções só existem porque muitos humanos acreditam que elas existem. Basta que as pessoas parem de acreditar que dinheiro vale algo para que ele se torne apenas um pedaço de papel. Basta que um tribunal decrete a falência de uma empresa para que ela simplesmente deixe de existir (ou seja, as pessoas parem de acreditar que ela existe).

Como Harari demonstrou, essa capacidade de criar histórias e entidades é essencial para que os humanos possam colaborar em grande número. Antes da invenção da escrita, essa colaboração era restrita a grupos de até mais ou menos 150 pessoas. Com a criação da escrita e do dinheiro, não há limites para a quantidade de pessoas que podem colaborar juntas defendendo uma ideia (seja de nação, no caso de uma guerra, seja de organização coletiva, no caso de uma empresa ou qualquer outro empreendimento).

A questão é que nosso cérebro acabou se desenvolvendo no sentido de reagir fortemente às histórias que nos são contadas; a neurociência consegue mostrar claramente as reações enquanto uma pessoa está ouvindo uma boa narrativa.

---

2 HARARI, Yuval Noah. *Homo Deus: A Brief History of Tomorrow.* London: Vintage, 2015.

CRIATIVIDADE NO DIA A DIA

O COQUETEL DOS ANJOS

Uma palestra[3] do especialista David Phillips no TEDxStockholm em 2017 explica o que há por trás dessa atração entre nosso cérebro e as histórias que ouvimos.

David explica que quando ficamos perdidamente apaixonados por alguém, parece que estamos em outra dimensão; a gente enxerga o mundo diferente, mais colorido, mais doce. Tudo parece melhor. É que durante os aproximadamente 13 meses em que o cérebro leva para se acostumar e neutralizar os efeitos da paixão, ele é simplesmente inundado por hormônios (vasopressina, oxitocina, serotonina, dopamina e endorfina) e neurotransmissores que mudam totalmente nossa percepção do mundo. A cara de bobo dos apaixonados não é mito não; é um fenômeno físico–químico!

O interessante é que três desses hormônios também são liberados quando a gente ouve uma história: a dopamina, a endorfina e a oxitocina. Phillips chama essa combinação de **coquetel dos anjos** e é liberada em doses diferentes cada vez que uma pessoa ouve ou vê uma história, dependendo da natureza da história e da maneira como ela é contada.

A **dopamina** faz a gente se sentir mais focado, concentrado e com mais motivação. Além disso, ela faz a gente memorizar mais as coisas. A gente consegue liberá-la quando conta uma história de suspense, cuja situação vai ficando mais séria ou misteriosa com o decorrer da narrativa. As pessoas vão ficando cada vez mais atentas, focadas e curiosas para saber o final. E soltam a imaginação, tentando descobrir como a história vai acabar.

A **oxitocina** faz a gente se sentir mais generoso e mais conectado à pessoa que está contando a história; você passa a confiar mais no orador durante o desenrolar da narrativa. Por isso é conhecida como o hormônio da empatia. Geralmente é liberada quando a gente compartilha histórias tristes, de sofrimento, compaixão, amor ou solidariedade. No final da história todo mundo se sente mais conectado com o orador e, principalmente, mais humano.

Por último, a **endorfina**, que é o que faz a gente rir, relaxar e ser mais criativo. É liberado quando o orador consegue, de alguma maneira, fazer as pessoas rirem com a história que está contando; ou quando apresenta um final feliz, em que todos se sintam, de alguma forma, aliviados.

---

3 Palestra: *The magical science of storytelling* | David JP Phillips | TEDxStockholm. Disponível em: <https://youtu.be/Nj-hdQMa3uA>. Acesso em: 10 jan. 2020.

ATITUDE PRÓ-INOVAÇÃO

A dica de David é a gente criar e anotar muitas histórias (de preferência verdadeiras, para soarem mais autênticas); depois testar essas histórias contando-as para vários grupos diferentes (amigos, parentes, colegas, desconhecidos etc.) e observar a reação das pessoas, tentando identificar qual hormônio está mais ativo.

Depois é só guardar essas histórias para usá-las quando precisar de determinadas reações da plateia (seja uma entrevista de emprego, uma palestra, a apresentação de um produto, a sedução de alguém que você está a fim...).

As possibilidades são tantas quantas são as histórias que você pode criar.

Que contar histórias é uma arte antiquíssima e desde sempre valorizada não é novidade nenhuma (vide a Bíblia, *A Ilíada* e *As Mil e Uma Noites* de Sherazade, só para citar alguns velhos e batidos exemplos). Mas não faz assim tanto tempo que o mundo dos negócios se deu conta do poder da ferramenta; Annette Simmons, autora do ótimo *The Story Factor*[4], *explora justamente esse aspecto da narrativa.*

Annette começa citando uma frase linda de Isak Dinesen: "Ser uma pessoa é ter uma história para contar". Ela não diz, mas penso que se os entrevistadores de emprego se dessem conta disso, relaxariam e simplesmente pediriam para o candidato contar sua história. Dá para saber quase tudo: o que ele valoriza; como enfrenta as situações; se é vaidoso; se é realmente proativo; se sabe, de fato, trabalhar em equipe; se sabe ou não compartilhar méritos; se tem peninha de si mesmo ou se gosta de desafios. Muito melhor e mais divertido do que ficar esperando ele dizer que seu maior defeito é ser perfeccionista, convenhamos.

A ideia central é usar as histórias para influenciar o comportamento das pessoas; ela defende que é muito melhor você demonstrar quem é por meio de uma *personal* novelinha do que ficar exibindo com falsa modéstia suas qualidades. Mas, atenção, a moça adverte: jamais subestime a inteligência de quem está ouvindo. E enfatiza: "jamais, jamais, jamais conte uma história para alguém que você não respeita". A pessoa percebe instantaneamente e, sim, vai interpretar isso da maneira que você imagina: a pior possível.

A autora diz que as pessoas não precisam de mais informações; já estão afogadas nelas. O que o pessoal realmente quer é acreditar (em você, nos seus objetivos, na sua visão, na história que você tem para contar). Ela brinca que a fé é que move montanhas, não os fatos. E a fé é despertada por histórias, fato.

---

4 SIMMONS, Annette. *The Story Factor: Inspiration, Influence, and Persuasion through the Art of Storytelling.* Cambridge: Basic Books, 2006.

CRIATIVIDADE NO DIA A DIA

Annette diz que a história é como se fosse uma roupa que a verdade veste para que as pessoas possam se abrir para recebê-la (sim, as mentiras ficam com o bumbum de fora e todo mundo percebe). Se a verdade ficar batendo nas casas nua em pelo, o povo se assusta e não abre a porta de jeito nenhum.

Ela ainda diz que a diferença entre dar exemplos e contar uma história está nos elementos de emoção e nos detalhes sensoriais dessa última. Isso faz com que as histórias, ao contrário dos simples fatos, sejam multidimensionais e, por isso, muito mais poderosas.

Simmons defende que os treinamentos das empresas não deviam usar regras escritas, pois elas ignoram completamente a mente de quem está na ação. Se em vez de princípios e receitas de comportamento, os profissionais fossem treinados com histórias, eles poderiam ser mais criativos na hora de resolver problemas.

O que ela não fala é que essa poderosa ferramenta também tem um potencial enorme para múltiplas e indesejadas interpretações, completamente fora do controle de quem quer que seja (olha só o que fizeram com as parábolas da Bíblia). O negócio, de fato, tem poder, mas penso que não é para amadores, não...

De qualquer maneira, lembrei-me da ótima contadora de histórias **Rosana Hermann** (que, não por acaso, é roteirista profissional, dentre outras coisas). Estávamos conversando sobre o assunto e ela compartilhou comigo uma teoria genial que adorei. A Rosana diz que, no Brasil, as pessoas não mudam o comportamento simplesmente pela exposição dos fatos; elas querem histórias que conquistem e seduzam.

A ideia da moça é aproveitar as superstições que já são tão presentes na nossa cultura para mudar comportamentos. O plano é inventar novas superstições e espalhá-las massivamente com histórias do tipo: fazer xixi no muro faz o pinto do machão murchar depois de um tempo; ou: roubar dinheiro público provoca doenças fatais na família inteira da pessoa; ou: desviar verba da merenda faz o dedão do pé cair; ou: roubar celular faz o larápio ficar manco da perna esquerda para sempre... enfim... criatividade é o que não nos falta, nem bom humor. E as pessoas acreditam em qualquer coisa apresentada com um mínimo de consistência (vide as franquias religiosas que proliferam desenfreadamente e as correntes de *fake news* que não me deixam mentir).

Como a Rosana, acredito que isso que ela chama de **superstição cidadã** (essa conversa já tem um tempo; hoje eu atualizaria para ***fake news* do bem**) funcionaria muito mais do que qualquer outra campanha feita até agora. O pessoal adora acreditar em qualquer coisa, então vamos usar isso para o bem!

Por falar nisso, você sabia que as pessoas que param de ler o livro que você tem em mãos no meio ficam impossibilitadas de soletrar a palavra **superstição** para o resto da vida? Olha, acho melhor não arriscar, vai que...

Bem, mas vamos para a parte prática agora? Como exercitar o *storytelling* no dia a dia?

NA FILA

Sou tão fascinada por pessoas enfileiradas que meu primeiro livro foi sobre filas[5]. Estava numa delas esperando e sem nada para ler (naquela época não existia telefone celular) quando comecei a pensar em todas as filas que a gente frequentava na vida e escrevi um manual de sobrevivência em filas: o que fazer (e o que não fazer) enquanto espera[6].

Mas uma das coisas que sempre recomendei em todas é imaginar histórias entre as pessoas que estão esperando (seja num banco, ponto de ônibus, espera de consulta médica, casa lotérica, fila para beijar a noiva no casamento, buffet a quilo, enfim). E não precisa ser fila, a ideia vale também para qualquer aglomerado de pessoas: sala de embarque, festa da firma, restaurante, passeata, curso de inglês, enfim, tendo meia dúzia de pessoas já está valendo. Na verdade, basta ter mais uma pessoa que você já pode começar a inventar.

Por exemplo, você está na fila do caixa do supermercado: você pode imaginar que o rapaz de blusa vermelha está tendo um caso com a senhora de azul. Eles não se olham para disfarçar, porque a vizinha da senhora (que está um pouco mais atrás) é casada com ele. O que nenhuma das duas sabem é que o rapaz, na verdade, é um agente britânico disfarçado e tem 46 mortes no currículo. Ele está esperando na fila justamente para passar uma mensagem importante para a menina do caixa, que parece inocente, mas teve anos de treinamento na CIA e, na verdade, é uma cambojana infiltrada no sistema. Bem, os desdobramentos todos são com você, que nem vai ver o tempo passar, vai estimular

---

5 CORRÊA, Ligia Cristina Fascioni. *De Fila Em Fila: Um Guia De Sobrevivência*. Florianópolis: Papa Livros, 1998.

6 A edição está esgotada há muitos anos, mas dei uma entrevista no programa do Jô Soares na época do lançamento. A entrevista está disponível em: <https://youtu.be/no5DSxfrjDE>. Acesso em: 10 jan. 2020.

a criatividade, desenvolver, talvez, um novo e desconhecido talento literário e ainda se divertir muito.

Outro exercício muito engraçado, para quem tem oportunidade de viajar ou frequentar locais com pessoas que falam outras línguas, é dublar mentalmente os diálogos que ouve nos lugares onde as pessoas estão falando outro idioma. Mas lembre-se que, para isso, duas coisas são fundamentais:

1. desligar o celular, esse destruidor de criatividade e devorador de tempo;

2. disfarçar, ao máximo, as caras e bocas que você vai acabar fazendo enquanto está imaginando as histórias.

SEQUÊNCIA DE FOTOS ALEATÓRIAS

Essa pode ser feita em grupo para ficar mais divertido. Eu geralmente faço essa dinâmica nas salas de treinamento, usando um projetor multimídia, mas pode ser feito com fotos impressas ou mesmo recortes de revista, não importa. Na falta de imagens prontas, pode-se pedir ao grupo que faça desenhos aleatórios. Ou alguém com um tablet pode mostrar a *timeline* de sua conta no Instagram ou um board no Pinterest para os amigos numa mesa de restaurante. Também vale.

Funciona assim: uma pessoa fica responsável por mostrar as imagens para o grupo. A primeira pessoa da sequência olha essa imagem e começa a contar uma história de acordo com o que está vendo. Em um momento aleatório, quem está exibindo as imagens passa imediatamente para a próxima da lista. Imediatamente, a pessoa seguinte continua a história de onde parou, mas atualizando com a imagem que está sendo mostrada. Assim se vai até a penúltima imagem. Aí, quem está mostrando as fotos avisa que a que vem a seguir é a última e que a próxima pessoa que falar vai ter de fazer a conclusão e criar um final para a história.

É divertido, mas, pela minha experiência, um pouco preocupante em ver como a maioria das pessoas (pelo menos adultas, trabalhando em empresas) consegue fazer pouco mais que apenas descrever a cena representada na foto, sem inserir nenhuma informação adicional, misteriosa, absurda ou que gere conflito ou curiosidade.

A fantasia não faz parte do nosso dia a dia e isso fica muito fácil de identificar nessa dinâmica. Quanto mais exercício, mais legal, divertida e, principalmente, do ponto de vista da neurociência, mais produtiva a coisa vai se tornando. Vale a pena aproveitar todas as oportunidades de tédio e espera para praticar.

BRINCADEIRA DO PAPEL DOBRADO

Esse jogo, muito antigo, começa com uma pessoa escrevendo uma frase numa folha de papel e fazendo uma dobra para escondê-la, deixando visível apenas a última palavra. A próxima pessoa, deve continuar a história a partir dessa palavra e fazer o mesmo. O procedimento é repetido até a folha de papel acabar, quando alguém lê a história completa, que, se tudo der certo e as pessoas forem criativas, vai ser divertidíssima.

TUDO O QUE EU QUERIA

Esse exercício é para ser feito quando se está sozinho. Ele surgiu quando, há muitos anos, fiquei conhecendo um Tumblr chamado "Tudo que eu queria"[7]. A criadora descreve a ideia principal: "Porque uma vez eu entrei no metrô e pensei: se eu pudesse querer alguma coisa de alguém aqui, o que seria? Hummm, a bolsa dela. A revista dele. O guarda-chuva dela. A sobrancelha dele. E por aí vai."

Essa era a ideia inicial, mas a autora foi bem além, pois agora não quer mais nada das pessoas, já passou a coisas mais abstratas. Olha que bacana esses exemplos pinçados a esmo.

— Queria que toda vez que o porteiro interfonasse fossem flores.

— Queria assistir a um casamento em que a noiva foge.

— Queria sempre fazer falta.

— Queria entender ensaio de paetê no mato.

— Queria ruas planas para sapatos difíceis.

Eu também, e você? Que tal começar agora a sua lista?

---

7 O site está sem atualização desde 2012, mas continua disponível e cheio de tesouros. Disponível em: <http://tudoqueeuqueria.tumblr.com>. Acesso em: 10 jan. 2020.

A IMPORTÂNCIA DO HUMOR

O humor é fundamental para exercitar o cérebro, já que, como vimos, nossa massa cinzenta gasta seu tempo tentando reconhecer padrões para comparar com seu repertório e antecipar e inferir o que está por vir. Mas, por incrível que pareça, o cérebro adora quando surpresas acontecem e o resultado é completamente diferente do que ele esperava. Por isso, explica a neurocientista Suzana Herculano-Houzel[8], é que gostamos tanto de piadas.

Suzana conta que quando rimos, o nosso sistema de recompensa registra que o caminho tradicional do raciocínio foi quebrado e as expectativas foram quebradas, gerando uma nova alternativa; outra perspectiva e com um conjunto diferente de regras.

Essa nova maneira de pensar que a piada propicia é um baita exercício, tanto para quem ouve a piada (entendê-la dá trabalho) quanto, principalmente, para quem a cria.

Por isso também ficamos tão encantados com pessoas que têm a habilidade de fazer graça a partir do improviso, como comediantes de *stand-up* e poetas repentistas.

Um dos grupos que mais admiro e de quem recomendo assistir aos vídeos (infelizmente, nunca tive oportunidade de vê-los ao vivo) são Os Barbixas[9], que apresentam há anos, sempre com muito sucesso, o espetáculo *Improvável*[10].

Cada espetáculo é diferente porque basicamente é o grupo (eventualmente com convidados) fazendo esquetes com a participação direta do público. Eles improvisam músicas, diálogos, encaixam frases (sugeridas pelo público) no meio das cenas, usam objetos inusitados, enfim, uma grande e engraçadíssima brincadeira. Esse tipo de exercício só pode fazer bem à mente.

---

8 HERCULANO-HOUZEL, Suzana. *Por que o Bocejo é Contagioso? E Novas Curiosidades Sobre o Cérebro*. Rio de Janeiro: Jorge Zahar. 3a ed.,2009.

9 Disponível em: <http://barbixas.com.br>. Acesso em: 10 jan. 2020.

10 Disponível em: <https://www.youtube.com/user/videosimprovaveis/>. Acesso em: 10 jan. 2020.

METÁFORAS

Metáforas são tudo de bom. Elas transferem o sentido original de uma palavra para um novo contexto e, com isso, contribuem muito para a gente se expressar de forma mais didática, organizar melhor os pensamentos e entender com mais clareza nosso tresloucado mundo. Ela se aproveita de ideias conhecidas e familiares para introduzir outras, mais novas e originais. Há que se ter muita cultura e criatividade para dominar essa arte, e não é à toa que a gente encontra verdadeiros mestres do riscado entre os maiores filósofos.

As metáforas ajudam a transformar o complexo e o desconhecido em algo familiar, com o qual temos condições de lidar. Exercitar a capacidade de contar histórias usando metáforas amplia nossa capacidade de fazer associações inéditas e originais. Muitas vezes, a simples construção de uma metáfora para explicar um problema é capaz de gerar uma ideia original para solucioná-lo.

Daniel Pink, em *O Cérebro do Futuro: A Revolução do Lado Direito do Cérebro*, explica:

"num mundo de grande complexidade, o domínio das metáforas — aptidão sistêmica que alguns cientistas especializados em cognição já chamaram de 'racionalidade imaginativa' — converteu-se em algo ainda mais valioso". [11]

Pink, inclusive, sugere que se mantenha um registro das metáforas mais interessantes e surpreendentes que a gente lê ou ouve. Elas podem ser uma fonte muito rica de ideias no futuro ou mesmo uma inspiração para que a gente consiga criar nossas próprias metáforas originais.

CHAVE DE OURO

Em geral, gosto de metáforas, mas confesso que tenho uma implicância especial com a tal "fechar com chave de ouro". Primeiro porque o fechar, nesse

---

11 PINK, Daniel. *O Cérebro do Futuro: A Revolução do Lado Direito do Cérebro*. Rio de Janeiro: Elsevier, 2005, pág.126.

CRIATIVIDADE NO DIA A DIA

caso, é usado como significado de conclusão ou finalização de alguma coisa, não o ato de trancar ou guardar. É por isso que não entendo o que essa chave (ainda mais de ouro) faz aqui.

Gustave Flaubert sempre detestou frases prontas, a tal ponto de colecioná-las e se dar ao trabalho de escrever um volume chamado *Dicionário das ideias feitas*[12]. *Anos depois, o livro ganhou uma versão brasileira do Fernando Sabino*[13], *que incluiu um monte de outros ditos brasileiros. São palavras que se grudam umas às outras e são sempre usadas aos pares ou trios em determinados contextos.*

Coisas como "último suspiro", "compleição robusta", "crime hediondo", "requintes de crueldade", "discussão acalorada", "dúvida cruel", "espírito de porco", "esvair-se em sangue", "fato consumado", "do mais alto gabarito", "tresloucado gesto", "sorriso glacial", "finas iguarias", "amigo inseparável", "medida drástica", "recuperação gradativa", "reagir à altura", "olho da rua", "canto da sereia", "situação insustentável", "silêncio sepulcral" e por aí vai.

Acontece que em alguns desses pares a liga fica meio esquisita, como a moda do "amigo pessoal" (sempre fico pensando se a pessoa também tem amigos impessoais) e o tal "correr atrás do prejuízo" (o cúmulo do masoquismo, já que a maioria prefere correr atrás do lucro).

Faço, pessoalmente, uma campanha para eliminar o uso da expressão público-alvo. Pense: se o objetivo do marketing é estabelecer um relacionamento duradouro com o cliente, como chamá-lo de alvo vai ajudar? Alvo não se relaciona com ninguém, é simplesmente usado, espetado, furado e depois jogado fora. Ninguém quer saber os desejos e necessidades de um alvo. Ele só existe para medir qual competidor é melhor. Mero instrumento para lucro de outrem; qualquer que seja a situação, o alvo nunca ganha nada.

Agora estou me lembrando também daquela "de graça, até injeção na testa". Como assim? Eu não quero injeção na testa não, sai pra lá! De graça, eu poderia aceitar ingressos para um show que não estou muito a fim, ir a uma festa da qual não faço muita questão, comer um pedaço de bolo de ontem, sei lá. Muitas coisas, mas elas certamente não incluem injeção na testa. Que tal: "de graça até churrasco torrado na casa do chefe", "de graça até iogurte com validade de ontem" ou "de graça até aula de aramaico"? Vamos usar mais a criatividade e parar com essa injeção na testa, minha gente. Crie o seu próprio "de graça" e faça mais sucesso.

---

12 FLAUBERT, Gustave. *Dicionário das Ideias Feitas*. São Paulo: Alexandria, 2007.

13 SABINO, Fernando. *Lugares Comuns*. Rio de Janeiro: Record, 1984.

ATITUDE PRÓ-INOVAÇÃO

Adoro quando a pessoa faz adaptações mais contemporâneas. Quem não riu da primeira vez que ouviu dizer que fulano estava se achando "a última bolachinha do pacote" ou "a última Coca-Cola do deserto"? Acredito que o caminho seja esse mesmo. Se a gente colocar os miolos para chacoalhar e brincar um pouco, pode ser divertido. Que tal: a Ana está se considerando "a capa da Playboy deste mês"? Ou: o Jonas pensa que é "o Brad Pitty jogando frescobol em Ipanema"?

A gente poderia pensar em alternativas toda vez que se sentisse tentado a usar "rápido como um raio", "tempestade num copo d´água" ou "virar a casaca", né? Poderia ser "o cara saiu a 10 gigabits por segundo", "a dona está achando que falta de calço na mesa é terremoto" ou "o Zeca agora está trocando a marca da cerveja".

Pois é, legal seria terminar esse tema com uma coisa alternativa à tal "chave de ouro". Pensei em "terminar com a plateia de pé gritando bravo", mas não é para tanto.

Alguém tem alguma ideia?

Para exercitar e ampliar a capacidade de fazer novas conexões entre temas diferentes, segue uma tarefa divertida.

Tente alguns exercícios para contar histórias usando metáforas:

1. Imaginar o futuro daqui a 10 anos usando recortes de revistas com imagens que representem as principais mudanças;

2. Definir um problema qualquer e criar uma manchete de jornal com a notícia de que o problema foi resolvido (a manchete como metáfora revela muitos desejos que nem sempre são conscientes);

3. Usar massinha de modelar e brinquedos para contar o tipo de dificuldade que a pessoa está tendo para resolver determinada questão;[14]

---

14 Usei metáforas durante muitos anos de consultoria em definição de identidade corporativa usando o método que desenvolvi. Os resultados eram sempre reveladores. Por exemplo: uma empresa cujo lema era "o cliente em primeiro lugar" participou de um workshop em que 30 pessoas, divididas em 6 equipes, tinham de representar a situação da empresa no mercado (com todos os atores) com massa de modelar. Nenhuma, absolutamente nenhuma equipe, representou o cliente no cenário. Todas se concentraram nos concorrentes. O livro com mais detalhes: FASCIONI, Ligia. *DNA empresarial: Identidade corportativa como referência estratégica*. São Paulo: Integrare, 2010.

CRIATIVIDADE NO DIA A DIA

4. Desenhar uma cena substituindo pessoas por animais (ou objetos; ou frutas; ou países; as possibilidades são infinitas).

HISTÓRIAS INFANTIS

Depois que a gente vira adulto, quase não tem mais contato com histórias infantis (pelo menos no meu caso, que não tenho filhos). Mas muita coisa sobre criatividade pode ser aprendida tanto no convívio com crianças (o olhar delas é novo e fazem perguntas interessantíssimas) como explorando algumas obras de literatura infantil.

COISAS QUE APRENDI COM UM HIPOPÓTAMO FINLANDÊS

Uma queridíssima amiga foi passar uns dias em Helsinki e me deixou com a missão especial de cuidar das gatinhas dela. Durante alguns dias, fui lá brincar com aquelas fofas arteiras e já estava bem feliz com isso. Pois não é que na volta a Ana me trouxe um presente? Nem precisava, mas, né? Mas como posso não ficar feliz em ganhar um clássico da literatura finlandesa?

As explorações do Papai Moomin[15], de Tove Jansson, me ensinou, dentre outras coisas, que devo ler mais clássicos infantis.

Tove, a autora, nasceu em 1914 e era filha de uma caricaturista com um escultor; ela escreveu a série de histórias com os personagens e todo o universo dos Moomin[16] durante e depois da Segunda Guerra, quando tudo era dor, sofrimento e destruição. Seu texto é um alívio no meio de tudo isso; fresco, curioso, bem-humorado e engraçado. Não é à toa que os personagens são idolatrados em sua terra natal e em outras partes do mundo.

Os Moomin são tão queridos que há parques temáticos no mundo todo, produtos licenciados, filmes de animação, histórias em quadrinhos e tudo o que se possa imaginar. Eles são tipo um Harry Potter finlandês, só eu é que não conhecia.

15 JANSSON, Tove. *The Exploits of Moominpappa.* London: Puffin Books, 1969.

16 Disponível em: <https://www.moomin.com/>. Acesso em: 10 jan. 2020.

ATITUDE PRÓ-INOVAÇÃO

Esse volume (são oito, no total) mostra o Papai Moomin contando a história de sua vida para seus filhos até o momento em que conhece a mãe deles. É muito fofo, pois ele é tão inocente e se acha tão genial que é impossível não amar. Recebeu fortes recomendações da Mamãe Moomin: as partes não instrutivas eram para ser deixadas de fora do livro que ele está escrevendo e lendo, capítulo por capítulo, todos os dias para os filhos e amiguinhos.

Os Moomins, pelos desenhos da capa e algumas ilustrações no interior do livro, têm a forma de um hipopótamo. E foi assim que comecei a ler, imaginando um hipopótamo contando sobre o dia que, ainda filhote, foi deixado sobre folhas de jornal num orfanato controlado por criaturas chamadas Hemulen. Elas são como generais disciplinadíssimas nesse reino e, ao encontrar o Moomin, decretaram: se tivesse chegado meia hora mais tarde, seria músico; se tivesse aparecido um dia antes, seria um jogador compulsivo. Mas a combinação de estrelas no momento era muito especial, de maneira que ele seria supertalentoso.

Sabendo que era tão notável, Moomin não conseguiu suportar a vidinha chata do orfanato e fugiu para viver aventuras (olha aí um exemplo clássico de profecia autorrealizável). É engraçado porque, no começo, ele se apresentava assim para todos os seres que encontrava: "Sou Moomin e nasci sob uma configuração especial de estrelas".

Ninguém dava muita bola, mas nada abalava sua autoestima (isso é uma coisa muito bacana). Eis que ele encontra outros personagens, constrói uma casa, viaja num barco, enfrenta gigantes e monstros, conhece o rei, salva vidas, até que encontra seu grande amor, uma charmosa Moomin fêmea.

Há cenas espetaculares de tão criativas que trazem soluções surpreendentes para brincadeiras de infância, como quando ele e seus amigos estão a bordo de um barco atravessando o oceano e um deles olha para o céu e diz: "Aquelas nuvens ali não parecem três ovelhas fugindo de um lobo, que está correndo logo atrás?'". Todos concordam e um dos amigos decide salvá-las: ele pega uma corda e laça cada uma das nuvens. As ovelhas-nuvem, agradecidas, fazem parte da viagem como tripulação do barco. Quem pensaria numa coisa dessas?

Olha só quanta coisa deu para aprender:

1. Ler livros infantis significa jogar fora todos os pré-conceitos. Quando vi o desenho de um hipopótamo na capa, imediatamente imaginei um animal assim, enorme e pesado, vivendo as aventuras. Só depois de ler quase um terço do livro, lá pela página 30, é que me dei conta

de que eles estavam usando uma lata vazia como veículo. Então só podiam ser miniaturas num jardim;

2. Como o livro é em inglês, no começo procurava no dicionário nomes dos animais que não conhecia. Só depois saquei que eram criaturas inventadas;

3. Aprendi que não tem problema ser vaidoso quando também se é generoso com os outros. As coisas se equilibram;

4. Aprendi que é possível ter ironia fina também em livros infantis. Curiosíssima para saber se a parte do livro que foi vetada para as crianças, em que o Moomin vai viver com as Hattifattener, criaturas que nunca descansam e estão sempre viajando sem parar, foi contada em algum outro volume;

5. Crianças finlandesas podem tomar rum quente na boa, desde que seja inverno (passei minha infância tomando sangria de vinho tinto no Brasil mesmo) e não tem problema os adultos da história fumarem (cabe lembrar que era outra época);

6. Livros infantis, principalmente com animais e cenários inventados, podem ser um excelente exercício de imaginação e criatividade. Aí que a gente se dá conta de como está enferrujado em ter ideias realmente originais;

7. Aprendi que preciso urgentemente puxar Helsinki mais para cima na minha infindável lista de lugares para visitar com urgência.

CONTÍCULOS

A ideia dos contículos veio do livro *O Efeito Medici*[17]*, em que o autor exemplifica a prática de Edgar Allan Poe, o famoso escritor americano, para encontrar conexões em lugares improváveis para suas histórias. Quando Poe tinha de criar um enredo para uma história, ele procurava duas ou três palavras aleatoriamente num dicionário e tentava associá-las.*

---

17 JOHANSSON, Frans. *O Efeito Medici: Como Realizar Descobertas Revolucionárias na Interseção de Ideias, Conceitos e Culturas*. Rio de Janeiro: Best Seller, 2008.

ATITUDE PRÓ-INOVAÇÃO

Durante um tempo fiz o mesmo exercício, que chamei de contículos, e os publiquei numa categoria especial no meu blog; acabei abandonando o hábito por falta de tempo, mas retomá-lo está nos meus planos[18].

Apresento aqui quatro exemplos de contículos completamente diferentes que nasceram a partir de três palavras encontradas aleatoriamente no dicionário. Veja como é divertido.

Batina[19], próclise[20] e esclerosar[21]

Creusa olhou desanimada para o espelho. Estava gorda como uma baleia. O vestido até parecia a **batina** daquele frei redondinho que fazia o meio de campo entre Romeu e Julieta. Horror. Precisava desesperadamente fazer alguma coisa. Não adiantava pedir conselho para a Bartira; essa, então, quando usava cinto, parecia mais um colchão enroladinho amarrado com uma corda. Mas era sua melhor amiga e entendia bem seu drama; então o jeito foi desabafar.

— Colega, precisamos fazer alguma coisa. A festa da Babete é na semana que vem e se continuar nesse *shape*, a gente não vai pegar ninguém. Cê tá sabendo de alguma dieta nova, por acaso?

— Claro, Crê, tô sempre por dentro das calorias das famosas. Agora tem a dieta da **próclise**, última moda em Hollywood.

— É? E nessa aí, o que a gente come?

— O bom é que não importa o que a gente come. O que importa é o que você faz antes.

— Como assim?

— Ué! Próclise é quando o pronome vai antes do verbo. Então, tem que ver o que você faz antes de comer, sacou?

— Mais ou menos, dá um exemplo...

---

18 Disponível em: <http://www.ligiafascioni.com.br/category/conticulos/>. Acesso em: 10 jan. 2020.

19 BATINA: Veste talar abotoada na frente, que os eclesiásticos usam; sotaina. (A partir de 1963, fora do exercício de suas funções sagradas, passou a ser permitido ao sacerdote o uso de roupa comum).

20 PRÓCLISE: Gramática, emprego de palavra proclítica. Fenômeno de pronúncia que integra, como sílaba inicial, um vocábulo átono ao vocábulo que o segue.

21 ESCLEROSAR: Tornar escleroso; endurecer. Perder a lucidez; ficar caduco.

— Se você tiver que ler uma página inteira de revista antes de dar uma garfada, já está valendo. Se der três voltas em torno da mesa antes de cada mordida, também. Vale qualquer coisa, mas tem que gastar pelo menos 2 minutos na tarefa. Assim, quando você termina de almoçar, já está na hora de jantar. Você passa o tempo todo comendo e não passa fome. A gente vai ficar fininha, fininha, amiga...

— Uau, não tem como dar errado. Acho que aquela princesa está tão magrinha por causa dessa dieta. Ela tem cara que retoca o delineador e dá umas 10 escovadas no cabelo antes de cada garfada. Assim, dá para comer até feijoada, né, Crê?

— Vamos começar agora, então. Bora testar com as batatinhas fritas do Bar do Clodô. A gente faz assim: eu conto uma fofoca antes de comer uma batata e você conta outra. Vamos ver o quanto a gente emagrece.

— Tá bom, colega, mas vamos devagar, tá? Sei não, com tanta maravilha nessa dieta, tenho medo de **esclerosar**...

Desolado[22], perdigoto[23] e deserto[24]

Turíbio olhou em volta e tudo o que conseguiu ver foi areia. Muita areia. Caminhões, trens, transatlânticos de areia e mais sobra suficiente para fazer uns 12 concursos internacionais de esculturas de praia. Mas de onde é que vinha tanto grãozinho, ó senhor? Precisava mesmo de tudo isso? Ele olhava para aquele cenário **desolado** e não acreditava como tinha ido parar lá.

Tudo começou quando ele estava "monitorando" um celular em cima de uma mesa de bar. O dono acompanhava uma mulher com cara de neurótica. A doida parecia alterada e a tempestade de **perdigotos** que o sujeito estava enfrentando dava vontade de chamar a defesa civil para avaliar o estrago da roupa.

Acho que a louca estava sem Rivotril, completamente surtada. Repetia sem parar que queria o chip dela de volta. O refrão "Devolve meu chip, Pedro!" era repetido com tanto vigor que faria Ivete Sangalo parecer afônica. E ele agarrado no aparelho, como se aquilo fosse o último ingresso para o show do U2.

---

22 DESOLADO: Solitário, triste, aflito; que foi alvo de desolação; que se encontra em estado de desamparo ou de aflição.

23 PERDIGOTO: Salpico de saliva que alguém lança ao falar.

24 DESERTO: Região árida, coberta por um manto de areia em que é quase absoluta a ausência de vida.

ATITUDE PRÓ-INOVAÇÃO

Pois a tensão estava no auge quando o Armandinho, trambiqueiro conhecido do bairro, puxou a bolsa dela e saiu correndo olimpicamente. Os dois saíram atrás e o tal Pedro acabou deixando cair o negócio na calçada.

Turíbio viu, pegou disfarçadamente o "pacote" e saiu andando calmamente. Foi quando ele tentou ligar para a Elzinha que o celular se transformou numa nave, engoliu seu corpo com sofreguidão e cuspiu tudo nesse **deserto** sinistro. Agora ele estava num Saara de comercial de Sprite, só que sem Sprite e, pior, sem celular.

Droga. Se soubesse, tinha mandado um SMS.

Mucumbagem[25], aríete[26] e silvícola[27]

Mucumbagem, cidadezinha perdida nos confins do Piauí, ficou mundialmente conhecida depois que um de seus ilustres e mais antigos habitantes finalmente descobriu o segredo da fórmula da Coca-Cola. A história gerou comoção no mundo inteiro, mas vou fazer aqui um resumo para não ocupar muito o tempo de vocês.

Seu **Aríete**, como era conhecido no povoado, era um encanador muito do sem-vergonha que já tinha namorado 78 moças da cidade e tido filhos com 16 delas. Malandro, sempre foi um adepto do uso da Coca-Cola para desentupir canos problemáticos, causando às vezes muitos estragos, que os meninos do colégio chamavam de golpe de Aríete.

Eis que num desses acidentes de trabalho o encanador acabou perdendo a dentadura no meio do corre-corre. Na busca insana pelo sorriso perdido, começou a revirar a bagunça que estava debaixo do tanque de D. Sílvia e achou uma caixinha contendo a famosa fórmula. É que a casa tinha sido alugada há mais de 50 anos para um americano que morreu de ataque cardíaco durante a visita de outro gringo estranho que depois sumiu.

D. Sílvia, alegando que a casa agora era dela, ficou com metade da fortuna que conseguiram com a venda do segredo. Mas seu Aríete é danado mesmo; faz dois anos tiveram um guri que acabou ganhando o nome de **Silvícola**, em homenagem à mãe e ao famoso refri que uniu o casal.

---

25 MUCUMBAGEM: Trastes velhos ou estragados; cacaréus. Coisa sem valia.

26 ARÍETE: Máquina de guerra usada na antiguidade e na Idade Média para abrir brechas em muralhas ou portões de castelos e povoações fortificadas.

27 SILVÍCOLA: Que vive nas florestas; selvícola: indígena silvícola.

Mas D. Sílvia anda meio incomodada. É que ontem ela abriu o armário e descobriu, escondida, uma garrafa de Fanta laranja lá no fundo.

Ai, ai, ai, ai, seu Aríete...

Eflorescência[28], **manopla**[29] e **pusilânime**[30]

Solange acordou com a **manopla** do seu marido bem em cima dos olhos. Arlindo, que ganhava a vida como jardineiro, era assim mesmo; relaxava tanto no sono que se esparramava todo. A moça nem se mexeu, pois aquela mãozona acabava servindo como máscara e ela sempre dormiu melhor no escuro.

Os últimos meses foram complicados: Solange ficava mal no inverno, sentia muito frio, não tinha vontade de sair da cama para nada. Bela profissional: quem é que iria querer uma faxineira **pusilânime**?

Foi aí que nossa protagonista se deu conta: estava toda animadinha e plena de energia, mesmo sem saber se fazia sol ou não.

Sentiu um formigamento no cabelo e afastou com cuidado a mão do marido. Engraçado, parecia terra e folhas; estava até um pouco úmido. Uma bolinha no canto em forma de gota; seria um botão? Gente, por isso é que ela estava tão cheia de ideias: sua cabeça estava em plena **eflorescência**!

Olhou para o Arlindo e pensou: coisa mais linda, esse **amor-perfeito**...

Agora é com você!

OBJETOS COM HISTÓRIA

Para que o cérebro possa desenvolver nossa capacidade de empatia, importantíssima para nossas habilidades sociais, ele tende a perceber reações emocionais em qualquer coisa, animada ou não. Donald Norman, um dos pioneiros das ciências cognitivas, nos ensina:

---

28 EFLORESCÊNCIA: Formação, aparecimento de flores.

29 MANOPLA: [Popular] Mão muito grande.

30 PUSILÂNIME: Destituído de coragem; que revela ou contém covardia: fraco, covarde.

ATITUDE PRÓ-INOVAÇÃO

> *"Ao longo de milhões de anos, essa capacidade de interpretar os outros se tornou parte de nossa herança biológica. Como resultado disso, percebemos estados emocionais em outras pessoas e (...) em qualquer coisa que seja vagamente parecida com a vida.*[31]

Norman diz que essa capacidade de atribuir motivações, crenças e sentimentos humanos a animais e objetos se chama **antropomorfismo**.

O filósofo Alain de Botton vai ainda mais longe[32]:

> *"Mesmo quando os objetos não se parecem nada com pessoas, achamos fácil imaginar que tipos de personalidades humanas eles poderiam ter."*

Bem, considerando essa nossa extraordinária capacidade de humanizar tudo o que vemos pela frente, o que não faltam são possibilidades de exercícios de *storytelling* com objetos.

A internet é cheia de exemplos; há muitas contas no Instagram que reproduzem a ideia da protagonista do filme *O Fabuloso Destino de Amélie Polain*, onde ela pede a uma amiga comissária de bordo que leve o anão de jardim do seu pai para ser fotografado em todas as cidades que ela visitar. A escultura acaba virando um personagem do filme onde não só o pai de Amélie tem inveja, mas quase todos nós que assistimos ao filme.

Inspiradas na história dessa francesa peculiar, pessoas no mundo inteiro usam ursinhos de pelúcia, miniaturas, *toy arts*, brinquedos diversos e o que mais aparecer para ajudar a contar a história do lugar que estão visitando.

Outra alternativa é ver os objetos de uma maneira completamente diferente do contexto onde eles estão normalmente inseridos.

---

31 NORMAN, Donald. A. *Design emocional: Por que adoramos (ou detestamos) os objetos do dia a dia.* Rio de Janeiro: Rocco, 2008, pág. 161.

32 DE BOTTON, Alain. *A Arquitetura Da Felicidade.* Rio de Janeiro: Rocco, 2007. pág. 89.

CRIATIVIDADE NO DIA A DIA

Veja uma lista com sugestões de artistas que transformam os objetos do cotidiano em algo extraordinário:

- **Paul Fuentes**[33] é um designer e fotógrafo mexicano que mostra objetos comuns de uma maneira totalmente absurda e genial.
- **Stephen McMennamy**[34] gosta de combinar objetos e seres vivos para criar coisas completamente inusitadas.
- **Matija Erceg**[35] também gosta de combinar coisas diferentes para criar novidades.
- **Tatsuya Tanaka**[36] é adepto do uso de pessoinhas usadas em maquetes interagindo com objetos em escala real para mostrar cenas engraçadas e surreais.
- **Domenic Bahmann**[37] também gosta de fotografar objetos de maneira inusitada com muito bom humor.
- **Slinkachu**[38], autor do *Little People Project*[39] (cheguei a comprar o livro quando foi lançado; é sensacional!), é um mestre em mostrar mundos em miniatura da maneira mais surreal e bem-humorada possível.
- **Vincent Bal**[40] é um cineasta belga que conta histórias incríveis usando sombras e desenhos.
- **Christoph Niemann**[41], que já foi tema até do documentário *Abstract*, da Netflix, faz um trabalho extraordinariamente criativo, misturando fotos de objetos com ilustrações.

---

33 Disponível em: <https://www.instagram.com/paulfuentes_design>. Acesso em: 10 jan. 2020.

34 Disponível em: <https://www.instagram.com/combophoto>. Acesso em: 10 jan. 2020.

35 Disponível em: <https://www.instagram.com/seriousdesign>. Acesso em: 10 jan. 2020.

36 Disponível em: <https://www.instagram.com/tanaka_tatsuya>. Acesso em: 10 jan. 2020.

37 Disponível em: <https://www.instagram.com/domfriday/>. Acesso em: 10 jan. 2020.

38 Disponível em: <https://www.instagram.com/slinkachu_official/>. Acesso em: 10 jan. 2020.

39 SLINKACHU. *Kleine Leute in der grossen Stadt*. Hamburg: Hoffmann und Campe, 2010.

40 Disponível em: <https://www.instagram.com/vincent_bal/>. Acesso em: 10 jan. 2020.

41 Disponível em: <https://www.instagram.com/abstractsunday/>. Acesso em: 10 jan. 2020

Eu mesma já me aventurei no meu blog a "denunciar" a situação precária de trabalho dos manequins de loja inventando histórias e criando legendas para justificar caras e poses bizarras que a gente observa nas vitrines[42].

Inventar histórias e narrativas para objetos pode parecer bobagem, mas existe um experimento social bastante famoso, o *Significant Objects*[43], em que os pesquisadores Rob Walker e Joshua Glenn convidaram 200 escritores (alguns bem conhecidos) para escrever histórias sobre alguns objetos.

A ideia foi a seguinte: eles compraram quinquilharias por uma média de US$1,50 cada e as colocaram para vender no eBay. Só que em vez da descrição factual com as características do produto, eles eram apresentados com histórias totalmente fictícias inventadas pelos escritores.

O resultado? Eles esperavam que as histórias fizessem realmente diferença, mas não tanto assim. Investiram pouco mais de US$300 e realizaram vendas no total de mais de US$8 mil!

Um martelinho de madeira todo descascado, por exemplo, foi vendido como sendo a chave para entrar num portal do tempo que os Supremos Guardiões do Universo controlam, e que será aberto em 2031. Foi comprado por US$0,33 e vendido por US$71,00!

Um bonequinho de plástico com roupinhas de tecido foi comprado por US$3,00 num mercado de pulgas e vendido a US$193,50 depois de ser apresentado como um ícone do século XIV, patrono e santo dos dançarinos extremamente rápidos.

Como se pode ver, não é à toa que os *storytellers* têm sido tão valorizados ultimamente. Ao descobrir os enormes benefícios de se conseguir contar bem uma história, as pessoas passaram a se interessar mais pelo assunto.

De minha parte, só vejo vantagens. Vamos praticar?

Essas brincadeiras todas podem parecer perda de tempo e sem sentido, mas, mesmo sem perceber, você estará forçando conexões neuronais e combinações diferentes das usuais aí dentro da sua cabeça. Quando precisar resolver problemas de maneira criativa, já vai estar bem mais acostumado a fazer essas conexões.

---

42 Você pode se divertir com o "Vida de Manequim", disponível em: <http://www.ligiafascioni.com.br/category/vida-de-manequim>. Acesso em: 10 jan. 2020.

43 Disponível em: <http://significantobjects.com>. Acesso em: 10 jan. 2020.

CRIATIVIDADE NO DIA A DIA

Para quem quiser se aprofundar em técnicas de *storytelling*, recomendo dois livros sensacionais: o clássico *O herói de Mil Faces*[44] e o prático *A Jornada do Escritor*[45].

UM POUCO DE IMPOSSÍVEL TODO DIA

OBJETOS IMPOSSÍVEIS

Alice[46] riu: "Não se pode acreditar em coisas impossíveis."[47]

"Você não está fazendo os exercícios certos", disse a Rainha. "Na sua idade, praticava meia hora todo dia. Algumas vezes chegava a acreditar em até seis coisas impossíveis antes do café da manhã."[48]

Lembrei-me desse trecho do livro *Alice no País dos Espelhos*[49] quando vi o filme *Alice* no cinema, há alguns anos. Na versão Timburtoniana, as palavras vão para a boca do pai de Alice, que tenta convencer um investidor.

Depois lembrei-me, de novo, quando pedi para meus alunos do curso de design desenvolverem um produto conceitual, sem nenhum tipo de restrição técnica ou financeira. Sempre vejo o pessoal reclamar que sua criatividade nunca é bem aproveitada por conta das tais restrições, que podam e bloqueiam seus talentos. Pois é, paguei para ver e o resultado foi menos que decepcionante. Nada extraordinário, tudo bem convencional e dentro do esperado. Por que será que isso acontece?

Como já dito, criatividade, como qualquer outra habilidade humana, precisa ser exercitada. Não adianta a Dioclésia dizer que consegue passar no vestibular se não estudar pelo menos um pouco todo dia. Não acredito que o Josenil-

---

44 CAMPBELL. *O Herói de Mil Faces*. São Paulo: Pensamento, 2007.

45 VOGLER, Christopher. *A Jornada do Escritor: Estrutura Mítica para Escritores*. Rio de Janeiro: Nova Fronteira, 2011.

46 CARROLL, Lewis. *Alice Hinter den Spiegeln*. Frankfurt am Main: Insel Verlag, 1963. pág.74.

47 Ibid. Tradução do original: "etwas Unmögliches kann man nicht glauben".

48 Ibid. Tradução livre do original: "Du wirst darin eben noch nicht die rechte Übung haben" sagte die Königin. "In deine Alter habe ich täglich eine halbe Stunde darauf verwendet. Zuzeiten habe ich vor dem Frühstück bereits bis sechs unmögliche Dinge geglaubt." pág. 75.

49 Ibid.

ATITUDE PRÓ-INOVAÇÃO

do consiga acordar um belo dia e escrever um romance; o sujeito não costuma escrever nem mesmo bilhetes curtos.

É complicado imaginar a Claudinete preparando sozinha um jantar sofisticado para dezoito convidados se ela mal consegue fazer pipoca no micro-ondas. Por que com a criatividade seria diferente?

A gente raramente treina pensar coisas fora do que conhece. Nossas ideias impossíveis são raras e difíceis. Quer ver? Marque 5 minutos no relógio e tente pensar em 3 coisas impossíveis de verdade. É difícil, né?

Pois é, e se a gente não pratica, na hora em que tiver a grande chance, vai atrás dos seus queridos neurônios e encontra-os cheios de reumatismos e dores difusas. Tarde demais.

Proponho aqui, então, seguir o conselho da Rainha Branca e tirar um tempinho todo dia para pensar em coisas impossíveis. Se a gente quer se superar, virar atleta do impossível, tem de treinar muito. Proponho começar com uma ideia impossível por dia.

Claro que tem os impossíveis clássicos de sempre: a máquina do tempo, o teletransporte, o tradutor automático de idiomas, a comida emagrecedora, a capa da invisibilidade. Mas essas ideias muitos outros já tiveram. Estou falando de coisas que não estão (ainda) nos livros de ficção científica.

Andei praticando por um tempo e olha só algumas ideias impossíveis, para começar:

- **Usinas eólicas móveis:** fiquei imaginando que as usinas eólicas poderiam ter um grupo no WhatsApp e uma avisasse às outras onde é que está bombando o vento. Aí iriam todas para lá, curtiriam o momento e, em seguida, andariam até a próxima ventania.
- **Moto para andar nas nuvens:** voar de avião é, para mim, o equivalente a viajar de carro por terra. E assim como há motos, que fazem a gente se integrar mais ao ambiente, deveria haver também uma versão em duas rodas onde se pudesse voar pelo meio das nuvens. Já pensou?
- **Nuvens coloridas:** haveria um artista em cada cidade (uma equipe poderia se revezar) para escolher as cores das nuvens a cada estação de chuvas. As cidades mais ousadas teriam nuvens estampadas.
- **Bolsa com perninhas que andassem ao nosso lado:** Chega de problema na coluna. As bolsas teriam perninhas longas e elegantes e andariam

CRIATIVIDADE NO DIA A DIA

sempre ao nosso lado, como fiéis escudeiras. Com o tempo, elas também poderiam usar sapatinhos estilosos[50].

○ **Canetas que voltam sozinhas para a bolsa:** a gente ensinaria o caminho uma vez só e a caneta aprenderia que aquela bolsa é a casa onde ela deve dormir todo dia. Depois poderiam ser desenvolvidas versões para chaveiros, celulares e batons.

○ **Carros gelatinosos:** Chega de acidentes fatais, vamos nos divertir mais! Com carros feitos de gelatina, a aerodinâmica seria melhorada e o mundo seria mais fofo.

○ **Cinto de segurança massageador:** Ninguém mais ficaria chateado de ficar preso no engarrafamento, com certeza. As pessoas relaxariam e até poderiam treinar ideias impossíveis.

○ **Microfone melódico:** não importa se você está rouca, se tem voz de taquara rachada ou se desafina até para rir. Quando você fala nesse microfone, sua voz fica igualzinha à da sua cantora favorita. Já pensou uma palestra com a voz da Marisa Monte? Eu quero!

○ **Sorvete com nanorrobôs faxineiros:** é só você sempre deixar para tomar o sorvete por último e pronto, os nanorrobôs limpam os seus dentes nos mínimos cantinhos; fica melhor até do que a limpeza semestral no dentista. Escovar os dentes, passar fio dental, limpar a língua, nunca mais. É só tomar um sorvetinho antes de dormir (sabores a escolher).

○ **Óculos para ver dores:** Você coloca e logo enxerga onde está doendo. Bom para pediatras e veterinários.

○ **Tradutor universal de língua dos bichos:** uma espécie de Dr. Doolittle em forma de *headphone*. Eu teria altos papos com a Charlotte e a Isabel.

○ **Anotador de pensamentos:** Você pensa e automaticamente a ideia fica registrada num aplicativo.

○ **Câmera de íris:** Uma câmera fotográfica em forma de *nanochip* que fotografa a cena que você está vendo. Basta pensar: quero guardar isso! E pronto. Depois é só fazer o download pelo brinco.

Vamos pensar em algumas?

---

50 Tive essa ideia e até fiz um desenho na publicação do meu blog, em 2010. Não é que em 2011 vi essa ideia numa vitrine de bolsas? Viu como as primeiras ideias são as mais comuns e várias pessoas pensam nela? Veja aqui a prova: FASCIONI, Ligia. *Impossível coisa nenhuma*. Publicado em 23 set. 2011. Disponível em: <http://www.ligiafascioni.com.br/impossivel-coisa-nenhuma/>. Acesso em: 27 jan. 2020.

ATITUDE PRÓ-INOVAÇÃO

DIÁLOGOS IMPOSSÍVEIS

Mais um exercício do absurdo, mas dessa vez com diálogos.

- Como seria se Napoleão Bonaparte fosse um jornalista e precisasse fazer uma reunião de pauta numa redação onde a editora-chefe fosse a Madonna?
- Como seria a entrevista de emprego da sua avó para conseguir um trabalho de programadora, se o dono da startup fosse o Leonardo DiCaprio?
- Como seria a conversa entre o zelador do seu prédio e a rainha Elizabeth?
- Descreva um diálogo imaginário entre sua tia preferida e Donald Trump. Eles estão conversando sobre futebol.
- Pense que tipo de argumentos Darwin usaria para convencer seu treinador na academia que é melhor deixar a manteiga fora da geladeira do que dentro.

Enfim, agora é com você!

SUPEPODERES INÚTEIS

A ideia desse exercício foi tirada de uma charge que encontrei na internet. Pesquisando para tentar chegar ao autor, vi que ela existe em várias línguas e não consegui chegar na origem (até porque parece que é uma brincadeira bem frequente entre os *nerds*). Aqui alguns superpoderes inúteis que achei em muitos lugares, por isso não consegui identificar a fonte original, e outros que inventei por conta própria:

Então lá vai uma lista de superpoderes inúteis:

- fazer com que tudo o que você comer tenha gosto de chuchu;
- ressuscitar insetos;
- absorver má sorte;
- desligar automaticamente um notebook até a próxima lua minguante;
- atrair projéteis de todos os tipos;
- conversar com frutas (mas apenas as verdes);
- ficar invisível somente quando ninguém está olhando para você;
- teletransportar-se a 5cm de distância

CRIATIVIDADE NO DIA A DIA

- transformar ouro em lata enferrujada (mas só coisas suas);
- fazer partes do seu corpo ficarem formigando;
- desbotar as cores de tudo o que você estiver vendo;
- queimar sempre o jantar quando tiver visita;
- fazer suas sobrancelhas desaparecerem duas vezes ao dia por 10 minutos;
- falar palavrões que só as formigas entendam;
- fazer dinheiro sumir e não aparecer mais, para sempre;
- borrar sua própria maquiagem só de olhar no espelho;
- transformar pratos franceses de restaurantes estrelados em ração de gato;
- virar a unha do dedão do pé para o lado de baixo;
- fazer crescer cabelo entre os dedos da mão (mas apenas da direita);
- esquecer-se de tudo o que acabou de ler num livro quando chegar na última linha;
- incluir automaticamente no caderno de endereços do seu telefone números aleatórios de pessoas desconhecidas;
- reunir 378 mosquitos ao redor do seu cotovelo direito com apenas três piscadas;
- com apenas um movimento de nariz, embaralhar os três últimos dígitos dos números de todos os seus contatos de WhatsApp;
- rasgar capas de livros apenas com o poder da mente;
- virar as orelhas para trás (uma de cada vez);
- fazer a tinta da caneta acabar assim que ela toca o papel;
- fazer com que todas as folhas avulsas de papel (preenchidas ou não) que se aproximarem de você, dobrem-se quatro vezes;
- fazer a sola do seu pé ficar azul.

E você? Que superpoderes inúteis você consegue imaginar?

NOVAS PERSPECTIVAS

Gerar ideias sempre pensando somente sob o seu ponto de vista limita muito as possibilidades. Num dos cursos de *design thinking*[51] que fiz, a coordenadora, Leticia Cavagnaro, deu algumas dicas para ajudar numa tarefa onde era

---

51 Design Thinking Action Lab. Online Course provided by Stanford University through NovoEd. Six Weeks. 2013.

necessário gerar cinquenta ideias. Ela começou com algumas perguntas e acrescentei outras, acompanhando a mesma linha de raciocínio. Veja como ampliar as perspectivas (e por isso a empatia é tão importante) amplia também o leque de ideias geradas.

SOB OUTRO PONTO DE VISTA

Vamos lá:

- Qual são as soluções mais óbvias para esse problema, ou seja, o que já existe?
- O que você poderia adicionar, remover ou modificar nessas soluções iniciais?
- Como uma criança de 5 anos resolveria o problema?
- Como seu professor do primeiro ano primário resolveria o problema?
- Como um tiranossauro rex resolveria o problema?
- Como uma pessoa de 110 anos resolveria o problema?
- Como uma pessoa que vivesse na Idade Média resolveria o problema?
- Como um cego resolveria o problema?
- Como um esquimó resolveria o problema?
- Como um personagem de seu desenho animado favorito resolveria o problema?
- Como um jogador de futebol resolveria o problema?
- Como sua tia preferida resolveria o problema?
- Como alguém que estivesse enclausurado num convento (ou numa prisão) resolveria o problema?
- Como o problema poderia ser resolvido se o orçamento fosse ilimitado e você pudesse dispor de todo dinheiro que quisesse?
- Como o problema poderia ser resolvido se você não pudesse gastar nenhum centavo?
- Como o problema poderia ser resolvido se você tivesse controle sobre as leis da natureza (pense em invisibilidade, teletransporte, telepatia, controle de chuvas etc.)?
- Como o problema poderia ser resolvido se você pudesse mudar as leis do país (ou do mundo)?

CRIATIVIDADE NO DIA A DIA

- Como o problema poderia ser resolvido usando tecnologia de ponta?
- Como o problema poderia ser resolvido sem nenhuma tecnologia?
- Como o problema poderia ser resolvido se você tivesse de usar um game?
- Como o problema poderia ser resolvido se você tivesse de, necessariamente, usar uma lixa de unhas na solução?
- Como o problema poderia ser resolvido se você tivesse que explicá-lo usando poesia?
- Como o problema poderia ser resolvido se a solução não pudesse gerar nenhum tipo de som ou ruído?
- Como o problema poderia ser resolvido usando necessariamente uma laranja e um esquadro?
- Como o problema poderia ser resolvido se o ambiente mudasse (por exemplo, o cenário fosse debaixo d'água ou na atmosfera de marte)?
- Como o problema poderia ser resolvido se a solução tivesse de ter um gosto (doce, salgado etc.)?
- Como o problema poderia ser resolvido se você tivesse de usar personagens de filmes para realizar tarefas?
- Como o problema poderia ser resolvido se você tivesse de fazer tudo de olhos vendados?
- Como o problema poderia ser resolvido se as proporções fossem mudadas (por exemplo, as pessoas ficassem do tamanho de um prédio e o prédio fosse do tamanho de um tijolo)?
- Como o problema poderia ser resolvido se você tivesse de usar uma música como parte da solução?

E tem mais...

- Olhando sua lista de ideias, qual é a pior delas? O que você teria de mudar para que ela ficasse aceitável?
- Qual a ideia mais ridícula? O que teria de ser feito para que ela fosse viabilizada?
- Qual a ideia mais prática?
- Qual a sua ideia favorita?
- Qual a ideia mais original e disruptiva?
- Qual a ideia mais fácil de implementar? E a mais difícil?

ATITUDE PRÓ-INOVAÇÃO

E SE...?

E se as coisas fossem diferentes? É muito fácil e confortável a gente se acostumar às coisas como elas são; mas muito interessante também é o exercício de pensar como seria se elas fossem diversas. Pois muita gente levou isso a sério e perguntou a especialistas.

Tenho duas obras como referência de perguntas hipoteticamente absurdas, mas que tentam ser respondidas com o maior realismo possível.

O primeiro livro[52], das jornalistas alemãs Isabelle Auerbach e Yvonne Weindel, é mais voltado a crianças e adolescentes, para ser lido como se fosse um jogo. Elas colecionaram perguntas, entrevistaram crianças e depois especialistas para responderem. Ambas as respostas estão no volume. As perguntas são do tipo:

- Como seria se a gente nunca se esquecesse de nada?
- Como seria se o mar não fosse salgado?
- Como seria se todas as pessoas desaparecessem da Terra?
- Como seria se nós pudéssemos voar?
- Como seria se pudéssemos comprar nossos pais em uma loja de departamentos?
- Como seria se todos falassem a mesma língua?
- Como seria se não tivéssemos medo de nada nem de ninguém?
- Como seria se todos os nossos desejos fossem atendidos?
- Como seria se pudéssemos conversar apenas por sinais?

Você pode criar as suas e se divertir também.

O segundo livro[53] é mais voltado à pesquisa científica. Seu autor, Randall Munroe, é um físico que trabalhou construindo robôs num centro de pesquisa da Nasa. Largou tudo para se dedicar em tempo integral a criar quadrinhos *nerds* (xkcd)[54] que são sucesso editorial (além de ótimos). Ele é, ainda, muito respei-

---

52 AUERBACH, Isabelle e WEINDEL, Yvonne. Was wäre, wenn wir fliegen könnten? Gedankenspiele und Wissenswertes für Kinder und Erwachsene. Berlin: Ullstein, 2010.

53 MUNROE, Randall. *What if? Serious Scientific Answers to Absurd Hypothetical Questions.* London: John Murray, 2014.

54 MUNROE, Randall. *xkcd: volume 0.* San Francisco: Breadpig, 2009.

CRIATIVIDADE NO DIA A DIA

tado na comunidade científica, a tal ponto que ganhou um asteroide com seu nome: o 4942 Munroe.

O livro *What if?* é uma coletânea de perguntas e respostas que ele publicou no blog durante alguns anos; as perguntas são inusitadas e muito criativas, mas a graça mesmo está nas respostas, em que o autor, fundamentado em diversos artigos científicos, reforça a didática da explicação usando desenhos engraçados e comentários irônicos.

Uma amostra das perguntas (se quiser ver as respostas, que são longas, detalhadas e muito engraçadas, visite o site do autor)[55]:

- E se todo mundo tivesse, de fato, uma única alma gêmea, uma pessoa qualquer em algum lugar randômico do mundo?
- E se todas as pessoas na Terra apontassem um laser para a Lua ao mesmo tempo? A Lua mudaria de cor?
- E se você tentasse voar num aeroplano normal na Terra, só que sobre outros corpos do sistema solar?
- E se duas pessoas imortais fossem colocadas cada uma em um lado da Terra (caso a Terra fosse inabitada)? Quanto tempo elas levariam para se encontrar?
- Quantas peças de Lego seriam necessárias para fazer uma ponte capaz de suportar o tráfego entre Londres e Nova York?
- E se uma tempestade fizesse com que toda a água caísse em uma única gota gigante?
- E se houvesse uma versão impressa da Wikipedia; quantas impressoras teriam de trabalhar ininterruptamente para manter a versão sempre atualizada?

Outra versão de possibilidades absurdas é o jogo do contrário. É simples: basta fazer uma lista das características ou propriedades de um objeto. Depois é só reescrevê-las no sentido oposto. Por exemplo, uma cadeira tem as seguintes características:

- é sólida;
- serve para sentar;
- é confortável se a pessoa ficar por pouco tempo;

---

55 Disponível em: <https://what-if.xkcd.com>. Acesso em: 10 jan. 2020.

ATITUDE PRÓ-INOVAÇÃO

- apoia o peso no traseiro da pessoa.
- Agora é só imaginar uma cadeira:
- líquida ou gelatinosa;
- que sente sobre você;
- que é desconfortável no começo, mas vira uma delícia depois de algumas horas;
- que apoia o peso na cabeça da pessoa.

Já pensou nos desdobramentos e ideias que podem surgir a partir dessa abertura de possibilidades? O que teria de ser feito para que a cadeira passasse a ter essas características contrárias?

BRINCANDO COM AS PALAVRAS

Palavras são uma fonte infinita de possibilidades para ideação. Quanto mais palavras a gente conhece (inclusive em outras línguas), maior é nosso repertório de criação.

Além dos dicionários convencionais (que podem ser online ou impressos, tanto faz), recomendo demais o uso de dicionários de rimas e dicionários etimológicos (que trazem a origem das palavras). Mas, além desses, outro tipo de dicionário que não é tão conhecido, mas igualmente útil para gerar ideias é o dicionário analógico (não, não é o contrário de digital).

DICIONÁRIO ANALÓGICO

Sempre tive um carinho especial por dicionários. Apesar de eu ter sido a primeira pessoa da minha família a ter curso superior, sempre se leu muito lá em casa. A gente tinha um dicionário na cozinha, porque na hora do almoço era a única maneira de encerrar as discussões acaloradíssimas dos Fascioni (*tutti buona gente...*).

Adoro abrir um dicionário e ficar achando coisas, até me esquecer do que estava procurando. Em casa tenho vários, inclusive um grego-inglês e um russo-alemão que ganhei de um amigo austríaco do meu pai. Em Berlim minha coleção aumentou bastante por causa dos passeios dominicais aos mercados de pulgas.

CRIATIVIDADE NO DIA A DIA

Há muitos anos, visitando aquele paraíso que era a Livraria Cultura do Conjunto Nacional, não pude resistir ao *Dicionário Analógico da Língua Portuguesa*, de Francisco Ferreira dos Santos. O analógico, no caso, não é em oposição ao digital; tem a ver com o fato de a obra usar analogias e ideias relacionadas, em vez de trazer apenas o significado, como os dicionários comuns.

Aliás, esse é um dicionário bem diferente dos outros, já que as palavras não estão por ordem alfabética. O conceito de um dicionário analógico, ou tesauro, foi criado por Peter Mark Roget em 1805. Ele parte do pressuposto que nos dicionários comuns a gente busca os significados de uma palavra que já conhece para entendê-la melhor e fazer uso correto dela.

Ao contrário, num tesauro, a gente já tem a noção do significado e do uso, só não nos ocorre uma palavra que se encaixaria direitinho no contexto. Então, olha só que moderno: o tesauro, a partir de possíveis significados, oferece uma nuvem de palavras relacionadas — são vocábulos análogos com maior ou menor grau de proximidade e exatidão. Assim a gente descobre um montão de coisas, inclusive, talvez, uma palavra que traduza bem o que a gente está querendo dizer.

Usar um tesauro não é tão intuitivo como um dicionário comum e requer um pouco de prática (ainda estou aprendendo).

Primeiro, as palavras são organizadas em 6 classes com suas respectivas divisões: **relações abstratas** (existência, relação, quantidade, ordem, número, tempo, mudança, causa), **espaço** (em geral, dimensões, forma, movimento), **matéria** (em geral, inorgânica, orgânica), **entendimento** (formação das ideias, comunicação das ideias), **vontade** (individual, com referência à sociedade) e **afeições** (em geral, pessoais, simpáticas, morais, religiosas). Depois, é apresentado um quadro sinóptico de categorias, onde se desdobra cada divisão para a pessoa se orientar quando for procurar uma palavra e suas ideias afins. Para quem é iniciante e está um pouco perdido, há um índice remissivo no final que ajuda bastante.

Em português, essa é a segunda edição da obra (a primeira foi há 60 anos) e não se conhece outro dicionário impresso de ideias afins no Brasil tão amplo e completo (há apenas trabalhos para áreas de conhecimento específicas). Existe o *Pequeno Dicionário de Ideias Afins*, de Hermínio Sargentim[56], que também é excelente, mas com muito menos vocábulos.

---

56 SARGENTIM, Hermínio. *Pequeno Dicionário de Ideias Afins*. São Paulo: Companhia Editora Nacional, 2007.

ATITUDE PRÓ-INOVAÇÃO

A língua inglesa, que conta com muito mais bibliografia, já tem várias versões, inclusive uma muito interessante onde as palavras são apresentadas graficamente numa árvore de relações, muito parecido com um mapa mental (é muito bacana! Entre no link e faça o teste)[57].

Pois é, achei que vocês ficariam contentes com a dica.

Eu disse contentes? Na verdade, quis dizer prazenteiros, alegres, felizes, recontentes, satisfeitos, animosos, com o espírito desafogado, bem-dispostos, ledos, fagueiros, gozosos, lépidos, radiantes, exultantes, hílares, joviais, jubilosos, sorridentes, gazis, risonhos, jucundos, brilhantes, garridos, gaudiosos, álacres, vivazes, bonachões, ridentes, lestos, moinantes, galhofeiros, divertidos, pândegos, gárrulos, patuscos e expansivos.

Ficaram?

E tem mais: ampliar o vocabulário em outras línguas também é uma prática muito útil para aumentar repertório, principalmente se as palavras existem somente em uma língua específica.

PALAVRAS QUE A GENTE NÃO TEM

Palavras sempre me encantaram. Lembro-me até hoje do deslumbramento quando, aos 6 anos, comecei a decifrar as primeiras letras. Uma vizinha mais velha (7 anos), cautelosa com a minha euforia, logo alertou: "Até agora foi fácil. Você precisa ver quando chegar a palavra borboleta! É a mais difícil de todas!". Talvez porque tivesse sido prevenida, nem achei a borboleta tão difícil...

Hoje considero dicionários excelentes fontes de entretenimento, além de curtir bastante o uso e as combinações das palavras na propaganda.

As palavras realmente podem ter sentidos inimagináveis. As melhores são aquelas que exprimem situações únicas. Há alguns anos tive acesso a uma preciosidade nessa área. É o *Tingo: O Irresistível Almanaque Das Palavras Que A Gente Não Tem*[58], de Adam Jacot de Boinod. O cara, formado em letras clássicas pela Universidade de Cambridge, trabalhava na BBC em um programa de perguntas e respostas quando foi apresentado a um dicionário

---

57 Visual Thesaurus: Disponível em: <https://www.visualthesaurus.com>. Acesso em: 10 jan. 2020.

58 BOINOD, Adam Jacot de. *Tingo: O Irresistível Almanaque Das Palavras Que A Gente Não Tem*. São Paulo: Conrad Editora do Brasil, 2007.

CRIATIVIDADE NO DIA A DIA

de albanês. Lá constavam 27 termos para "sobrancelha" e outros 27 para "bigode". Fascinado por essas peculiaridades, virou compulsivo por palavras que poucas línguas possuem para descrever situações especiais. O resultado é o Tingo, que ele tão deliciosamente compartilha conosco.

Uma amostra. Você sabe o que significa *neko-neko* em indonésio? É uma "**pessoa que tem uma ideia criativa, mas que só piora tudo**". Você já teve um acesso de *sekaseka*? Essa palavra zambiense é usada para designar "**alguém que ri sem motivo**".

Em inuíte existe um termo especialmente criado para o ato de "**ir muitas vezes à porta de casa para ver se a pessoa vem vindo**", É *iktsuarpok*. Os alemães usam *backpfeifengesicht* para descrever "**uma cara que merece um soco**".

Aposto que você viveu até hoje sem saber que o ato de "**dar um peteleco na orelha de alguém com o dedo médio**" tem uma palavra especial: É *nylentik*, em indonésio! Essa agora é melhor (se bem que duvido um pouco da utilidade).

Sabe o que é um *puccekuli* em télugo, uma língua indiana? É o nome que se dá ao "**dente que nasce numa pessoa depois dos 80 ano**s"! E se você sempre acreditou que os tchecos eram gente muito séria, saiba que o ato de "**virar-se de repente e dizer 'bu'!**" deve ser tão frequente lá que tem até um nome: *vybafnout*.

O iídiche pode lhe ajudar se você tem um colega que "**dá palpites em tudo sem terem pedido**". Se você sempre o chamou de chato, saiba que o termo exato é *kibitzer*!

Os persas chamam de *linti* as pessoas que "**passam o dia embaixo de uma árvore sem fazer nada**" e *sanud* para o ato de "**ocupar a mente com coisas inúteis**". Sua amiga "**melhorou o visual com cirurgia plástica**"? Em chinês ela seria *umazhengrong*. Se ainda por cima fosse adepta do "**bronzeamento artificial**", passaria por *slampadato* na Itália.

No Zaire, eles chamam de *mbuki-mvuki* o ato de "**tirar a roupa para dançar**". E, pasme, no Vietnã, a expressão *danh t* serve para significar tanto "**igreja**" como "**bordel**"!

Os persas ainda têm um nome especial para "**alguém que não tem filhos**": *abtar*. Mas a tradução literal, veja bem, é "**balde sem alça**"! Eles ainda têm a incrível expressão *war nam nihadan* que significa nada menos que "**matar uma pessoa, enterrá-la e plantar flores sobre sua cova para esconder**". Achou pouco?

ATITUDE PRÓ-INOVAÇÃO

E o que você imagina que significa *nakhur*? Seja lá o que você tenha chutado, errou. É uma "**camela que não dá leite enquanto não lhe fizerem cócegas nas narinas**".

Os japoneses devem ter muitos problemas com *soukaiyas*, como eles chamam o "**chantagista que tem poucas ações e tenta extorquir dinheiro ameaçando criar problemas nas assembleias gerais e anuais de acionistas**".

E você pensa que os dinamarqueses são tão desenvolvidos assim? Pois saiba que eles têm uma expressão especialmente criada para "**ladrão de praia**", é o *baderotte*. Mas essa não é a única preocupação desse povo. Imagine que eles usam a palavra *olfrygt* para traduzir o "**medo de faltar cerveja**".

Os holandeses usam *plimpplamppletteren* para o ato de "**fazer uma pedra chata ricochetear na superfície da água o maior número de vezes possível**".

Já os incríveis alemães têm *Urlaubsmuffel* para chamar "**a pessoa que é contra as férias**".

No Peru, "**qualquer quantidade acima de quatro**" (cinco ou um milhão) é chamada de *tobaiti*.

O Tingo tem mais um monte de curiosidades culturais engraçadas, como o significado dos espirros. No Japão, se você espirra uma vez é porque está elogiando (*ichi home*). Se espirra duas vezes, é porque está criticando (*ni-kusashi*); se espirra três vezes, está menosprezando (*san-kenashi*). Pois é, se você chegou até aí, melhor espirrar mais um pouco para não fazer feio. É que só com quatro espirros ou mais você está indicando que está prestes a pegar um resfriado (*yottsu-ijo wa kaze no moto*). Medo...

Gostou? É legal mesmo. A propósito, você quer saber o que significa tingo? É uma palavra oriunda da Ilha de Páscoa que significa "**pedir emprestadas, uma por uma, as coisas da casa de um amigo até não sobrar mais nada**".

Nossa, o que será que significa a palavra **amigo** nesse lugar?

OUTRAS PRÁTICAS

COLEÇÃO DE IDEIAS

Michael Michalko, que tem um livro cheio de técnicas criativas para gerar ideias[59], recomenda que a gente tenha um banco de ideias. Pode ser uma caixa física de papelão ou madeira ou uma pasta no computador. Ou, até melhor, ambas, pois nunca se sabe de onde as ideias podem vir.

Nesses "bancos" você pode guardar coisas que achou legais: anúncios, desenhos, fotos, frases, enfim, tudo o que achar interessante. Mais ou menos o que as pessoas já fazem no Pinterest quando querem colecionar referências para algum projeto específico ou apenas para se inspirar. Eu faço tudo isso e ainda coleciono livros com títulos (e conteúdos bizarros). Alguns exemplos:

- **1000 objetos extra/ordinários**[60] apresenta fotos e descrições que vão desde um Lego para montar um campo de concentração até um mapa mundi com a Ásia do lado esquerdo. Na parte final tem anúncios curiosos em páginas amarelas ao redor do mundo.
- **Livros bizarros**[61] faz uma lista de nomes de livros totalmente estranhos. Os autores classificam duplo sentido não intencional (os trocadilhos são em inglês, a maioria intraduzíveis, mas há coisas como *Grandes problemas de pequenos órgãos*, *Bolas memoráveis*); autores com nomes engraçados (exemplos: Mercedes Fórmica, Pierre Anus, Martin Fucker, casos em que o nome do autor é o mais apropriado possível para o livro (exemplos: *A condição sexual dos franceses*, de Henri Amoroso; *Punição*, de Robin Banks; *O novo livro da cozinha* de Blanche Caramel); temas exóticos de tão específicos (exemplos: *O ponto na paleografia semítica*, *Estudo sobre as listas de espera no hospital de Cardiff*, *Bibliografia anotada da evaporação*, *Como desenhar uma linha reta*) e muito mais. Dá para rir bastante da variedade de títulos.

---

59 MICHALKO, Michael. *Thinkertoys: a handbook for creative-thinking techniques*. Nova York: Ten Speed Press, 2006.

60 MUSTIENES, Carlos. *1000 extra/ordinary objects*. Köln: Benedikt Taschen, 2000.

61 ASH, Russel e LAKE, Brian. *Bizarre books*. London: Pavillion Books, 2000.

ATITUDE PRÓ-INOVAÇÃO

- ○ **1000 sentimentos que não têm nome**[62] reúne descrições de sentimentos que não têm nome específico, como, por exemplo, a felicidade que sentimos a primeira vez que vemos o mar, o medo que se sente quando a vida dá uma grande virada ou o pânico quando não se encontra alguma coisa dentro da bolsa etc. Cabe observar que o autor é alemão. Se não tem palavra em alemão, só nos resta inventar mesmo. Mas veja isso como uma oportunidade de inventar palavras novas que ainda não existem!
- ○ **Exercícios de pensamento lateral**[63] é um livro com charadas que são resolvidas somente se a pessoa conseguir pensar de maneira criativa e completamente fora dos padrões lógicos estabelecidos, ou seja, usando o pensamento lateral, técnica criada por Edward De Bono[64].
- ○ **Dicionário das coisas desaparecidas**[65] lista objetos que não se encontra mais para comprar nem experimentar, como fitas cassete, marchas pela paz, bilhetes aéreos impressos naquele cartão especial, séries antigas de televisão, calculadoras de bolso; tudo com muita ironia. Essa é uma lista que cada um pode fazer a sua, pois as atualizações não param de acontecer e as lembranças são sempre muito pessoais.

EXPOSIÇÕES DE ARTE

Exposições de arte contemporânea são um grande desafio para pessoas leigas, como eu, mas também fazem parte da lista das melhores atividades para se ampliar o repertório.

Isso não quer dizer que não se possa sempre revisitar os clássicos, os museus tradicionais, as fotos e esculturas belas e "fáceis" de entender. Comidinhas para os olhos são sempre bem-vindas e apuram nosso senso estético.

---

62 GIORDANO, Mario. *1000 Gefühle für die es keinemn Namen gibt*. München: Piper Verlag, 2014.

63 SLOANE, Paul. *Ejercicios de pensamiento lateral*. Madrid: Zugarto, 1999.

64 BONO, Edward de. *Criatividade levada a sério: como gerar ideias produtivas através do pensamento lateral*. São Paulo: Pioneira, 1994.

65 WIEPRECHT, Volker e SKUPPIN, Robert. *Das Lexicon der verschwundenen Dinge*. Berlin: Rowohlt, 2013.

ISSO AÍ ATÉ EU FAÇO!

Desde que me conheço por gente, me interesso por arte, mas por diversos motivos, continuo bastante ignorante no assunto. Leio o que encontro, frequento museus e galerias, consigo reconhecer as obras mais famosas e tenho alguma noção de história da arte, mas não vou muito além disso. Como diria minha mãe, é cultura de almanaque de farmácia (para quem não sabe, beeem antigamente, as farmácias produziam revistinhas de conhecimentos gerais com curiosidades diversas). Tenho plena consciência de que a coisa é muito mais complexa.

Para mim, o mais difícil é compreender a proposta da arte contemporânea. Gosto muito de algumas obras (com predileção pelo hiper-realismo), outras me incomodam, mas boa parte não consegue produzir nenhum efeito particular sobre minhas emoções.

Por isso, fiquei tão curiosa quando vi *Das kann ich auch! Gebrauchsanweisung für moderne Kunst*[66] (tradução livre: *Isso eu também posso! Instruções de uso para a arte moderna*), de Christian Saehrendt e Steen Kittl.

Os autores explicam, de um jeito muito bem-humorado, os principais conceitos relacionados ao tema e como funciona o mercado.

Na primeira parte, falam da mudança radical que a arte moderna provocou na maneira como se produzia e se consumia arte até então. O advento da fotografia tirou o valor da reprodução perfeita e desafiou os artistas a mostrarem seu talento usando outros recursos. A pintura fez acrobacias incríveis, até quase o esgotamento das técnicas, e novos meios não pararam de aparecer (vídeo, projeções, internet, a própria fotografia etc.).

Aí que alguns artistas passaram a usar o próprio corpo como objeto de arte (as performances mais bizarras são descritas no livro; algumas famosas, outras das quais nunca tinha ouvido falar, mas realmente ousadas). As experimentações estéticas chegaram a ponto de, nos anos 1960, a famosa performance de Marina Abramović (em que ela se colocava nua, à disposição do público, ao lado de objetos diversos, como uma faca e um revólver) estabelecer a máxima de que "a boa arte precisa doer".

Até uma exposição que não apresentava nada além de paredes vazias aconteceu em 1958, por Yves Klein, em Paris, sendo repetida 11 anos depois em Amsterdam, por Robert Barry (com uma radicalização a mais: a galeria esta-

---

66 SAEHRENDT, Christian e KITTL, Steen T. *Das kann ich auch! Gebrauchsanweisung für moderne Kunst*. Köln: Dumont Literatur und Kunst. 2007.

ATITUDE PRÓ-INOVAÇÃO

va fechada durante o vernissage). O livro fala também do trabalho do artista alemão Joseph Beuys e suas polêmicas obras; enfim, um capítulo inteiro dedicado a descrever casos e curiosidades de exposições de arte moderna e contemporânea e seus respectivos bastidores.

Na segunda parte, aparecem os atores do mercado: artistas, colecionadores, marchands, galeristas e curadores de museus, bem como o papel e a influência de cada um. Como em qualquer mercado, é preciso ter os contatos certos e cair nas graças de alguém influente para ter seu trabalho reconhecido. Considerando que no mundo há cerca de 20 mil galerias, 22 mil museus de arte, 1.500 casas de leilão e dúzias de feiras especializadas, sem contar os próprios artistas, dá para se ter ideia de que não é coisa para amadores.

Somente na Alemanha, são 360 mil pessoas trabalhando no setor, sendo 55 mil artistas formados nas escolas de arte. É claro que não tem espaço para todo mundo, de maneira que os autores, ambos formados em história da arte, descrevem a rotina de um artista médio, desde o sonho de viver de seu talento até a necessidade de trabalhar em outras áreas para se sustentar e da suprema felicidade em conseguir uma vaga de professor. Difícil mesmo.

Na terceira parte, são apresentadas as dinâmicas dos vernissages e performances, o público que costuma frequentar esses eventos, o papel dos museus e dos colecionadores, enfim, muita informação interessante.

Nos dois capítulos finais eles falam sobre como ler os textos herméticos que discorrem sobre arte (quase impossível para um leigo entendê-los), como conversar com um artista (cheio de ironias) e as utilidades da arte como terapia, sempre armados com um escrachado deboche.

Os autores também lembram que não faz muito sentido perguntar se algo é arte ou não. Os critérios, parâmetros, referências, tudo foi mexido, transformado, ressignificado. Nossos gostos pessoais dependem de uma infinidade de variáveis e dificilmente podemos considerá-los com objetividade. Se uma obra é ou não arte, hoje em dia depende mais do artista declarar que ela o é do que de qualquer outra coisa. Ou do observador considerá-la arte, como queria Marcel Duchamp.

Para terminar, uma provocação: o que acontece, então, se tudo é arte? O mundo da arte roubou o mundo das coisas. Não demora, o mundo das coisas vai se vingar. Já está acontecendo: algumas fotografias e experimentos científicos, por exemplo, equiparam-se à fruição estética de maneira muito próxima ao que experimentamos ao contemplar obras de arte.

CRIATIVIDADE NO DIA A DIA

E mais. Se tudo for arte, então não precisamos mais de artistas! Temos um mundo cheio de estímulos estéticos para contemplar e sentir. Mas isso, de certa forma, seria matar a arte, uma ideia muito difícil de absorver. A pergunta que se faz, então, é: quantos e quais artistas contemporâneos serão lembrados daqui a 20 ou 50 anos? Que qualidade seus trabalhos deverão ter para não serem esquecidos?

A arte está sempre se reinventando e ainda não há respostas.

De minha parte, continuo cada vez mais fascinada.

Ainda sobre arte, recomendo o engraçadíssimo perfil "História da Arte com o Tio Virso" (tem no Facebook[67] e no Instagram[68]). O autor parece realmente ser professor de história da arte — e dos bons —, mas tem uma maneira debochada e irresistível de explicar as obras. No meio de muitas risadas, sempre tem informações ricas e muito relevantes. Vale a pena conhecer.

VIAGENS

Viajar nunca esteve tão acessível como hoje. Apesar de continuar sendo uma atividade relativamente cara, hoje em dia não é preciso ser milionário para fazer uma viagem para outro continente, por exemplo. Quando eu era pequena, esse era um sonho quase inatingível que só fui realizar depois de adulta, sendo que as primeiras viagens para o exterior foram a trabalho. Há poucas décadas, somente as pessoas muito ricas podiam viajar para outros países.

Hoje é possível fazer um mochilão com relativamente pouco dinheiro e há várias alternativas de hospedagem. Sem falar nos preços das passagens aéreas que, pelo aumento de volume e fluxo de pessoas, acabaram tendo os preços popularizados. Não quer dizer que seja fácil ou barato, mas é possível, diferentemente de nem tanto tempo atrás.

Ler e ver filmes e documentários também são formas de se viajar, mas nada como estar presente no local onde vivemos romances literários ou onde nosso personagem predileto teve suas experiências mais importantes.

Mas para que se aproveite ao máximo uma viagem no sentido em que esse livro foi escrito, é preciso estar realmente presente e com a cabeça aberta: nada de comparações sobre onde é melhor ou pior; não é um concurso. Viajar, na

---

67 Disponível em: <https://www.facebook.com/pg/hadevirso>. Acesso em: 10 jan. 2020.

68 Disponível em: <https://www.instagram.com/hadevirso>. Acesso em: 10 jan. 2020.

ATITUDE PRÓ-INOVAÇÃO

abordagem do *Atitude Pró-Inovação*, é ter a mente aberta para experimentar cheiros, sabores, cenários e experiências totalmente novas. Se possível, ande com o transporte público, evite *no places*[69], tente se comunicar ao máximo com os locais e fique atento a todas as informações novas.

De preferência, evite grupos, pois eles roubam nossa atenção. Enquanto a gente se diverte conversando com os companheiros de viagem, perde a oportunidade de ouvir um trecho de conversa, sentir o perfume de uma comida e ouvir uma música que toca ao longe, por exemplo.

De ônibus, a pé, de trem, avião, navio, metrô, tudo vale. O importante é ir e sentir.

Qualquer que seja o caso, um empreendimento assim vale cursos inteiros. Mostra nossa pequenez e nossa ignorância de uma maneira tão direta, mas também tão deliciosa, que chega a ser viciante. Todo dia é uma surpresa repleta de desafios inusitados, animais desconhecidos, pessoas com hábitos diferentes, paisagens inefáveis, sabores inesperados, cenários cabulosos, emoções bizarras.

Nunca me esqueço de uma frase do Amyr Klink, um dos viajantes mais sábios de quem tive notícia:

> "Um homem precisa viajar para lugares que não conhece para quebrar essa arrogância que nos faz ver o mundo como o imaginamos e não simplesmente como é ou pode ser. Que nos faz professores e doutores do que não vimos, quando deveríamos ser alunos e simplesmente ir ver."[70]

Infelizmente não é possível viajar tanto quanto a maioria das pessoas gostaria por motivos diversos (trabalho, dinheiro, tempo, familiares, compromis-

---

69 No places: Não lugares, em tradução livre, são aqueles locais que são iguais no mundo todo. Não faz muita diferença onde estão localizados, pois seguem um padrão. São aeroportos, *shopping centers*, cadeias de fast-food, hotéis de grandes redes, enfim, aqueles lugares nos quais se você for sequestrado e largado lá sem nenhuma orientação, vai ter muita dificuldade de saber em que país está.

70 KLINK, Amyr. *Mar sem fim: 360° ao redor da Antártica*. São Paulo: Companhia das Letras. 2000. pág.77.

sos etc.) e não sou exceção. Mas tendo a oportunidade, melhor aproveitar ao máximo.

CONVERSA COM ESTRANHOS

Para ampliar nosso repertório, a gente devia fazer exatamente o contrário do que nossas avós e mães sempre nos recomendaram: falar com estranhos, pois conversar com quem a gente nunca viu pode render experiências incríveis. Ficamos conhecendo histórias de vida sensacionais e pontos de vista únicos. Mesmo que a pessoa seja do seu próprio bairro, é possível ter acesso a uma perspectiva que talvez jamais tivéssemos imaginado.

Se você é tímido como eu (mesmo que não pareça), há algumas dicas úteis. Um lenço colorido, uma tatuagem, um detalhe diferente na roupa e até um pé de sapato de cada tipo (sim, já aconteceu comigo sair de casa assim, por distração, mais de uma vez) pode ser o pretexto que falta para as pessoas se aproximarem e começarem a conversar.

Lugares que tenham mesas compartilhadas (bares, restaurantes, praças de alimentação, feiras de rua, espaços de *coworking*) podem ser boas pedidas. Filas também podem render muita conversa boa se a gente desgrudar a cara do celular.

Quem tem cachorros sabe bem o tanto de contatos que levar o bichinho para passear pode proporcionar. Uma vez, até eu, que não tomo muita iniciativa de conversar com estranhos (principalmente em outra língua), fiquei um tempão de papo com uma alemã que trazia um ratinho branco alojado no capuz de seu casaco. Imagino quantas pessoas ela já conheceu por causa do peludinho branco.

De minha experiência, percebo que pessoas idosas são as mais fáceis de puxar conversa; talvez porque sejam mais solitárias, adoram quando têm alguém para trocar ideias e contar suas experiências. Crie coragem e vá. Garanto que vale muito a pena.

O negócio é tão importante que Malcolm Gladwell, que já nos deu ótimos livros, escreveu um volume só sobre o tema[71]. Vale dar uma conferida.

---

71 GLADWELL, Malcolm. *Talking to Strangers: What We Should Know about the People We Don't Know*. Nova York: Little, Brown and Company, 2019.

ATITUDE PRÓ-INOVAÇÃO

TRABALHO VOLUNTÁRIO

Uma das maneiras mais enriquecedoras de ampliar o repertório é participando de atividades sociais voluntárias. Faz a gente sair da bolha e ver como o mundo realmente funciona. Às vezes, a gente fica protegido na nossa redoma, cercado por amigos, familiares, gente querida, e se esquece que nem todo mundo tem essa sorte. E que sorte maior é poder compartilhar isso e aprender muito.

Quando vou ao Brasil, geralmente fico em Belo Horizonte, com meu irmão de coração, Flávio Tófani. Ele também é palestrante e consultor; depois de anos lecionando e coordenando cursos de graduação e pós-graduação em marketing e *branding*, acabou acolhendo e usando como marca o apelido que seus alunos queridos lhe deram: Tio Flávio.

O Tio Flávio é uma pessoa muito especial; não conformado com o mundo como ele é, usa todo o conhecimento que tem para transformá-lo. Para isso, criou o **Tio Flávio Cultural**[72], um projeto que tem orçamento zero (não é uma ONG) e reúne mais de 1000 voluntários em 68 grupos de ação. As palavras-chave são **conhecimento** e **afeto**.

O projeto usa esses dois elementos para mudar todo tipo de realidade: presídios, abrigos de menores, moradores de rua, asilos, escolas públicas da periferia, enfim, tudo o que ele consegue abraçar com sua voz poderosa e sua enorme generosidade.

Por que estou falando isso? Porque toda vez que vou visitá-lo, ele me leva para conhecer pelo menos um dos projetos. Foi pelas mãos dele que entrei pela primeira vez numa favela; almocei e dei palestra num presídio alternativo[73]; conversei com um morador de rua e visitei um albergue; brinquei e fiz pizza com meninos de um abrigo de menores; visitei uma barbearia que corta cabelos de pessoas que não podem pagar[74], dentre outras experiências transformadoras. Enfim, cada vez que ele me pega pelo braço para me mostrar o mundo, cresço um pouco e me dou conta de que preciso participar mais. É o mínimo, para quem teve a sorte e o privilégio de nascer em um ambiente farto

---

72 Se quiser participar, eles não aceitam dinheiro. Só doação de objetos ou de tempo. Disponível em: <http://tioflavio.com>. Acesso em: 10 jan. 2020.

73 Essa experiência foi interessantíssima. Disponível em: <http://www.ligiafascioni.com.br/segunda-chance-de-verdade/>. Acesso em: 10 jan. 2020.

74 Imperdível. Disponível em: <http://www.ligiafascioni.com.br/uma-branca-de-neve-muito-diferente/>. Acesso em: 10 jan. 2020.

CRIATIVIDADE NO DIA A DIA

desses dois elementos: afeto e conhecimento, coisas que uma quantidade assustadora de pessoas nunca teve a chance de experimentar.

Se você tiver a oportunidade de participar de qualquer projeto social, não perca a chance. A gente conversa com essas pessoas que vivem realidades tão diferentes e se dá conta de como o mundo é mais complexo do que a gente imagina. E que não estamos no lugar delas por puro acaso.

Mas, principalmente, aprendi com meu amigo: jamais (eu disse JAMAIS) se coloque na posição superior de pessoa bondosa que está indo generosamente doar seu tempo aos necessitados. Não estamos fazendo favor nenhum; poder trabalhar nesses projetos é uma das coisas mais enriquecedoras que alguém pode fazer para ampliar seu repertório; é praticamente um curso intensivo onde você não paga. Quem sai ganhando mais nessa história é sempre o voluntário, pode ter certeza.

Se não acredita, pergunte ao Tio Flávio.

CAPÍTULO 6

CASOS BERLINENSES

Berlin, du bist so wunderbar*

* Tradução livre: "Berlim, você é tão maravilhosa!". Slogan da cerveja berlinense Berliner Pilsner que também é título da trilha sonora da campanha composta pela banda Kaiserbase.

Selecionei alguns exemplos de inovação que achei interessantes aqui em Berlim. Não é que eles sejam radicais ou disruptivos; mas ajudam a gente a pensar nas coisas do dia a dia de uma maneira diferente daquela à qual estamos acostumados.

A ideia é mostrar que não precisamos inventar o teletransporte para revolucionar a maneira como as pessoas vivem; às vezes, ideias nem tão complexas que surgiram a partir de uma nova perspectiva podem ser suficientes para fazer do mundo um lugar mais interessante para se viver.

PERTO DO CÉU

Morar em Berlim me faz ter esperança de que o mundo ainda tem jeito. Fazia tempo que eu sabia da existência do Klunkerkranich[1], mas quando resolvi fazer uma visita, restaurei minha fé na humanidade mais um pouco.

Shopping center em Berlim não faz o menor sucesso; os maiores são prioritariamente frequentados por turistas, mas a maioria é centro comercial de bairro mesmo.

Outra coisa interessante é que, como o transporte público é bom e a cidade é plana (dá para se locomover tranquilamente de bicicleta), só tem carro quem realmente precisa. E jamais vai passar pela cabeça de um berlinense pegar um carro para ir passear (?!) num shopping. A cidade tem incontáveis parques e jardins, quase uma centena de lagos, que competem arduamente com os montes de cafés e quase 200 museus. Shopping não tem chance mesmo.

---

1 Mais informações disponíveis em: <www.klunkerkranich.de/>. Acesso em: 10 jan. 2020.

ATITUDE PRÓ-INOVAÇÃO

Um deles (dos pequenos e antigos), instalado no centro do bairro *hype* de Neukölln, fica num prédio de seis andares. O shopping ocupa os três primeiros, no quarto tem a biblioteca pública e os dois últimos são de estacionamento. Só que, como falei, quase ninguém vai de carro ao shopping.

Eis que pessoas querendo mudar o mundo (tem muitos deles nessa cidade) resolveram fazer um projeto para transformar os telhados planos da cidade em áreas verdes. Conseguiram mudas de plantas com o Ministério do Meio Ambiente e, pasmem: desativaram o estacionamento do sexto andar.

O que tem instalado lá agora é bem a cara de Berlim: um misto de jardim, horta comunitária, clube aberto, caixa de areia para crianças, *street food*, cinema, teatro e shows ao ar livre. No verão, tem sempre um DJ tocando, das 10h00 a 01h30 do dia seguinte. A partir das 16h00, eles cobram ingresso para ajudar nas despesas. É chegar e arrumar um sofá, pufe, banquinho ou sentar/deitar num tablado curtindo a vista maravilhosa.

O lugar é bem despojado, como tudo na cidade: móveis reaproveitados, muito *palette*, vasinhos, jardins, matinhos, gambiarras e muita criatividade. Não tem moda, não tem exibicionismo, não tem *lounge*, não tem comida gourmet, ostentação é prática ignorada e ninguém fica desfilando por lá. O povo só quer se divertir num belo cenário e ser feliz. E disso os berlinenses entendem mais que ninguém, pois conseguem se concentrar no essencial, sem perder tempo com firulas e jogos de aparências.

Tudo foi construído por iniciativa dos cidadãos; o **Klunkerkranich** não tem dono, pois faz parte de uma associação que mantém o lugar. O legal é que você não precisa consumir nada, o espaço é livre para todo mundo curtir. Esse é o primeiro "telhado" a ser transformado em área verde cultural e funciona desde junho de 2013; o melhor é que esse povo do bem quer ocupar todos!

O BANCO DO FUTURO

Uma de minhas práticas como palestrante sobre inovação é personalizar as apresentações para cada cliente. Numa das vezes, tive de pesquisar *cases* de inovação em bancos.

Lembrava-me de ter lido algo sobre um banco alemão, mas há muito, muito tempo mesmo, quando comecei a me interessar por *design thinking*. Pois fui pesquisar mais e descobri que a agência mais vanguardista e referência em

CASOS BERLINENSES

inovação é do **Deutsche Bank**[2]. E tem mais: ficava a apenas duas estações de metrô da minha casa. E tem mais ainda: abria aos sábados!

Peguei minha *bike* e fui lá correndo conferir in loco, claro. Fica no Quartier 110 da Friedrich Straße (Q110 é o nome da agência) e já existe com essa cara futurista desde 2005, segundo a funcionária que me atendeu e me mostrou tudo por lá.

A ideia é prototipar em apenas uma agência todas as tendências e inovações para serviços bancários; aí, aos poucos, eles vão implementando uma ideia numa agência, outro módulo em outra, até que tudo vá sendo testado e aprimorado aos poucos. Como a moça me explicou, hoje todo mundo resolve tudo pela internet, não precisa ir à agência. Quando vai, é porque quer resolver alguma questão importante. Para isso, é necessário falar com uma pessoa, e mais, ser tratada como gente de verdade, não um número.

Eis então que a Q110 tem um café bem bacaninha, com livros e tudo. Tem uma sala de recreação infantil para deixar as crianças enquanto os pais se reúnem para falar de investimentos e aplicações. Tem uma loja que vende produtos de design, que eles chamam de *trendshop*. Tem várias salas de reuniões com estilos diferentes para ser atendido com privacidade. Quando fui, tinha uma esteira biométrica para incentivar a saúde e o bem-estar dos clientes (eles projetaram um cenário de uma floresta na parede da frente para simular um passeio pela natureza que achei um pouco conceitual demais; mas não duvido que alguém vá lá para correr na esteira, já que não duvido de nada nessa cidade), mas não está mais lá. Também tinha um coração gigante em fibra de vidro (dava para entrar nele) para explicar a importância dos exercícios na qualidade de vida. Tinha uma mesa de pingue-pongue para quem quisesse jogar. Tinha até pratinhos com comida e água para quem vai com o cachorro (aqui eles entram e são bem-vindos na maioria dos lugares).

Tem também balcões com terminais de atendimento, mas não aqueles com vidros e uma distância enorme entre o caixa e o cliente; são apenas mesas altas para abrigar o terminal. A ideia é aproximar cada vez mais as pessoas.

Outra inovação é o horário de atendimento: diariamente das 10h00 às 18h00, inclusive aos sábados!

Na verdade, isso tudo tinha quando fiz essa primeira visita, em 2014. De lá pra cá, a decoração, os protótipos e espaços internos já foram transformados várias vezes, como tem de ser.

---

2 Mais informações disponíveis em: <https://www.q110.de>. Acesso em: 10 jan. 2020.

ATITUDE PRÓ-INOVAÇÃO

Esse realmente não parece banco. Mesmo.

MUITO MAIS QUE QUADRADINHOS COLORIDOS

A **Ritter Sport**[3] é uma marca de chocolate alemã com mais de 100 anos de idade, mas de gagá não tem nada, olha só.

Num mercado tão competitivo como o europeu, que conta com os famosos chocolates belgas, além dos suíços e franceses, os alemães da Ritter tiveram de realmente eleger um posicionamento único, e conseguiram. Eles escolheram ser reconhecidos pela variedade de sabores e apostaram forte nisso.

Tudo começou nos primeiros anos da fábrica, quando a filha do fundador descobriu que se a barra fosse quadrada, em vez de retangular, era mais fácil de carregar no bolso. A partir daí, a fórmula do quadradinho norteou todo o design da empresa, inclusive o da marca gráfica. Para traduzir a enorme variedade de sabores, eles usam cores; e há uma para cada receita de chocolate. Com um símbolo gráfico tão simples e colorido, o grupo conseguiu desdobrar a marca em produtos diversos para o fã-clube (tem desde roupinha de bebê até cadernos e bolsas). Ok, até aqui, nenhuma novidade; um monte de marcas faz isso e com excelentes resultados.

A novidade é a loja de chocolates personalizados chamada **Bunte Choko-welt**[4] (algo como "mundo colorido do chocolate") que eles abriram em Berlim há alguns anos (existem outras duas lojas da marca na Alemanha). Você chega lá e escolhe o tipo de chocolate para criar sua barra: branco ou preto. Depois, vai definindo o que quer, como se fosse um sanduíche: nozes, passas, avelã, crocante, mel, iogurte, marzipã, flocos, menta, rum, coco, marshmallow, *chili* etc.; olha, não descobri quantos sabores tem, mas são muuuuitos. Depois ainda tem a cobertura, com outras tantas opções; uma loucura! Você monta sua barra de chocolate (quadrada, naturalmente) e depois de 30 minutos pode vir buscá-la! É tipo um Subway dos chocolates!

Se quiser esperar dentro da loja, tem uma infinidade de opções de chocolates prontos, mas tem também um café bem charmoso no mezanino com docinhos de chocolate e *muffins* diversos. Pode ficar tranquilo sentado num sofá lendo seus e-mails ou apenas folheando uma revista; o ambiente é bem aconchegante.

---

3 Disponível em: <www.ritter-sport.de>. Acesso em: 20 jan. 2020.

4 Disponível em: <https://www.ritter-sport.de/de/besuchen/berlin.html>. Acesso 10 jan. 2020.

Esse, para mim, é um claro exemplo de identidade bem definida e posicionamento assertivo.

Eles têm projetos ambientais porque, claro, chocolate não dá na Alemanha e o deles vem da Nicarágua — então é necessário ajudar a conservar a floresta, porque o cacau precisa da cobertura verde para proteger a plantação. Eles também têm um trabalho de educação ambiental bem interessante (dentro da loja tem uma sala de exposições que mostra o processo de cultura do cacau e por que ele precisa de uma floresta saudável no entorno) e um forte investimento em energias limpas (em especial a energia solar). Os outros ingredientes também são certificados, ou seja, a lição de casa está sendo feita direitinho.

Mas o além do esperado é o que diferencia a empresa: a aposta nos quadradinhos coloridos é tão séria que a marca mantém o **Museu Ritter**[5] com obras de arte moderna e contemporânea inspiradas na figura geométrica. Fica ao lado da fábrica, na cidade de Waldenbuch (que ainda não conheço).

E aí, ficou com água na boca?

FAST PRECE

O artista berlinense Oliver Sturm estava um dia em Nova York, numa estação de metrô, quando ouviu uma voz artificial monótona; mal conseguiu entender as palavras, pois a acústica era horrível. Ninguém prestava atenção e ele inferiu que eram instruções de uso. Na hora ele fez alguma associação mental e pensou numa prece.

Daí a ideia de construir a Gebetomat.

Bem, primeiro vamos contextualizar: em Berlim, um dos programas mais clássicos é tirar fotos naquelas cabines que aparecem no filme *O fabuloso destino de Amélie Poulain*. A pessoa entra na cabine, coloca as moedas correspondentes, faz as poses (ou as caretas, como quiser) e pega as fotos impressas em preto e branco no final.

A Gebetomat é uma cabine igual essas de fotos, onde a pessoa pode entrar, fechar a cortininha, colocar uma moeda de 0,50€ e escolher a prece que ela vai ouvir em paz e com privacidade. Há opções para todo tipo de fé: cânticos

---

5 Mais informações disponíveis em: <https://www.museum-ritter.de/de/inhalt/home.html>. Acesso em: 10 jan. 2020.

de monges tibetanos, sutras budistas, orações do Alcorão, orações Kaddish hebraicas, cantos indianos, orações de xamãs da Nova Guiné e Mali, meditações de grupo contemporâneas e pregadores de TV americanos. São cerca de 300 orações em 64 idiomas.

A ideia é que a máquina esteja disponível em diferentes locais públicos e permita a contemplação em estações de trem e metrô, igrejas vazias, salas de oração em universidades, aeroportos, lojas de departamento, praças, postos em autoestradas etc.

Fiquei sabendo do projeto porque vi uma que fica no mercado público do bairro de Moabit (atualmente há quase 30 unidades em funcionamento; a maioria na Alemanha, mas há duas no Reino Unido e duas na Áustria).

Só achei interessante (além da ideia), o fato de que o artista pintou a cabine de um vermelho-tomate que ornou com o nome: GEBETOMAT. *Gebet* é prece em alemão e *tomat* é a versão reduzida de *Automat* (autômatos que fazem coisas sozinhos, como caixas eletrônicos de banco). Mas, pela cor, a associação que fiz no primeiro momento foi com tomate. Talvez a cor e o tomate sejam coincidência e a ideia seja só chamar a atenção em locais públicos, mas achei curioso.

Não sou uma pessoa religiosa, mas essa espécie de "igreja portátil" talvez seja uma boa ideia para quem esteja precisando se acalmar em algum momento, enfim, penso que a ideia é muito original[6].

TELEDISKO

Eu não sei de onde tiraram a ideia de que os alemães não são criativos. Os berlinenses, pelo menos, dão um show nesse quesito. E conseguem fazer novidades sem gourmetizar a experiência. As soluções são sempre simples, criativas e baratas. Uma das que mais gosto é o Teledisko[7].

O Teledisko é o que eles chamam de menor disco do mundo (no sentido de lugar para dançar). Os empreendedores pegaram cabines telefônicas e transformaram em discotecas, com direito a *disco ball*, luzes especiais, gelo seco e decoração criativa.

---

6 GEBETOMAT. Disponível em: <http://www.gebetomat.com>. Acesso em: 29 jan. 2020.

7 TELEDISKO. Disponível em: <http://www.teledisko.com>. Acesso em: 29 jan. 2020.

A pessoa paga uma moeda de 2€, escolhe sua música preferida, entra e pode dançar até se acabar na cabine (se todo mundo se apertar bem, cabem umas quatro pessoas). O equipamento tira fotos que ficam disponíveis no site (você paga mais 2€ se quiser imprimir na hora) e tem opção de vídeo também.

Existem seis Telediskos no mundo; dois estão em Berlim e um na Cidade do México. A empresa também tem mais três unidades para aluguel, que podem ser transportadas para qualquer lugar do mundo.

ARTOTECA

Biblioteca é um lugar onde você vai para pegar livros emprestados, confere? Algumas emprestam também CDs e DVDs. E por que não emprestar obras de arte também?

Pois isso existe aqui na Alemanha (não consegui descobrir se há em outros lugares do mundo), mas o conceito é tão sensacional que me fez pensar por que eu nunca soube disso antes. E a ideia é tão óbvia: é claro que objetos de arte também merecem ser compartilhados da mesma maneira que livros.

Algumas artotecas (*Artothek*, em alemão) funcionam dentro de bibliotecas; outras, em galerias de arte, escolas, museus e associações. Há algumas, inclusive, baseadas em coleções particulares, olha só que bacana. Em comum, todas têm um acervo de obras de arte (pinturas, gravuras, objetos, fotografias, esculturas) disponíveis para empréstimo. Você faz a carteirinha e pode levar para casa, de graça, por 3 meses (o prazo pode ser renovado), um total de 10 gravuras, 10 quadros a óleo, 5 objetos e 5 fotografias de uma vez só!

Só na cidade de Berlim são 7 artotecas[8] com acervos bem bacanas. Na Alemanha inteira são 130 desses lugares mágicos, concebidos para democratizar a arte e fazer mais pares de olhos felizes.

Quando vi o negócio, logo pensei: isso deve ser coisa de algum workshop de inovação, resultado de um *brainstorming* de gente criativa e ligada às necessidades do mundo contemporâneo. Quer saber? Nada disso. A prática de emprestar obras de arte como se fossem livros já existe há mais de 200 anos na Alemanha!

E eu aqui achando isso tão revolucionário...

---

[8] Mais informações disponíveis em: <www.zlb.de/fachinformation/spezialbereiche/artothek.html>. Acesso em: 29 jan. 2020.

ATITUDE PRÓ-INOVAÇÃO

A ARTE DA DEMOLIÇÃO

Uma cidade lotada de artistas e mentes criativas só pode dar coisa boa como resultado. Pois olha só que ideia genial: um coletivo de *street art* aqui de Berlim chamado **Die Dixons** ficou sabendo que um antigo prédio do Berliner Volksbank seria demolido para a construção de um condomínio residencial e propôs o seguinte para os empreendedores da obra: por que não pegar o prédio vazio, antes da demolição, e preenchê-lo todo com arte? *Street art* é isso mesmo: a arte fugaz, temporária, não duradoura. E o que pode ser mais perfeito do que um prédio com os dias contados para servir de local para uma grande exposição? O que pode ser melhor do que uma antiga filial bancária se transformar em galeria de arte?

O governo apoiou, empreendedores próximos, como o **hotel Berlin**, também entraram na brincadeira hospedando artistas de outras cidades e países gratuitamente e a construtora adorou a ideia de ser identificada com um projeto tão vanguardista: assim nasceu a **The Haus**[9].

O resultado é que 165 artistas fizeram a festa nas 108 salas distribuídas em 5 andares. Nada escapou impune: banheiros, corredores, elevadores, portas, tudo foi grafitado.

Inaugurada em primeiro de abril de 2017, a instalação durou apenas 2 meses. A entrada era gratuita e as filas gigantescas (tentei 2 vezes e só entrei na terceira, depois de uma hora de espera). Era possível fazer visitas guiadas pelos próprios artistas (aliás, a coisa lá era organizadíssima), mas as reservas também se esgotaram rapidamente. Na saída, você podia doar o quanto quisesse e ainda tinha um livro sobre a exposição para vender por 30€.

Enquanto se esperava na fila, sempre tinha alguém (geralmente um dos artistas do projeto) informando sobre o tempo estimado de espera e pedindo compreensão. Como era expressamente proibido fotografar (o que achei ótimo, pois, ultimamente, é quase impossível apreciar as obras em um museu sem que tenha alguém tirando uma *selfie* na frente das obras), a gente ganhava um saquinho plástico com fechamento de cola para guardar o celular. As pessoas que saíam iam tecendo comentários elogiosos e dando força para os que estavam na fila aguardando, ressaltando que valia a pena.

E como valeu! Foi como entrar num universo paralelo. Além dos grafites convencionais, havia instalações de arte contemporânea (umas muito instigantes

---

9 *Haus* é casa em alemão e o uso do artigo *The* em inglês, mostra a multiculturalidade do conceito. Mais informações disponíveis em: <www.thehaus.de/>. Acesso em: 10 jan. 2020.

e sensacionais; outras incompreensíveis para mim, como sempre) e surpresas em todos os cantos. Quando fui, tinha uma turma de adolescentes visitando o local com a escola (acho isso tão lindo, levar as crianças às exposições!).

O sucesso do projeto foi tão grande que meses depois o mesmo grupo repetiu o evento em uma concessionária e oficina de carros condenada à demolição.

Ao contrário da versão anterior, que ficou aberta por 2 meses inteiros para visitação antes da demolição e não se podia fotografar, a Wandelism[10] foi feita para durar só uma semana (de 17 a 24 de março de 2018) e se podia tirar fotos à vontade. O prédio da concessionária tinha 2 mil m² divididos em 15 salas, 2 grandes halls e um porão. Mais de 70 artistas voluntários trabalharam sem nenhum orçamento e doando seu próprio material; os organizadores simplesmente ofereceram o espaço (eles ficaram sabendo da disponibilidade do espaço poucas semanas antes e quase não tiveram tempo de ir atrás de patrocínio) e tanto veteranos como principiantes puderam participar.

Outra coisa muito bacana é ver o tanto de estudantes, crianças de todas as idades, visitando o local com seus professores. No final, sortearam um jardim de infância para ser todo trabalhado pelos artistas voluntários.

Olha, foi comidinha para os olhos com a maior variedade possível; tinha desde trabalhos belíssimos como vários perturbadores e outros ainda bem *nonsense* para pessoas leigas como eu. Instalações de arte contemporânea que eram verdadeiros enigmas e outras geniais, como o carro pendurado no teto se desmontando como se estivesse se desintegrando durante o movimento. De qualquer maneira, valeu muito a visita e mais ainda o movimento que se desenha para colocar a *street art* ao alcance de todos: artistas e público.

E olha só que bacana: a semana de exposição foi tão concorrida que eles conseguiram mais um período de extensão. E sabe o que o grupo fez? Refez todo o projeto com obras diferentes e expôs novamente por uma semana.

O grupo se empolgou e está em busca de novos locais. Ótimo para todo mundo, não é?

---

10 Wandelism, nome da exposição, é um trocadilho com vandalismo. *Wand*, em alemão, é parede. A página oficial não tem mais nenhum conteúdo, mas achei esse vídeo (há vários outros): <https://youtu.be/VadjrgwOtko>. Acesso em: 10 jan. 2020.

ATITUDE PRÓ-INOVAÇÃO

A FÁBRICA DE FEEDBACKS

Essa eu descobri por acaso, enquanto estava fazendo compras. Era uma loja chamada Feedback Factory[11] e servia para as startups testarem seus produtos antes de fazer o lançamento oficial no mercado. Na verdade, a loja em si era o protótipo de uma startup também.

Quando o cliente entrava na loja, preenchia um questionário anônimo com informações sócio-econômico-demográficas que ficavam associadas com um número (era só pegar um cartão na bancada da entrada e preencher o questionário no iPad; para quem preferisse, tinha a versão em papel também). Ao lado do cartão, havia um carimbo desses, com esponja integrada, com o mesmo número.

Nas prateleiras, só havia produtos que ainda não estavam no mercado, como um drinque para dormir feito com extrato de plantas e melatonina, por exemplo. Ao lado de cada produto, cartões de cores diferentes, onde a pessoa podia pegar um deles, carimbar seu número (para eles associarem com seus dados) e depositar num copinho ao lado. Cada produto tinha um repositório para depositar os cartões carimbados e você podia responder a pesquisas de opinião de quantos produtos quisesse. Havia oito feedbacks disponíveis:

1. (verde) "eu quero"

2. (azul) "vou dar de presente"

3. (preto) "já conheço"

4. (vermelho) "é muito caro"

5. (cinza) "me parece familiar"

6. (roxo) "isso é supérfluo"

7. (laranja) "não me interessou"

8. (amarelo) cartão em branco para a pessoa escrever o que quiser.

A maioria dos produtos era comida, bebida ou o que se chama *superfoods* (alimentos especiais) geralmente veganos, bio ou da região; mas também tinha

---

11 Infelizmente, o site do projeto não está mais disponível. A loja fechou por conta de uma reforma no shopping e não reabriu mais. Faz parte, era apenas um protótipo mesmo.

CASOS BERLINENSES

um desentupidor de pia, rosas conservadas com um processo diferente e até cartões impressos que não achei nada inovadores.

Aí procurei uma coisa que eu realmente achasse especial, que não encontrasse em outros lugares e quisesse experimentar; achei. Comprei um pote de grilos temperados com pimenta rosa, da Wicked Cricket[12]. Sempre ouvi dizer que insetos são gostosos e uma fonte importante de proteína (meu pai contava que tinha comido formiga frita no Nordeste; sempre fiquei curiosa). Sei que na África é muito comum, mas nunca tinha tido a oportunidade de testar. Minhas impressões: sabe aquele doce de arroz japonês, onde o grão de arroz incha e fica parecendo isopor? Pois o grilo tem essa textura, só que no meu caso era salgado. Não achei ruim, mas prefiro castanhas ou amendoim.

A loja também oferece às empresas uma pesquisa de mercado profissional e aprofundada pelos 6 meses em que o produto ficará à venda (uma parceria com o Berlin Institute for Innovation[13]). Assim, quando (e se) o produto for para as prateleiras dos supermercados, já haverá dados fundamentados que justifiquem a aquisição por parte do lojista.

Achei uma maneira bem inteligente de fazer uma prototipagem um pouco mais sofisticada antes de partir para a produção em escala.

---

12 WICKED CRICKET. Disponível em: <https://wickedcricket.de>. Acesso em: 29 jan. 2020.

13 BERLIN INSTITUTE FOR INNOVATION. Disponível em: <https://www.bifi-institute.com>. Acesso em: 29 jan. 2020.

CAPÍTULO 7

EXPERIÊNCIAS PESSOAIS

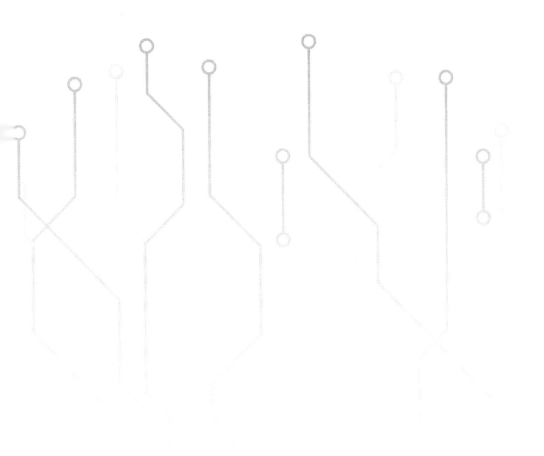

"Deixemos os robôs serem robôs, e os humanos, humanos"

Li Kai-Fu

Muito se fala sobre inovação, mas quase sempre usando como referências startups que cresceram exponencialmente e foram vendidas por milhões. É um tal de unicórnio para lá, investidor anjo para cá, que é uma beleza.

Não é que essas coisas não existam, é claro que elas existem. Mas o grosso da inovação acontece no dia a dia, com coisas menores. O mundo está se transformando rapidamente, sim, mas tem muita coisa acontecendo perto da gente além do que aparece nas revistas de negócios.

Uma das características mais fundamentais da inovação é que ela implica risco. Se a pessoa empreendeu e deu tudo certo logo na primeira vez, uma das duas coisas aconteceu: ou o risco não era tão grande ou a história não é exatamente a que está sendo contada.

Se você chegou até aqui, espero que esteja convencido de que a gente precisa ter muitas ideias para que uma ou duas deem certo. Sendo que certo é um conceito bem flexível.

Vou compartilhar aqui algumas experiências pessoais com o mundo da inovação; algumas não evoluíram (por diversos motivos) e outras ainda estão em andamento. Mas são todas tentativas de colocar em prática tudo o que expus até agora neste livro.

ACQUALAN

Lembra do projeto Helix sobre o qual falei lá na introdução, que acabou não vingando, apesar da excelência técnica, porque não havia adjacente possível para ele? Pois a mesma equipe (com o mesmo investidor e mais outro sócio especialista) resolveu inovar no tratamento de efluentes no Brasil. Conheça a história.

ATITUDE PRÓ-INOVAÇÃO

O tratamento adequado de dejetos é uma das condições fundamentais para o desenvolvimento de um país; a mortalidade infantil e o índice de doenças infectocontagiosas no Brasil têm muito a ver com a falta de investimentos no setor.

Em meados do ano 2000, a Acqualan foi fundada com base em um método de tratamento de efluentes por bateladas usando *containers* (esses de transporte marítimo). O diferencial era que, em vez de enterrar centenas de quilômetros de canos que levariam o esgoto de sua fonte de produção até as enormes estações de tratamento (que os políticos detestam, pois não rendem votos), as estações da empresa seriam instaladas de maneira distribuída, uma ou duas por bairro (o tratamento por bateladas não exala odor; pude comprovar pessoalmente).

Ora, se a solução era tão mais legal e barata, por que não se usava? Porque seriam necessários muitos operadores para fazer todos os procedimentos de tratamento. Imagine uma cidade com, sei lá, umas 150 estações distribuídas em bairros. Quantas pessoas seriam necessárias para operá-las?

Aí é que entrava o diferencial da empresa: a tecnologia. Usando os mesmos princípios do drone, que tinha uma estação de terra monitorando sua operação, as estações de tratamento de efluentes eram autônomas (totalmente automatizadas) e seriam monitoradas por uma central só. Uma única equipe seria necessária para fazer os procedimentos de operação e limpeza e, por causa da automação, a qualidade do tratamento seria sempre monitorada e controlada.

A prova de conceito foi instalada em uma praia de Florianópolis e chegou a operar por alguns anos. O problema, novamente, foi o adjacente possível. Havia uma série de dificuldades na legislação, que não permitia uma mudança tão brusca na operacionalização. Além disso, os editais não previam equipamentos de automação e muito menos o custo de implantação e treinamento.

Tinha também a questão da cultura; os políticos não estavam interessados em achar uma solução para esse problema sério que rende tantas propinas e técnicos/especialistas nunca foram propriamente as pessoas mais influentes na administração pública do país.

Depois de anos de investimentos, testes e uma prova de conceito muito bem-sucedida, a estação acabou sendo passada para a concessionária local (que nada entende de tecnologia) e o índice de tratamento de efluentes no Brasil continua vergonhoso. Infelizmente.

EXPERIÊNCIAS PESSOAIS

MERGEDK

A MergedK[1] é a empresa onde trabalho como desenvolvedora. Ela foi constituída em Berlim para produzir GPS Master Clocks, que são equipamentos que usam as informações dos relógios atômicos instalados nos satélites do sistema GPS para fornecer uma base de tempo precisa para sistemas de transmissão e distribuição de energia elétrica.

A inovação é do tipo incremental, ou seja, já existem equipamentos semelhantes no mercado. O diferencial da MergedK é que o Master Clock foi desenvolvido especificamente para esse nicho de mercado, com uma tecnologia muito mais atualizada e barata. Os equipamentos concorrentes são de uso mais genérico para outras aplicações, por isso mais caros e trazem características nem sempre utilizadas.

Esse projeto vai indo bem, crescendo gradual e organicamente, pois a marca é nova (portanto, desconhecida) e leva um tempo até que as empresas concessionárias de energia se sintam motivadas a testar um novo fornecedor.

A experiência de desenvolver um projeto na Alemanha mudou totalmente as referências que conhecíamos no Brasil. Meu marido, que é o diretor técnico e principal acionista, sempre comenta sobre a facilidade de se obter componentes de um dia para o outro para fazer testes que levariam meses se estivéssemos no Brasil por causa da complexa burocracia de importação e da Receita Federal.

Além disso, o que também facilita o desenvolvimento aqui (além da logística) é que a questão dos impostos é mais simples e justa. Uma vez que a empresa faz aquisições (computadores, cadeiras, mesas, correio, aluguel etc.) e quase tudo tem o imposto de valor agregado de 19% embutido no preço, ela recebe o dinheiro de volta, depositado na conta bancária já no mês seguinte, pois o governo entende que esse dinheiro está sendo gerado para produzir riquezas, então não deve pagar impostos. Por outro lado, o imposto sobre a distribuição de lucros é altíssimo (pode chegar a 46%), o que incentiva as empresas a sempre reinvestirem os resultados para seu próprio crescimento.

No meu trabalho no dia a dia da empresa, tenho visto a diferença bastante grande entre os cenários brasileiro e alemão no que diz respeito ao empreendedorismo. Tenho dúvidas se o desenvolvimento do produto já estaria con

---

1 MergedK vem de Merged Knowledge, ou seja, fundir conhecimentos de diferentes áreas para produzir algo novo.

cluído se ainda estivéssemos no Brasil, dadas as dificuldades de logística, aquisição de componentes e sistema tributário; quase certeza de que não.

Ainda temos muito chão pela frente até a empresa faturar o que projetamos, mas o crescimento está bem acelerado.

WESEN BERLIN

Desde a primeira vez em que pisei na cidade, pude reconhecer que Berlim é meu lugar no mundo. Aqui tem tudo que considero essencial para uma vida inspiradora: arte, cultura, diversidade, tolerância, liberdade, segurança e mobilidade urbana, dentre outras coisas. Por isso, queria desenvolver um projeto que contribuísse para o lugar onde escolhi passar o resto da minha vida. Convidei uma amiga brasileira, a Nicole Plauto, que trabalha profissionalmente como guia de turismo, e que tem tanta paixão pelo lugar quanto eu, para desenvolvermos a Wesen Berlin.

Personalidades diferentes, talentos complementares; a combinação perfeita para criar um negócio que iria fazer diferença na experiência das pessoas. Juntamos ilustração, história, fotografia, cultura, *storytelling*, humor, redes sociais e muito amor por Berlim num projeto só.

Tudo começou ao observar lojas de lembrancinhas da cidade, sempre cheia de turistas. Apesar do sensacional projeto do Ampelmann[2], que usa os bonequinhos dos semáforos da antiga Alemanha Oriental como fonte de inspiração e principal ícone, a maioria das lojas vende quinquilharias baratas feitas na China mesmo. E a gente queria que o povo pudesse levar um pouquinho dessa magnífica cidade para casa, mas que não fosse algo estático e convencional.

Queríamos algo com história, uma coisa dinâmica que fizesse parte do dia a dia quando a pessoa voltasse de viagem, que tivesse significado.

Aí surgiram os Wesen, que são almofadas com braços e pernas, com uma história bem interessante: na verdade, são seres de outro planeta que assumiram essa forma com a nossa ajuda, para serem mais amigáveis e confortáveis para os seres humanos. Mas por que isso?

É que lá no planeta deles, na galáxia de Andrômeda, todas as profissões são criativas (o trabalho rotineiro é feito por máquinas). Aí eles costumam passar um tempo em outros planetas, misturados com a população, para ampliar seu

---

2 AMPELMANN. Disponível em: <https://www.ampelmann.de>. Acesso em: 29 jan. 2020.

EXPERIÊNCIAS PESSOAIS

repertório de experiências (já falei várias vezes que **sem repertório, não tem inovação**).

Essas mentes criativas são completamente livres de preconceitos (pelo menos os que existem na Terra) e enxergam tudo com um olhar curioso e cheio de vontade de aprender. Escolheram Berlim porque aqui existe tolerância e respeito à diversidade; eles podem circular sem chamar a atenção e conhecer gente de várias partes do mundo.

Os Wesen só se comunicam telepaticamente (a Nicole e eu ficamos observando esses seres exóticos por anos e demoramos para conseguir fazer contato). Ficamos tão encantadas com a história deles que resolvemos ajudá-los a ampliar a interação com os humanos. Por isso, ensinamos a eles como usar as redes sociais.

Essas criaturas (*Wesen* são criaturas em alemão) passeiam por Berlim, visitam teatros, museus, cafés, parques, eventos (as preferências vão de acordo com a personalidade de cada um) e compartilham tudo nas redes sociais, com fotos e impressões; às vezes eles perguntam coisas que não conseguem entender muito bem. É a hora em que os seguidores entram em ação para ajudá-los.

Eles usam um portal secreto escondido na cidade para chegar em Berlim e nem nós sabemos onde está localizado; de tempos em tempos, chegam novas expedições.

A primeira expedição assistida por mim e pela Nicole foi formada pela **Helga**, uma **professora de História do Cosmos** supersarcástica e debochada que, por força de sua profissão, adora história e museus (ela vai contar tudo o que vai ver na cidade); **Jean-Pierre**, um **desenvolvedor de genialidade artificial** que se interessa essencialmente por tecnologia e por gente, principalmente pela maneira como são tomadas decisões — ele gosta de observar a reação das pessoas à aparência dele. Jean também adora arte, boa comida, bons vinhos e ama maquiagem. **Mia** é **coreógrafa de notícias** (essa é uma das maneiras mais populares de comunicação lá em Andrômeda); recém-saída de um relacionamento, quer aproveitar ao máximo a experiência na Terra. Não perde uma festa e gosta de moda, culinária natural, animais e se interessa, sobretudo, pela maneira como as pessoas se mexem.

A ideia era fabricar clones dos Wesen em edições limitadas (sempre números primos, que são a base deles lá em Andrômeda) e numeradas, que incluiriam um visto de permanência no planeta e autorização para que o humano os levasse para viver em sua própria cidade, contando como as coisas funcionam lá.

ATITUDE PRÓ-INOVAÇÃO

Eles tomaram a forma de almofadas, para ficarem mais fáceis de serem transportados. O humano também deveria compartilhar essas experiências pelas redes sociais, pois só assim o Wesen original teria acesso a tudo. Imagina quanta informação isso geraria! Todas as cidades do mundo são interessantes para os Wesen e as pessoas poderiam conhecer todas elas só seguindo essas criaturas nas redes sociais!

Sem dizer que, a qualquer momento, novas expedições poderiam chegar, com novos Wesen e novas histórias; os desdobramentos gerariam séries, games e mais um monte de coisas.

A Nicole e eu trabalhamos cerca de 2 anos construindo protótipos, tirando fotografias (foram mais de 2 mil em cenários diversos), montando e alimentando perfis em redes sociais, fazendo assessoria de imprensa e selecionando fornecedores.

As dificuldades foram muitas, em especial com relação aos fornecedores. Por uma questão conceitual, não queríamos produzir os Wesen na China ou na Índia para baratear o custo. Queríamos pagar o justo pela mão de obra e que tudo fosse feito de maneira especial. Por isso, fazíamos questão que o processo de "clonagem" fosse feito na cidade.

Mas Berlim é um lugar de criativos, não de produção em escala. Tivemos realmente muita dificuldade em encontrar oficinas de costura que se comprometessem a produzir as almofadas (a construção é delicada, pois os desenhos precisam se encaixar na frente e no verso). Conseguimos que a impressão digital do tecido fosse realizada na cidade, mas a costura continuava sendo um desafio. Isso sem falar que não tínhamos um investidor e tudo foi feito com recursos próprios e limitados.

Como tanto a Nicole e eu trabalhávamos em outros projetos e não podíamos nos dedicar em tempo integral, o tempo acabou passando e a Nicole engravidou. Ela acabou reavaliando sua participação e concluiu que não teria como continuar suas atividades profissionais, cuidar de um bebê e ainda se dedicar aos Wesen. Acabei ficando sozinha, sem ter como fazer tanto trabalho sem suporte, já que também estava envolvida em outros projetos.

Nossa ideia é vender o projeto para alguém que queira desenvolvê-lo, mas mesmo isso implica na elaboração de um bom plano de negócios e a busca por investidores, tarefas que não estamos conseguindo realizar por falta absoluta de tempo. Uma pena.

Mais um aprendizado: não basta, de jeito nenhum, ter apenas muita vontade, inspiração e uma boa ideia. A página do projeto e os perfis nas redes sociais

EXPERIÊNCIAS PESSOAIS

continuam ativos, apesar da falta de atualização[3]. Sabe-se lá se algum dia não vai aparecer um investidor de Andrômeda interessado no projeto...

BERLIM TECH TALKS

O Cláudio Villar e o Eduardo Otubo são dois engenheiros da computação que trabalham em Berlim há alguns anos. Fiquei conhecendo ambos porque são maridos de amigas queridas; nas festas, quase sempre passava o tempo conversando sobre tecnologia.

Depois de alguns anos, veio a ideia de gravar os nossos bate-papos em vídeo; vai que poderia interessar a mais alguém?

O Otubo prefere ficar atrás das câmeras e é responsável pelo registro e edição; a Cecília Lopes faz as vezes de produtora e o Cláudio e eu aparecemos trocando ideias e tentando olhar para a lente. Minhas gatas Charlotte e Isabel são convidadas especiais que aparecem esporadicamente, quando estão com vontade. Tudo é feito de maneira muito informal, na sala da minha casa, e a gente se diverte muito enquanto aprende.

O Berlim Tech Talks[4] nasceu no início de 2019 e já vai para 50 episódios publicados; todas as segundas-feiras a gente fala sobre tecnologia, inovação, futuro, ficção científica, pessoas que fazem ou fizeram diferença na ciência e na tecnologia, as últimas descobertas, polêmicas e acontecimentos relacionados ao tema.

Quando a gente consegue, também entrevista pessoas que trabalham com tecnologia em Berlim ou que estejam na cidade e possam nos contar novidades.

Na verdade, o BTT é, de certa maneira, uma extensão deste livro; quer situar as pessoas que estão nos assistindo sobre as mudanças aceleradas que estão acontecendo no mundo e terão impacto direto na nossa rotina, trabalho, saúde, hábitos, segurança e até na maneira como nos relacionamos uns com os outros. A gente tenta também resgatar histórias de mulheres que fizeram

---

3 WESEN. Disponível em: <http://www.wesen.berlin>. Acesso em: 20 jan. 2020. WESEN. Facebook. Disponível em: <https://www.facebook.com/wesenBER/>. Acesso em: 20 jan. 2020. WESEN. Instagram. Disponível em: <https://www.instagram.com/wesenberlin/>. Acesso em: 20 jan. 2020.

4 BERLIM TECH TALKS. Todos os episódios estão disponíveis em: <https://www.youtube.com/channel/UCAQ6RAVJ5nBPZ2-tCYSJIyw>. Acesso em: 30 jan. 2020.

ATITUDE PRÓ-INOVAÇÃO

diferença na tecnologia para inspirar principalmente as meninas, como a Carolina, filha do Otubo.

Nós ficamos muito felizes quando esse trabalho totalmente voluntário é usado em salas de aula ou vira tema de conversa entre adolescentes. Essa é a ideia.

O projeto vai indo muito bem e já estamos pensando nos desdobramentos possíveis.

STUDIO LIGIA FASCIONI

Quando estava trabalhando no projeto dos Wesen, criando os personagens com ilustrações detalhadas, percebi o quanto gostava de desenhar. Na verdade, sempre gostei, mas isso sempre foi um hobby; nunca aprendi a desenhar seriamente.

Quando passeava com os personagens pela cidade e tirava fotos para contar histórias, as pessoas vinham perguntar se eu era artista. Eu ficava bem feliz e dizia que sim (ué, se eles acham que sim, quem sou eu para negar?).

Comecei a desenvolver com mais profundidade uma técnica que havia começado há alguns anos e abandonado; misturar desenhos feitos no iPad com fotos (minha outra paixão) recortadas digitalmente. Na escolha das fotos, acabei redescobrindo uma coleção com mais de mil imagens que eu tinha do trecho do muro de Berlim que ainda existe no mauerpark, no bairro de Prenzlauer Berg.

O muro de Berlim caiu em 1989, mas algumas partes ficaram para não esquecer a história, como os alemães sabem fazer muito bem. Uma dessas partes fica no mauerpark. Por décadas, grafiteiros pintaram e repintaram essas paredes tentando transformar algo intrinsecamente horrível em beleza. E, olha, eles conseguiram. Incansáveis, todo final de semana tem alguém lá munido de coloridos sprays. Na verdade, grafitar esse muro não é permitido, mas é tolerado (coisas de Berlim), de maneira que qualquer pessoa pode ir lá e mostrar sua arte. As obras expressam todo tipo de sentimento, questionamentos e experiências com formas e cores. Como não admirar?

De tempos em tempos, as camadas de tinta começam a pesar e despencam, como uma capa cansada de se sustentar. As lascas, cheias de história, também carregam uma infinidade de cores e texturas. Cada pedaço é único. Atraída pela beleza e variedade das formas, comecei a fotografar de perto esses pequenos pedaços de muro que já não são mais.

Sempre gostei de desenhar mulheres, faço isso desde que me conheço por gente. Mas o fato de o material vir de um objeto com uma história tão triste, bruta e horrível é, de certa maneira, uma provocação para eu me esmerar em produzir o exato oposto disso: beleza, delicadeza, amor.

Uso as fotos das lascas do muro como *background* para meus desenhos. As possibilidades de combinações são infinitas: faço recortes e colagens digitais contrastando a brutalidade do conceito que o muro transmite, as cores, o poder feminino e a delicadeza dos animais.

Eu odeio o muro por tudo o que ele representa na história, pelo sofrimento que causou a tantas pessoas, pelas mortes, pela ignorância, pela brutalidade e arrogância. Mas amo os pedacinhos dele, tão coloridos, tão inspiradores, tão delicados. Berlim faz isso comigo.

Fico pensando que usar essas fotos coloridas como fundo para desenhos é uma coisa meio óbvia; numa cidade como essa, que deve ter a maior concentração de criativos por metro quadrado, como é que ninguém pensou nisso antes?

No final, é mesmo como o filósofo Arthur Schopenhauer dizia:

> "Importante não é ver o que ninguém nunca viu, mas sim, pensar o que ninguém nunca pensou sobre algo que todo mundo vê."

Esse empreendimento já tem site[5] e perfis em redes sociais; tenho trabalhado para buscar parcerias e desenvolver produtos para aplicar as imagens, principalmente na área da moda.

A ideia teve bastante repercussão na imprensa pelo ineditismo; já foi tema de matéria em veículos no México, Turquia, Japão, China, Vietnã, Holanda, Hungria, França, Espanha, Itália e Estados Unidos; inclusive dei entrevista para um jornal impresso aqui de Berlim.

Já teve uma exposição num café aqui em Berlim e fiz alguns trabalhos sob demanda, inclusive a capa de uma revista americana. Mas dá para desdobrar muito mais.

---

5 STUDIO LIGIA FASCIONI. Disponível em: <www.studioligiafascioni.com>. STUDIO LIGIA FASCIONI. Instagram. Disponível em: <www.instagram.com/studioligiafascioni>. Acesso em: 30 jan. 2020.

Uma das ideias que estou testando é uma saia que funciona como objeto de empoderamento feminino. Sabe aquelas mulheres que nunca encontram roupas bacanas porque não estão no padrão corporal da indústria da moda? Pois é, a ideia é fazer uma saia sob medida para cada uma, sob encomenda. Como imprimo digitalmente o tecido cada vez que alguém encomenda (não sou uma confecção, apenas uma ilustradora), posso escrever o nome da dona da saia e mais algumas frases motivacionais no cós, pelo lado de dentro. A ideia é que a dona se sinta superpoderosa e use a peça como uma espécie de amuleto para dar sorte e força quando precisar.

Consegui uma costureira e fizemos alguns protótipos, mas esbarrei no mesmo problema que os Wesen: a produção. Um negócio, qualquer negócio, exige dedicação exclusiva, além de recursos (ou tempo, talento e energia para ir atrás deles). Para isso, preciso de parcerias, coisa que ainda estou procurando.

Enfim, mais um bebê nascendo. O futuro ninguém sabe ainda, mas pode ser promissor.

Além de usar o muro para dar a minha contribuição ao movimento feminista, o próximo passo é usar os cartazes lambe-lambe, típicos da cidade, da mesma maneira que as lascas, uma vez que o conceito de camadas coloridas sobrepostas é bem parecido. Vou começar a testar assim que entregar os originais deste livro...

O MUSEU DO FRACASSO

Todos concordamos que falhar faz parte do processo de inovar; é um dos princípios básicos do caminho. Não quer errar, não se arrisque. Não quer perder dinheiro, não ouse. Não quer sofrer rejeição, não inove. Não quer se encher de dívidas, não empreenda. Empreender, por si, já é um negócio para gente corajosa que consegue domar seu medo (iconoclastas por excelência); mas empreender inovando é um patamar acima de exposição ao perigo.

Dito isso, por que é que a maior parte da literatura de empreendedorismo e inovação só fala dos sucessos estrondosos? Por que os palestrantes do TED contam sempre histórias com finais felizes? Por que as revistas de negócios só colocam magnatas ou fenômenos financeiros nas capas?

O sueco Samuel West, ex-psicólogo clínico com doutorado em inovação, não se conformava com isso. E ficou tão incomodado que resolveu ele mesmo to-

EXPERIÊNCIAS PESSOAIS

mar uma providência: construir o **Museu do Fracasso**[6]. Diretor e curador da instituição inaugurada em 2017 na cidade de Helsingborg, na Suécia, ele afirma que temos de parar de glorificar o sucesso e demonizar o fracasso; ambas as condições são igualmente importantes para a inovação. West pesquisou durante anos e conseguiu reunir um acervo de cem *cases* de verdadeiros desastres, tanto em serviços como em produtos físicos.

O lugar é um verdadeiro parque de diversões para quem se interessa pelo tema; traz vários casos famosos e conhecidos, como o **Google Glass**, o **Newton** (o "avô" do iPad, fabricado pela Apple) e a **Bic for Her** (aquela caneta pintada de rosa que seria, teoricamente, perfeita para mulheres que não gostam de usar canetas masculinas). Ah, e tem também o jogo de tabuleiro do Donald Trump (West disse que tentou jogar de cabeça limpa, despido de preconceitos, mas o jogo é ruim demais da conta). Deve ter muito mais coisa interessante, mas aí a pessoa precisa ir lá (é por isso que minha lista de lugares para visitar antes de morrer já está na metade da quinta encarnação).

Segundo Walter, o objetivo é que os empreendedores entendam que se até os grandes erram espetacularmente, então é ok um mortal comum falhar também. No mínimo confortante.

Bem, como visto, já tenho alguns cases que poderiam ir para lá, mas estou aqui trabalhando muito para não contribuir com esse museu. E você?

---

6 MUSEU DO FRACASSO. Disponível em: <museumoffailure.se/>. Acesso em: 20 jan. 2020.

CONCLUSÃO

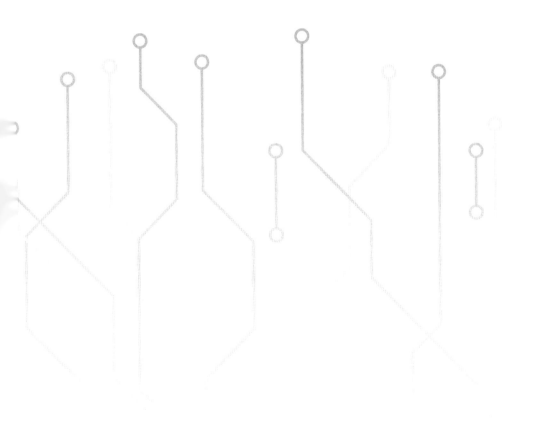

O mundo está passando por uma profunda transformação e muitas coisas que nem imaginamos estão por acontecer. Na minha opinião, a melhor maneira de enfrentar esse desconhecido (e tirar proveito dele) é preparar nosso cérebro, tornando-o capaz de enfrentar qualquer desafio. Assim, não apenas nossas mentes estarão mais elásticas e flexíveis para acompanhar os desdobramentos, mas também prontas para contribuir na construção do mundo que queremos.

E preparar o cérebro implica em:

1. Entender o contexto político, social, econômico, geográfico, ambiental, cultural, artístico e tudo o que implica em consequências no nosso dia a dia no curto ou longo prazo. Ou seja, interessar-se pelos acontecimentos e pelas pessoas que estão impactando a história.

2. Compreender como a nossa mente funciona e treiná-la para ser mais flexível e criativa, mudando nossos hábitos e aumentando o nosso repertório, além de exercitar a combinação de elementos de maneira original.

3. Usar o que aprendemos para desenvolver ideias, tecnologias, grupos de pesquisa ou discussão, coletivos, enfim, juntar pessoas para criar produtos ou processos que possam contribuir com a construção do cenário que queremos para melhorar o mundo.

Em todas essas etapas, há algo que permeia o todo: **compartilhar conhecimento**. Sem isso, nada mais faz sentido, pelo menos na minha opinião. É para aprender, trocar e conviver que estamos aqui.

ATITUDE PRÓ-INOVAÇÃO

Como encerramento, vou deixar uma frase do arquiteto Jean Tosetto, que penso ser a definição perfeita das pessoas que estão mais preparadas para o novo: os jovens.

> *"Ser jovem é acreditar que o melhor ainda está por vir. Quando você olha para trás e nota que o seu auge já passou, então você está ficando velho."*[1]

Adoro essa frase porque ela resume tudo: velho é quem acha que o melhor já passou; jovem é o que acha que o melhor ainda está por vir; e isso nada tem a ver com a idade cronológica.

Então, meus jovens, vamos lá! De minha parte, mesmo aos 53 anos, sou praticamente uma recém-nascida. Ainda tem muita coisa ótima para aprender pela frente!

---

1 TOSETTO, Jean. O que é ser jovem. Disponível em: <http://www.tosetto.com/2017/02/o-que-e-ser-jovem.html>. Acesso em: 20 jan. 2020.

ÍNDICE

A

Acqualan, 225

Animismo, 12

Antropomorfismo, 182

Aplicativo, 15

Artoteca, 217

Atitude pró-inovação, 25

Atividades híbridas, 18

Automatizar, 10

Axônios, 20

B

Backups mentais, 70

Berlim Tech Talks, 231

Berlin Institute for Innovation, 221

Best-sellers, 9

Bic for Her. *Consulte também* Museu do
   Fracasso

Big bang, 20

Big data, 13

Bioengenharia, 13

Biotecnologia, 10

Bitcoin, 13

Blockchain, 13

Brainstorming, 137, 138, 217

Branding, 206

C

Capes, 33

Cases de inovação, 212

Células gliais, 103

CEO do cérebro, 59

Cérebro trino, 62

CNPq, 33

COIN, 15

Computador quântico, 14

Conexões neuronais, 69, 111, 155

Contículos, 177

Contract Intelligence, 15

Coolhunting, 48

Coquetel dos anjos, 165

Córtex cerebral, 20

Coworking, 205

Criogenia, 52

ATITUDE PRÓ-INOVAÇÃO

Criptomoedas. *Consulte também* Bitcoin

Curva de Gauss, 76

D

Darwinismo, 74

Dendritos, 20

Desconstrutivista, 148

Design thinking, 41, 74

Determinismo, 75

Deutsche Bank, 213

Dicionário analógico, 194

Die Dixons, 218

Digital influencer, 24

Disco ball, 216

E

Early adopters, 50

Efeito Medici, 90

Esferificação, 148

Estado da arte, 50

Esteiras transportadoras, 9

Estomatópode, 72

Exaptação, 106

Exoesqueletos, 19

F

Feira de Hannover, 10

Ficção científica, 11

Finep, 33

Flaneur, 48

Flexibilidade cognitiva, 63

Formigas renascentistas, 144

Fotorreceptores, 62

Fruição estética, 202

G

Gebetomat, 215

Genialidade gratuita, 152

Geração exaustiva de ideias, 74

Google Glass, 235

H

Hattifattener, 177

Helix, 2

Hemisfério da linguagem, 66

Heurística, 44

Highlights, 23

Homo Deus, 164

I

Iconoclasta, 123

Implantes cerebrais, 21

Impressoras 3D, 10

Indústria 4.0. *Consulte* Quarta Revolução Industrial

Inovação, 29

Inteligência artificial, 10, 11

Interconectados, 10

Internet das Coisas, 10

IoT: Internet of Things. *Consulte* Internet das Coisas

ÍNDICE

J
Jogo dos nove pontos, 135

John Smith, 17

José Fernando Xavier Faraco.
  Consulte Helix

K
Kibitzer, 197

Klunkerkranich, 211

L
Lei de Moore, 50

Linguagem de programação, 15

Lógica indutiva ou dedutiva, 44

M
Mapas semânticos, 20

Master Clock, 227

MergedK, 227

Microchips, 20

Microprocessos, 59

Misfit, 71

Mito do gênio solitário, 104

Mobilidade reduzida, 11

Momento tesarac, 23

Museu
  Da Empatia, 108
  Do Fracasso, 235

N
Nanorrobôs, 12

Nanotecnologias, 10

Neocórtex, 69

Neurociência, 57

Neurônios, 20

Neuroplasticidade, 63

Neurotransmissores, 62, 165

Nociceptivos, 62

O
Ócio criativo, 85

O meio perdido, 19

Open source, 22

Originalidade, 36

Outline, 115

P
Papai Moomin, 175

Pensamento integrativo, 43

Plataformas abertas, 107

Plot, 115

Prêmio IgNobel, 126

Primeira Revolução Industrial
  Máquinas a vapor, 9
  Locomotivas, 9

Proliferação de gênios, 33

Propriocepção, 62

Protótipos, 17, 45

Pusilânime, 181

Q
Quarta Revolução Industrial, 10

Química fina, 10

Químicos, 62

R

Realidade aumentada, 19

Redes neurais, 14

Retrofitting, 10

Revolução

Cognitiva, 164

Industrial, 23

Ritter Sport, 214

Robôs virtuais, 12

Robótica, 10

S

Segunda Revolução Industrial

Derivados do petróleo, 9

Eletricidade, 9

Serendipitia, 106

SpaceX, 158

Startups, 74

Storytelling, 163

Superfoods, 220

T

Teledisko, 216

Teoria da aleatoriedade, 75, 76

Teoria dos memes, 91

Terceira Revolução Industrial

Satélites de telecomunicações, 10

Eletrônica, 10

Tesauro, 195

Tesla, 158

The missing middle. *Consulte* O meio perdido

Tingo, 197

Transacionar, 18

Transumanismo, 68

Trendsetters, 49

Trendshop, 213

U

Ultracongelamento, 147

Umazhengrong, 197

Unificação de tarefas, 137

Upload do conteúdo do cérebro, 61

V

VaCa RoSa, 46

Variação cega, 47

Volume de dados, 14

Vu jàdé, 131

W

Waldenbuch, 215

Wandelism, 219

War nam nihadan, 197

Watson, 17, 70

Wesen Berlin, 228

Y

YouTube, 11

Yuval Noah Harari, 163

Yves Klein, 201